교양총서 2-1

전환기, 한국 노동시장의 길을 묻다

박영범

한성대학교 출판부

책을 내면서

우리나라는 현재 전환기적 시점에 있다. 글로벌 금융위기로 인하여 10년 만에 다시 경제위기의 험난한 파고를 헤쳐 나가야 한다. 10년 전의 경제위기는 국지적이어서 우리 자신의 노력으로 충분히 극복할 수 있었지만 현재의 경제위기는 글로벌하기 때문에 앞길이 불투명하다. 또한 10년만의 정권 교체의 후유증인지, 국민의 역량이 결집되지 못하고 주요 현안에 대해 제각각의 대립적인 목소리를 내고 있다.

특히 고착화된 청년실업에도 불구하고 중소제조업체는 외국인 근로자에 의존하여야하는 현실, 고령화 사회로 진입하고 있지만 40대부터 직장에서 밀려나야 하는 아픔, 비정규직의 고통을 이해하기 보다는 강력한 노조의 보호아래 자기 밥그릇 챙기기에 급급한 대기업 및 공공부분의 근로자 등 노동시장에는 산적한 문제들이 많지만 뚜렷한 해결책을 찾지 못하고 있다.

필자는 노조활동이 자유화된 지난 20년간, 특히 외환위기를 전후로 한 시점부터 현재까지의 노동 분야의 주요 현안의 내용, 배경 및 결과를 필자가 지난 10여 년간(1994년까지 거슬러 올라간다) 언론에 기고한 글들을 토대로 집중 분석하고 우리나라가 선진국으로 도약하기 위해 필수적인 노동시장 개혁의 대안을 제시한다.

지난 1987년 민주화이후 법이나 제도가 가장 많이 변화한 분야중의 하나가 노동시장이다. 노조활동이 사실상 자유로워지면서 노동운동의 세력이 급속도로 신장하였고 이와 함께 파업으로 인한 분규건수가 늘어났다.

1987년부터 최저임금제가 시행되었고 1997년에는 노동관계 개혁입법이 이루어져서 전국단위의 복수노조가 허용되고 파견근로가 합법화되었으며 정리해고가 법적으로 가능하여 졌다. 2003년에는 고용허가제가 도입되면서 우리나라 저 숙련 노동시장이 개방화되었다. 1999년과 2005년에는 각각 교원노조와 공무원노조가 합법화되었다. 2006년에는 비정규직법이 제정되어 비정규직의 사용을 제한하고 비정규직에 대한 차별적인 처우를 법적으로 금지하였다.

지난 20년간의 노사관계, 일자리, 비정규직 등 취약계층 보호, 외국인력 수입 등 주요 노동시장 현안 및 변화의 내용 및 효과를 시장적 관점에서 일관되게 접근하면서 일반인 및 학부 학생들이 쉽게 이해할 수 있게 개방화시대의 글로벌 경쟁에 필요한 노동시장 선진화의 방안을 제시한다.

2009. 7

박영범

목차

6장 주5일 근무제 (근로시간 단축) … 181

7장 외국인력 … 203

표목차

그림목차

교양총서 2-1

전환기, 한국 노동시장의 길을 묻다

전환기, 한국노동시장의 길을 묻다

1장 들어가며

이 책은 본장을 포함하여 10장으로 구성되어 있다. 2장에는 노사관계, 3장에는 일자리 창출, 4장에는 최저임금제, 5장에는 비정규직, 6장에는 근로시간 단축-주5일 근무제, 7장에는 외국인력, 8장에는 노동과 통상, 9장에는 공기업 개혁과 노조에 대한 필자의 생각과 글이 수록되어 있다, 그리고 10장에서는 9장까지의 논의를 정리하고 노동시장 선진화를 위한 향후 과제에 대한 필자의 생각을 제시하였다. 〈부록A〉에는 기타분야(주로 경제)의 현안에 대해 필자가 언론에 기고한 글을 수록하였다. 각 장은 분야별로 지난 10여 년간 상황이 어떻게 전개되고 해결되었는지를 정리하고 평가한 글[1]을 시작으로 주요 현안에 대해 필자가 언론에 기고한 일부의 글로 구성되

---

1) 각 장의 1절의 주에서 주요 현안에 대해 언론 보도 중 필자를 인용한 신문기사의 제목도 수록하였다.

어 있다.

독자들의 이해를 높이기 위해 노조활동 자유화이후 노동 분야의 주요 사건을 〈표 1. 1〉에 정리하였다. 노사관계에서는 1991년 전노협의 결성으로 힘을 결집한 재야노동세력은 1995년 민주노총으로 발전하였고 민주노총은 1999년 합법화되었다. 교원노조도 1999년 합법화되었고 2005년에는 공무원 노조가 허용되었다. 한국노총은 2007년 한나라당과 정책연대를 체결하였고 한나라당이 집권하면서 정부 노동정책 결정에 대한 영향력이 확대되었다. 2006년에는 현대차노조 등 대공장노조가 산별노조로 전환되면서 산별교섭이 노사 간 주요쟁점사항으로 부상하였다.

OECD 가입과 노동관계법의 대폭적인 개정이 이루어졌으나 핵심사항인 '사업장 단위 복수노조 허용'과 '노조전임자에 대한 사용자의 임금지급 금지'는 2009년까지 유보된 상태이다.

고용분야에서는 2004년부터 고용허가제가 시행되면서 저숙련 외국 인력에 대해 우리나라 노동시장을 공식적으로 개방하였고 2007년에는 산업연수생제도를 폐지하기로 결정하였다.

근로기준분야에서는 1,000인 이상 사업체와 공공기관에 대해 초과급여의 기준 근로시간이 주 44시간에서 주 40시간으로 2004년 7월부터 단계적으로 시행되었다. 또한 2007년 7월부터는 기간제 근로자의 계속사용기간을 2년으로 제한하고 기간제근로자, 파견근로자에 대한 차별을 금지하는 비정규직 보호법이 단계적으로 시행되었다.

〈표 1. 1〉 노조활동 자유화 이후 노동 분야 주요 사건

1987	- 노조활동 자유화
1988	- 노태우대통령 취임
1991	- 전노협(민주노총의 전신) 결성 - ILO(국제노동기구) 가입
1993	- 김영삼대통령 취임 - 산업연수생제도 도입
1995	- 민주노총 결성
1996	- OECD(경제협력개발기구) 가입 - 노동관계법 날치기 국회통과 파동으로 민주노총, 한국노총 양대 노총 주도의 대규모 시위
1997	- 노동관계법 재개정 - 외환위기로 IMF(국제통화기금)에 구제금융 신청
1998	- 김대중 대통령 취임 - 노사정위원회 출범
1999	- 교원노조, 민주노총 합법화 - 공무원 단결권(직장협의회) 인정
2003	- 노무현대통령 취임 - 주5일근무제관련 법 국회통과(2004년 7월부터 단계적 시행) - 고용허가제법 국회통과(2004년 도입)
2005	- 공무원 노조 합법화
2006	- 현대차노조 등 주요 대공장 노조 산별노조로 전환 - '사업장단위 복수노조 허용'과 '노조전임자 임금지급 금지'를 2009년까지 유예하기로 노(한국노총)사정 합의 - 비정규직 관련 법 국회통과(2007년 7월부터 단계적 시행)
2007	- 산업연수생제도 폐지 결정 - 한미FTA 타결
2008	- 이명박 대통령 취임 - '쇠고기 수입'과 관련된 대규모 촛불 시위 - 미국 투자은행 리먼부라더스 파산으로 글로벌 금융위기 도래

전환기, 한국노동시장의 길을 묻다

2장 노사관계

1. '20년의 갈등', 그러나 시작도 못한 노사관계 선진화

3년간 분규발생건수가 7,000여건이었던 1980년대 후반과 비교하면 우리나라 노사관계는 안정된 것으로 보인다. 그러나 우리나라 노사관계의 경쟁력은 세계 최하위이고 적대적 노사관계가 해외자본 유치의 가장 큰 걸림돌의 하나이다. 근원적 노사관계 안정화의 길은 아직 요원하다.

특히 1997년 노동관계법 개정이 가장 핵심 사안이었던 '복수노조 허용'과 '노조 전임자'에 대한 사용자의 급여 지급금지'는 여러 차례 유예되어 2009년 현재까지 시행되고 있지 않다. 2010년 예정대로 시행된다면 노사관계가 다시 한 번 큰 소용돌이에 휘말리게 될 것이다. 그러나 글로벌 경제시대에 글로벌 노동기준(global labor standard)인 사업장 단위의 복수 노조 허용은 무작정 연기할 수만은 없다.

숫자로 보는 노사관계 추이

우리나라의 노조조직율은 〈그림 2. 1〉에서 보듯이 1990년 18.6%로 정점에 이른 후 하락세로 돌아서서 2002년 이후 10%대에 머물고 있다. 〈그림 2. 2〉에서 보듯이 우리나라의 노조조직율은 10.8%로서 다른 나라에 비해 매우 낮은데 2000년 기준으로 비교대상국 중 프랑스와 함께 조직율이 제일 낮은 나라에 속한다. 또한 우리나라는 1990년대에 노조조직율이 상대적으로 제일 많이 떨어진 나라중의 하나이다. 1990년대비 2000년 노조조직율은 29% 감소하여 호주의 39% 다음으로 가장 조직율이 많이 떨어졌다. 우리나라 다음에는 독일이 32%에서 24%로 떨어져 25% 감소하였고 그 다음이 영국 24%, 미국 19%의 순이다.

〈그림 2. 1〉 노조조직율 추이

(단위 : %)

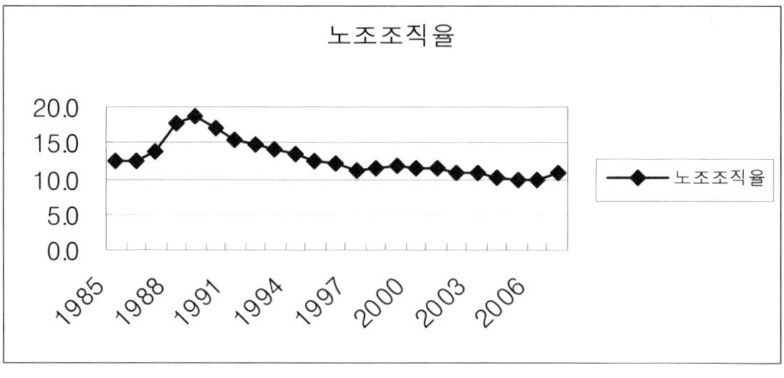

자료: www.molab.go.kr

〈그림 2. 2〉 노조조직율 추이의 국제비교

(단위 : %)

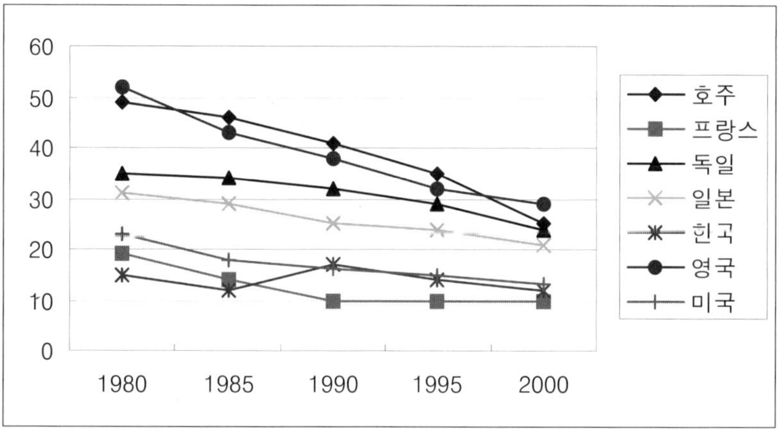

자료: Bamber, Greg J, Russell D. Lansbury, and Nick Wailes (2004)

그러나 우리나라 노동운동은 〈그림 2. 3〉에서 보듯이 1990년대 말 외환위기 이후 조합원 수가 증가하고 공무원 노조의 허용에 따른 공무원 노조의 결성 등으로 새로운 분야로 영역을 확대하여 가고 있다. 1993년부터 2005년까지 제조업의 조합원 수는 44.1% 감소하였으나 서비스업의 조합원 수는 7.7%증가하였다.(한국노동연구원 2008) 대기업 중심의 우리나라의 경제구조 특성상 노조는 대기업중심으로 조직되어 있기 때문에 조직율 수치이상으로 그 영향력이 크다. 조합원의 70%가 1,000인 이상 기업의 근로자이고 〈그림 2. 4〉에서 보듯이 1,000인 이상 기업의 56%에 노조가 조직되어 있다. 특히 지난 10년간 산별로 전환하는 기업별 노조가 늘어나면서 노조조직율의 하락에 따른 영향력 감소를 완화시키고 있다. 2007년 말 현재 산별노조, 지역업종노조 등 초기업 노조에 속한 조합원이 51.3%이다. 2003년에는 그 수치가 31.3%였다.

〈그림 2. 3〉 주요국의 노동조합원수 변화(1995년을 100으로 한 상대치)

(단위 : %)

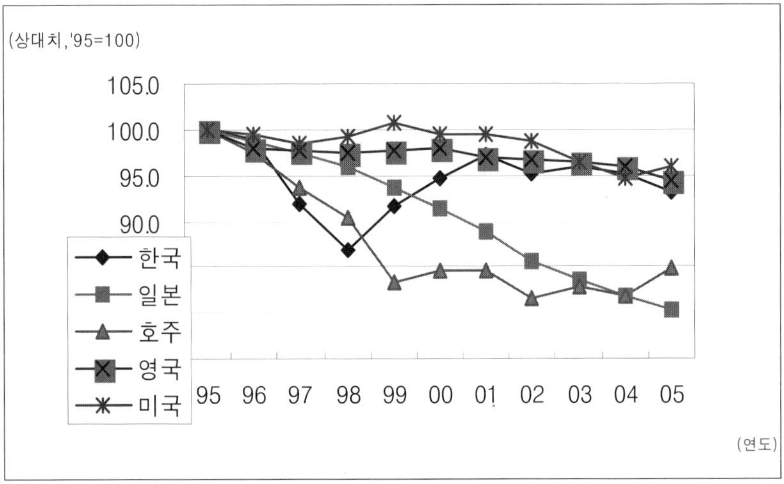

자료 : 한국노동연구원, "노사관계 정책의 비전과 과제", 2008. 7 (미발표원고) 에서 재인용

〈그림 2. 4〉 기업별 노조의 기업규모별 노조 조직율(2005)

(단위 : %)

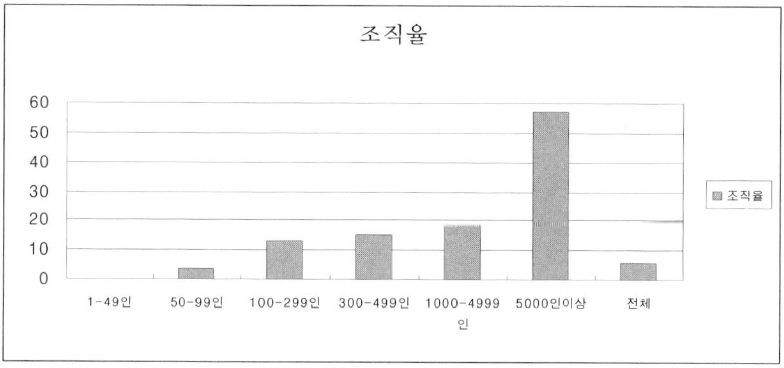

자료: 한국노동연구원, "노사관계 정책의 비전과 과제", 2008. 7 (미발표원고)에서 재인용

2004년 이후 노사분규 건수는 〈그림 2. 5〉에서 보듯이 줄어드는 추세에 있다.(분규건 수가 2005년 287건에서 2006년 138건, 2007년 115건으로 줄어들었다. 그러나 이는 산별노조에 의한 파업으로 통계에 잡히는 분규건수가 줄어드는 것을 반영하는 것으로 분규에 참여하는 여러 지부 노조를 개별 분규건수로 보면 분규건수는 2005년 287건, 2006년 235건, 2007년 212건으로 줄어드는 추세인 것은 분명하나 큰 폭으로 줄어들지는 않았다.) 〈그림 2. 6〉에서 보듯이 분규로 인한 근로손실일수도 전반적으로 줄어드는 추세이나 2008년에는 근로손실일수가 전년대비 50.9% 늘어났다. 한편 이랜드, 코스콤, 기륭전자의 경우에서 보듯이 파견, 사내하청 등 간접고용관계에서 발생하는 분규는 일단 발생하면 장기화되는 경향을 보이고 있다.

〈그림 2. 5〉 노사분규 추이

(단위: 건수)

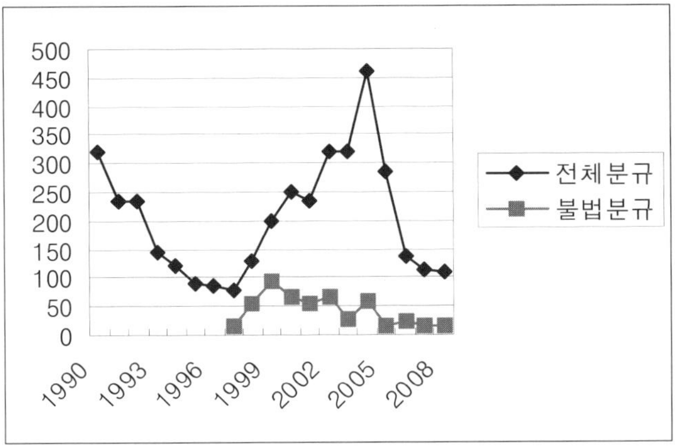

자료: www.molab.go.kr

〈그림 2. 6〉 노사분규로 인한 근로손실일수 추이

(단위: 천일)

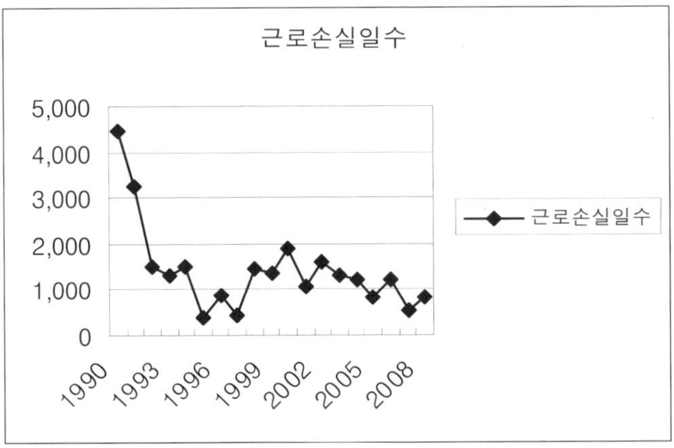

자료: www.molab.go.kr

피용자 1,000인당 근로손실일수로 볼 때 〈그림 2. 7〉에서 보듯이 우리나라의 파업성향은 EU나 OECD 국가의 평균보다 2배 이상 높다. 그러나 우리나라 조직율이 상당히 낮은 것을 고려하면 우리나라 파업성향은 〈그림 2. 7〉이 시사하는 것 이상으로 높다고 할 수 있다. 특히 제조업 강국인 일본과 독일의 파업성향은 매우 낮다.

〈그림 2. 7〉 전산업 피용자 1,000인당 근로손실일수 국제비교
(1995～2005년)

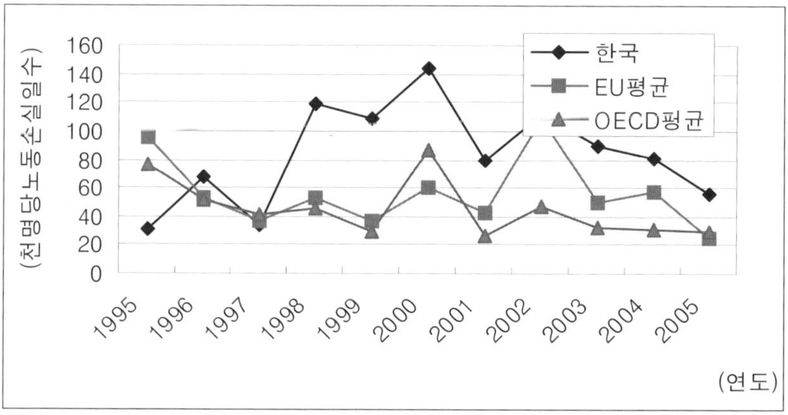

자료: 한국노동연구원, "노사관계 정책의 비전과 과제", 2008. 7 (미발표원고)

노동운동의 문제점: 투쟁의주의 정치지향성, 계파주의 및 대기업 노조의 이기주의

우리나라의 노사관계가 민주화이후 지난 20년간의 경험에도 불구하고 근원적인 안정을 찾지 못하고 있는 것은 우리 사회의 주요 제도

(institution)로 발전한 노동운동이 제 자리를 찾지 못하고 있기 때문이다. 우리나라 노조가 가지고 있는 문제점은 정치지향성의 강경투쟁노선, 계파주의 그리고 대기업 노조들의 이기주의로 요약할 수 있다.

선명성을 무기로 대공장 제조 현장을 장악한 나라의 상황이나 회사의 사정에 관계없이,[1] 때로는 일반 조합원들의 의사를 무시하고[2] 강경투쟁노선을 줄기차게 추구하고 있다.[3] 또한 일반 조합원들의 호응이 없는 '반FTA 파업' 등 정치파업을 남발하고 있다.[4]

우리나라 대공장 노조들이 가지고 있는 문제점의 하나는 계파주의가 만연되어 있는 것이다. 일부 공장에서는 10여개의 계파가 존재하여 회사나 조합 전체의 관점에서 보다는 계파 이익의 극대화를 위해 조직 활동을 함으로 현장 노사관계 불안의 근원이 되고 있다. 특히

---

1) "일부 대기업 노조 파업 국가경제에 어려움", 매일경제 2008년 7월 17일 〈기사〉; "현대차 집행부 파업강행 방침에 노조원들 반발", 한국경제 2008년 6월 17일 〈기사〉

2) "민노총, 찬반투표 안하고 파업 결정.. 일선조합원 비난 쇄도", 한국경제 2007년 6월 11일 〈기사〉; "양노총 파업 열기 미지근", 중앙일보 2003년 8월 19일 〈기사〉

3) "〈시론〉 제밥 그릇 깨는 촛불시위 노동자", 한국경제 2008년 5월 29일; "[노사불안, 내년이 더 문제다] (상) '투쟁의 덫' 걸린 현대차노조", 한국경제 2006년 12월 13일 〈기사〉; "〈시론〉 노동계, 제자리로 돌아와야", 서울경제 2006년 8월 10일; "〈시론〉 불법 철도 파업 당장 풀어라", 세계일보 2006년 3월 3일

4) "정치파업, 외국인 한국투자 기피 부를 것", 매일 경제 2008년 7월 2일 〈기사〉; "고유가로 경영난 심각한데... 현대차노조 웬 쇠고기 투쟁", 2008년 5월 29일 〈기사〉; "〈포럼〉 조합원도 반대한 민주노총 정치파업", 문화일보 208년 6월 18일; "[기초질서가 국가경쟁력] (1) 정치파업은 이제 그만", 한국경제 2008년 4월 14일; "금속노조 '反FTA 파업' 안팎서 역풍… 산별 '첫 깃발' 흔들", 경향신문 2007년 6월 22일; "〈포럼〉 현대차노조, 정치파업 거부하라", 문화일보 2007년 6월 15일

최근에 들어서는 산별노조 체계를 둘러싼 노노갈등으로 더욱 계파주의의 폐해가 심하여졌다.[5)]

대기업 중심의 노동운동 그리고 대공장 노조들의 이기주의로 우리나라 노동운동이 사회로부터 불신 받고 노동운동 자체도 딜레마(dilemma)에 빠져 있다.[6)] 심지어 같은 사업장내에서도 각자 자신들의 이익만을 추구하여 수요 변화에 따른 공장간 물량도 조정하지 못하고 있다.[7)]

대공장 노조들은 사회이슈화 되고 있는 비정규직 문제에 대해 자신들의 기득권은 조금도 양보하지 않고 모든 비정규직의 완전 정규직화라는 현실성 없는 주장을 하면서 실질적으로는 비정규직 문제의 해결을 더욱 어렵게 할뿐 아니라 노동시장의 양극화를 더욱 심화시키고 고용창출의 걸림돌이 되고 있다.[8)]

노사정의 과제: 정부의 법질서 확립, 합리적 노동운동, 사용자의 신뢰획득

---

5) "현대차 노조 16개로 쪼개질 판… 금속노조도 흔들", 한국경제 2009년 3월 12일 〈기사〉; "〈시론〉 올해의 노사관계를 걱정하며", 서울경제 2005년 3월 21일
6) "고통분담 의지 없는 금속노조… 전문가들 정말 정신 못 차렸다", 한국경제 2009년 1월 9일 〈기사〉; "현대차노사 소비자 무서운 줄 알아야", 매일경제 2008년 4월 17일 〈기사〉
7) "[일자리를 지켜라] 노조의 고통분담… 노조가 공장간 인력이동 막아서야", 한국경제 2008년 12월 3일
8) "[노조 지금이 변할 때다] (8) 대기업 노조 임금인상 자제해야", 한국경제 2005년 4월 27일 〈기사〉; "〈시론〉 힘 있는 노조, 자제하여야", 세계일보 2004년 7월 21일; "기업 규모별 임금격차 계속 벌어져", 한국경제 1991년 6월 16일 〈기사〉

우리나라 노사관계가 근원적으로 안정되어 협력적 노사관계 때문에 외국인들이 우리나라에 투자하고 일본이나 독일과 같이 노사관계가 국가경쟁력의 원천이 되기 위해서는 노, 사, 정 모두가 풀어야 할 숙제가 많다.[9)]

정부는 특히 노사 구분 없이 법을 엄정히 집행하고 단기적인 대응을 자제하여야 한다.[10)] 정부가 여론이나 상황논리에 휘둘려 무분별하게 개별적으로 개입하여 법이 철저히 집행되지 못하는 결과가 초래된 경우가 종종 있었다. 힘 있는 대공장 노조들이 파업만능주의에 빠져 있는 것은 불법파업을 하여도 그에 상응하는 책임을 지지 않고 사후적으로 정치적으로 해결되기 때문이다.[11)] 정부는 사전조정서비스 등 분규예방 기능은 강화하되 개별 사업장 분규에 대해 개입하는 것은 자제하여야 한다.[12)]

---

9) "〈포럼〉 노사관계 선진화가 일자리 창출한다", 문화일보 2008년 5월 19일; "노동부문 국제경쟁력…한국, 세계 최하위권", 세계일보 2006년 2월 17일 〈기사〉; "제조업근로자 노동비용 급증 경쟁력 약화", 한국경제 1990년 10월 30일 〈기사〉

10) "〈시론〉 불법파업 제재방식 바꿔라", 한국일보 2007년 1월 22일; "〈시론〉 冬鬪, 가슴보다는 머리로 풀어야", 세계일보 2003년 11월 5일; "〈시론〉 파업 단기적 대응은 자제를", 중앙일보 2003년 7월 3일; "〈시론〉 노사갈등 법에 의한 해결을", 한국경제 2002년 3월 29일

11) "노조, 전격 파업 유보 '원칙과 여론'에 밀렸다", 서울경제 2007년 11월 17일 〈기사〉; "재계, 노동전문가 자신해산 관계없이 법적 책임 물어야", 한국경제 2006년 7월 21일 〈기사〉; "[민노총 사무실 압수수색 영장 파장] '우군에서 적으로' 노정 충돌위기", 중앙일보 2003년 8월 26일 〈기사〉; "되풀이 되는 철도파업 원인·해법은, 한겨레신문 2006년 3월 4일 〈기사〉; "[지금은 파업시대] 2. 정부 원칙은 어디 갔나", 중앙일보 2003년 6월 12일

12) "〈시사풍향계〉 노동위 기능 빨리 강화되어야", 국민일보 2006년 4월 9일; "〈한경 플라자〉 태업에도 無勞無賃원칙 적용해야", 한국경제 2006년 3월 20일; "[노조 지금이 변할 때다] (12·끝) 노사관계 혁신을 위한 제언", 한국경제 2005년

노동운동은 초심으로 돌아가야 한다. 민주노총은 투쟁위주의 강경노선, 자체의 비리로 위기상황에 직면해 있다.[13] 지도부의 성폭력 은폐, 현대차노조, 기아차노조 등의 채용비리, 폭력과 유혈이 난무하는 민노총 대의원회의, 조합원의 의사를 무시하는 비민주성 모두가 노조는 사회적 약자들이 단결된 힘으로 자신들을 보호하기 위해 결성된 단체라는 것을 망각한 행태이다. 민노총은 '민주'라는 이름에 걸맞게 현장의 목소리를 수렴하고 투쟁성을 지양하고 우리나라가 글로벌 경쟁에서 우위에 서는 것에 보탬이 되는 합리적 노동운동을 하여야 한다.[14]

민노총만 자기 혁신이 필요한 것이 아니다. 민노총이 강경투쟁 노선을 지속적으로 견지하고 있음에도 불구하고 여전히 산업현장에서의 영향력이 줄지 않고 있는 것은 한국노총이 대안세력으로 근로자들에게 다가오지 못하기 때문이다. 또한 한국노총도 前위원장이 정부지원예산 횡령으로 사법 처리된 사례가 있고 간간히 비리에 연루된 노조간부 사건이 발생하는 등 부패와 비리로부터 자유롭지 못하다. 2005년에는 참여정부와 대립각을 세우면서 노동위원회에서 일시 탈퇴하고 서울에서 열리는 ILO총회를 거부하여 국제적 망신을 초래

5월 3일 〈기사〉

13) "〈시론〉노동운동 初心으로 돌아가라", 동아일보 2005년 3월 18일; '[밀리언 잡]' 민노총 잇단 탈퇴... 고용창출 압장.. 노조가 변했다, 한국경제 2009년 3월 4일 〈기사〉; "뉴라이트 신노동연합 23일 출범" 한국경제 2006년 9월 21일 〈기사〉

14) "〈시론〉 '그들만의 민주노총' 벗어나려면", 세계일보 2009년 3월 13일; "〈시론〉 현대차 노조는 세계를 보라", 세계일보 2007년 1월 14일; "노사 힘 겨루기… 대화가 가장 강력한 무기", 경향신문 2007년 1월 19일 〈기사〉; "〈시론〉 노동계는 대화의 장으로", 중앙일보 2002년 1월 29일

한 경우도 있다. 우리나라 최대의 노조로서 합리적 노동운동을 선도하는 조직으로 거듭나야한다.[15)]

최근 세계 자동차 산업의 판도 변화는 글로벌 경쟁시대의 노사협력의 중요성을 잘 말해주고 있다.[16)] 노사관계의 안정화를 통하여 분규가 발생하지 않도록 하는 것이 노사협력의 1단계라면 2단계는 상생협력을 통해 경쟁력을 제고시키는 것이다.[17)]

이명박 정부 들어서 사업장 노사협력이 확대되고 있는 것은 고무적인 일이나 아직은 초기단계이다. 노사협력을 위해서는 열린 경영의 기반위에서 근로자들의 신뢰를 획득하기 위한 사용자들의 지속적인 노력과 가시적인 조치가 필요하다. 법과 원칙에 입각한 노사관계 현장 질서를 확립하기 위한 노력과 함께 경영자는 조합원이자 종업원인 근로자들의 마음과 신뢰를 얻는 것이 무엇보다도 중요하다.[18)]

---

15) "권익 스스로 포기… 근로자만 피해", 한국경제 2005년 7월 12일 〈기사〉; "〈시론〉 노동계, 국제 망신 자초 말라", 중앙일보 2005년 8년 24일

16) "〈시론〉 GM의 추락과 도요타의 등극", 한국경제 2008년 9월 23일; "〈시론〉 현대차 10년만의 무파업 타결", 서울경제 2007년 9월 16일; "〈시론〉 GM 쇠락의 교훈" 서울경제 2006년 3월 14일

17) "〈포럼〉 지하철 파업철회, 경쟁력 전기돼야", 문화일보 2008월 11 월20일; "[노사 새 지평을 열자] (1) 노사협력으로 무한경쟁 이기자", 한국경제 1995년 2월 8일 〈기사〉

18) "노루페인트 노조가 즐거운 까닭", 한국경제 2008년 7일 27일; "망할지 모른다는 위기의식이 협력적 노사관계 만들었다", 한국경제 2007년 10월 16일 〈기사〉; "〈시론〉 노사 상생의 길", 세계일보 2003년 3월 11일; "[노사 새 지평을 열자] (15) 성과배분제 활용", 한국경제 1995년 3월 16일 〈기사〉

산별노조와 산별교섭

2006년 7월 현대자동차노조 등 자동차 3사 노조가 산별노조로 전환되면서 산별교섭을 둘러싼 노사 간의 다툼이 치열하다. 산별노조는 산별교섭을 사용자측에 보다 적극적으로 요구하고 있으나 사용자측에서는 사용자측을 대변한 사용자기구의 부재 등 제도적으로 준비가 되지 않았다는 이유로 응하지 않고 있다.

우리나라의 산별노조체계는 기업별노조를 산별노조로 전환시키는 세계 노사관계 역사상 초유의 방식으로 진행되면서 노사 현장의 불안요인이 되고 있다. 무엇보다도 유럽의 산별노조와는 달리 기업별 지부 혹은 지역별 지부도 파업권을 행사하여 교섭비용을 증가시키고 있다.[19] 또한 기업별지부가 산별노조 중앙조직보다 조합비를 더 많이 사용함으로써 기업별지부와 산별노조와 갈등이 야기되고 있다. 2009년 10월로 예정된 현대차노조지부 등 자동차노조지부의 해체가 어느 형태로 진행되느냐가 산별교섭을 둘러싼 노노, 노사갈등의 분수령이 될 전망이다.[20]

산별교섭체계가 가질 수 있는 장점에서 불구하고 우리 현실에서는 단점만이 부각되는 방식으로 산별체계가 진행되고 있다.[21] 기존에

---

19) "[車 산별노조 노사 대충돌 진앙 되나] 전문가 시각", 서울경제 2006년 7월4일 〈기사〉; "[현대차 등 13개 노조 산별 전환] 합리적 노사관계 정립되려면…", 한국경제 2006년 7월 2일 〈기사〉; "[대기업노조 산별 전환 비상] (中) '산별교섭' 우리 현실에 맞나", 한국경제 2006년 6월 26일 〈기사〉

20) "현대차 노조 16개로 쪼개질 판… 금속노조도 흔들", 한국경제 2009년 3월 12일 〈기사〉

산별교섭체계를 가진 유럽국가에서도 유연성을 강조하여 보다 분산화된 형태로 교섭이 이루어지는 것이 근년의 추세임을 고려하면[22] 산별노조의 결성, 이에 따른 산별교섭 논란은 우리 경제에 당분간 부정적인 영향을 미칠 것이다.[23] 교섭은 중층구조로 이루어지나 파업은 산별차원에서만 할 수 있는 시스템이 정착되지 않고는 산별체제는 산업현장에서 많은 혼란을 야기시킬 것이다.[24]

노사관계선진화 입법

1993년 노동연구원 세미나에서 필자는 복수노조 허용 등 노동법의 합리적 개정이 필요하다는 주장을 하였다.[25] 그 이후 1997년 노동법 개정에서 노조의 정치활동 허용, 제3자 개입 금지 조항 폐지, 일정기간의 유예 기간을 거친 복수노조 허용과 사용자의 노조전임자에 대한 급여 지급 불허, 일정 직종에 대한 파견근로자 합법화, 탄력적

---

21) "[車 산별노조 노사 대충돌 진앙 되나]〈중〉사회적 비용 줄이는 현명함을", 서울경제 2006년 7월3일 〈기사〉; "〈시론〉 산별노조, 멀리 크게 보라", 세계일보 2006년 7월 2일

22) "[대기업노조 산별 전환 비상] (下) 유럽은 되래 기업별 교섭 전환", 한국경제 2006년 6월 27일 〈기사〉

23) "현대 · 기아 · 대우 · 쌍용차 동시파업 산별노조가 지닌 폐해 총집결판", 중앙일보 2008년 7월 11일 〈기사〉

24) "산별교섭 한국현실과 안 맞아"… 상의, 산별교섭 토론회, "한국경제 2008년 6월 18일 〈기사〉;" 〈위기의 산별노조, 탈출구를 찾아라 —上〉, 문화일보 2008년 7 월23 일 〈기사〉

25) "노동법 합리적 개정 시급하다… 노동연구원 학술회의", 한국경제 1993월 8월 26일 〈기사〉

근로시간제도 도입 등의 개혁적 조치가 이루어졌다. 그러나 단위사업장에서의 복수노조 허용과 노조전임자에 대한 사용자의 급여지급 금지는 몇 차례 한국노총과 경영계의 합의에 의해 2009년까지 13년간 유예된 상태이다.[26]

2010년부터는 단위사업장에서 복수노조가 허용되고 노조전임자에 대한 급여지급이 부당노동행위로 간주될 예정이나 한나라당과 정책연대를 맺고 있는 중소노조에 기반을 둔 한국노총이 노조전임자에 대한 급여지급 금지를 일정조건에서 유예할 것을 추구하고 있는 것으로 알려져 있어 예정대로 시행될 수 있는가가 초미의 관심사이다. 노사정위원회에서도 관련 위원회가 설치되어 대안을 모색하고 있다. 법정신에 따르면 복수노조 허용시 창구단일화에 대한 논의만 하면 되는 것이나 노동계의 요구로 노조전임자 문제도 다루고 있는 것으로 알려져 있다.

노조전임자에 대한 임금지급을 금지하는 것이 노사자율을 침해하는 것이라는 ILO 결사의 자유위원회의 권고도 있으나 노조전임자에 대한 급여지급 불허는 13년 전 노동계가 합의한 사항이고 과다한 노조전임자 문제로 폐해가 큰 것을 고려하면 원칙적으로는 예정대로 시행되어야 한다.[27]

1990년대 초 한국노총과 별개의 노동운동 세력(후에 전노협을 거쳐

---

26) "〈기고〉 '노사관계 선진화' 또 5년 묵히나", 동아일보 2006년 9월 8일; "〈시론〉 노사관계 로드맵 정치논리 배제하라", 한국일보 2006년 7월5일

27) "[밀리언 잡] '무노동' 전임자만 1만여명… '철밥통 단협' 에 고용창출 막혀", 한국경제 2009년 3월 3일 〈기사〉

민주노총으로 발전함)들이 노동조합법의 복수노조 금지 조항으로 인해 노조로 인정받지 못하자 개정을 요구하면서 복수노조 금지에 대한 논란이 시작되었다. 우리나라가 1993년 ILO에 가입한 후 복수노조 금지는 회원국의 기본의무인 '결사의 자유' 원칙을 위배한 것임으로 개정하라는 권고를 ILO로부터 십여 차례 받아왔다. 특히 우리나라는 일정기간 후의 복수노조 허용 등 국내노동상황에 관한 모니터링(monitoring)을 조건으로 1996년 OECD에 가입하면서 관련법 개정이 이루어져 왔다. 복수노조 허용은 글로벌스탠다드에 국내기준을 부합시킨다는 측면에서 조속히 시행되어야 한다. 특히 미국의 오바마행정부의 출범으로 한미 FTA에도 영향을 줄 것이다.('제8장 노동과 통상' 참조) 다만 시행 초기에는 혼란이 야기될 것이 분명하다.

노조활동이 자유로워지면서, 특히 노무현정부가 들어서면서 공무원, 교수 등 노조결성이 허용되지 않은 계층에 대해 노동권을 보장하는 요구가 높아졌다. 공무원에 대하여 결사의 자유를 인정하지 않는 우리나라가 거의 유일하기 때문에 ILO 등 국제기구로부터 법 개정을 여러 차례 권고 받았었고, 외환위기 이후 IMF의 권고로 공무원에 대해 직장협의회를 결성할 수 있는 길이 열렸다. 직장협의회의의 결성권도 결사를 자유를 보장한 것이나 참여정부 들어서 공무원에 대해 노조를 허용하는 방침을 정한 후 공무원의 노동3권의 허용범위에 대해 논란이 되었다. 그러나 평생고용권이 보장된 우리나라 공무원법의 특성상 공무원에 대해 완전한 노동3권의 보장은 시기상조이다.[28)] 노동법 전문가

28) "〈시론〉 공무원파업 노동 3권 때 이르다", 세계일보 2002년 11월 7일

들의 다수의견은 교수도 노동자로 보아야 하며 따라서 노조결성권이 보장되어야 한다는 것이다. 그러나 업무수행의 자율성 및 교수가 우리 사회에 받는 특권적 대우, 대학 개혁의 필요성 등을 고려할 때 교수노조는 허용되어서는 안 된다.[29]

사회적 합의를 통한 노정협력

필자는 1989년 노동연구원 세미나에서 호주의 사회적합의 방식과 같이 노사정협의체의 필요성을 주장하였다.[30] 그 이후 김대중 정부에서 설치된 노사정위원회에서 10년 가까이 공익위원으로 참여하였다. 이명박 정부 들어서 노사민정 합의가 강조되고 있으나 20년 전 필자가 노동연구원 세미나에 필요하다고 주장한 노사정 불신해소는 아직 이루어지지 않고 있다.

특히 이명박 정부에 들어서는 정부와 민노총 간에는 대화가 단절되고 한국노총은 집권당인 한나라당과 정책연대를 맺고 있어 노사정 위원회의 유용성은 더욱 떨어졌다. 향후 우리나라의 노사정 혹은 노사민정 사회적 합의의 미래는 민주노총의 참여여부에 달려 있다. 정부는 민노총이 정책과정에 참여하도록 적극적으로 설득하여야 하는, 민노총은 투쟁 지향적 노선을 정리하고 합리적 운동으로 거듭나야 하는 과제를 가지고 있다.[31]

---

29) "〈시론〉 교수가 빨간 머리띠 맨다고?", 한국경제 2007년 5월 29일
30) "노/사/정 불신 노사안정의 최대 장애", 한국경제 1989년 9월 28일 〈기사〉
31) "〈포럼〉 노 · 사 · 민 · 정 대합의 기대한다. 문화일보 2009년 2월 4일; "노사관

2. 제 밥그릇 깨는 촛불시위 노동자[32]

미국산 쇠고기 수입을 둘러싸고 온 나라가 들썩거리고 있다.

국민의 건강권 보장을 주장하는 측은 미국과의 재협상을 요구하며 며칠째 계속 촛불집회를 열고 일부 참가자들은 도로를 점거하는 등 불법시위를 벌이고 있다.

아직은 정부가 공권력 개입을 자제해 커다란 충돌은 없지만 작년 11월 서울 시내 도심에서 벌어진 한・미 FTA(자유무역협정) 반대 시위처럼 과격해질까 우려되는 가운데 현대차노조가 촛불시위에 조합차원에서 참가하기 시작하는 등 민주노총의 참여가 본격화되고 있다.

또한 두 차례나 연기됐던 미국산 쇠고기 수입 고시가 29일 발표되면서 민주노총은 수도권 냉동 창고에 보관 중인 미국산 쇠고기의 출하 저지 투쟁에 나섰다.

노동운동이 사회 주요 현안에 대해 자신들의 의견을 적극적으로 개진하는 것을 탓할 수는 없지만 불법적으로 사리에 맞지 않게 주장을 관철하려는 것은 옳지 않다.

특히 한・미 FTA 비준을 저지하기 위해 전략적으로 쇠고기 파동을 이용하는 것은 이제는 민주노총이 그 세력에 걸맞은 책임 있는 제도권 단체로 발전하기를 바라는 국민적 기대를 배반하는 행위다.

우리나라의 경제현실을 보면 미국산 쇠고기를 수입해야 하는 이유는 분명하다.

계 20년 현주소… 새 틀 짜야하나", 국민일보 2008년 5월 25일 〈기사〉

32) 한국경제 〈시론〉 (2008. 5.29)

무역이 전체 GDP(국내총생산)에서 차지하는 비중이 70%가 넘는 대외개방형 경제구조를 가지고 있기 때문이다.

차기 미국 민주당의 대통령 후보로 거의 확정적인 오바마가 미국 노동계를 의식해 부시 대통령에게 한·미 FTA 비준 안을 국회에 제출하지 말 것을 촉구하는 가운데 민주노총이 한·미 FTA 비준의 가장 큰 장애요인이 된 미국산 쇠고기 수입을 앞장서 반대하는 것은 우리나라 노동운동이 아직도 단편적이고 편협된 사고의 틀을 벗어나지 못하고 있다는 것을 방증하는 사례다.

다른 나라 노동운동은 세계화라는 소용돌이를 현실적으로 대처하고 있다.

세계에서 가장 강력한 독일 자동차 공장의 노조들은 동유럽으로 공장 이전을 우려해 고용보장을 전제로 임금의 동결 내지 삭감을 받아들이고, 시설의 효율적 이용을 극대화하기 위해 야간 근무조 투입에 합의하는 등 근로조건 저하를 수용하고 있다.

우리나라의 미국산 쇠고기 수입 반대운동에 대응해 이미 미국에서는 '한국의 2류 자동차를 수입하지 말자'는 움직임이 일어나고 있다.

배럴당 유가가 130달러로 치솟은 고유가 시대에 큰 어려움을 겪을 것으로 예상되는 우리나라 자동차 산업이 침체되면 가장 직접적인 피해자는 자동차회사와 연관 산업의 노동자들인데 현대자동차노조가 미국산 쇠고기 수입을 반대하는 촛불시위에 참가하는 것이 우리나라의 웃지 못 할 현실이다.

국제관례나 우리와 미국과의 관계로 볼 때 미국과의 쇠고기 수입 재협상은 가능하지 않다.

대통령도 이미 미국과의 쇠고기협상이 미숙했던 점을 인정했다.

민주노총도 이제는 현실적으로 불가능한 재협상을 요구하기보다 미국에 우리 입장을 설득하는 노력과 함께 우리나라 한우를 포함한 30개월 쇠고기의 위험성을 확인하고 위험하다면 국내 소비를 억제하기 위한 대안을 강구하는 데 동참해야 한다.

세계의 글로벌 기업들은 노와 사를 떠나 세계화라는 격변 속에서 생존하기 위해 부단한 혁신을 모색하고 있다.

민주노총도 정치적 조합주의를 지양하고 경제 활성화를 통한 일자리 창출에 주도적인 역할을 해야 한다.

미국산 쇠고기 수입을 반대하는 촛불시위 참가는 사회적 갈등을 조장하고 우리 경제의 성장 동력을 떨어뜨릴 뿐이다.

3. 노동계, 제자리로 돌아와야[33]

지난 6월 발생한 한국노총 충북지부장 사망 사건을 계기로 촉발된 노정간의 갈등이 해결의 기미가 보이지 않고 있다.

한국노총과 민주노총은 공동투쟁본부를 설치하고 특수고용근로자의 노동3권을 포함한 비정규직의 권리를 보장하는 법 제정, 정부의 신자유주의적 노동정책 폐기, 충북지부장 사건에 대한 진상조사와 책임자 처벌 및 노동부 장관과 청와대 사회정책수석의 퇴진을 요구

33) 서울경제 〈시론〉 (2006. 8. 10)

했다.

사망한 충북지부장의 경우 보상금 문제 등이 유족들과 잘 합의돼 원만히 처리됐다. 그러나 노동계는 이 사건이 비정규직 문제에서부터 파생됐다고 규정하고 노사정간의 이견으로 별 진전이 없었던 비정규직 법을 노동 측에 유리하도록 이끌어가는 동력으로 삼으려 하면서 현 정부 노동정책의 최고사령탑인 노동부 장관의 퇴진 없이는 노정간의 대화는 물론 정부의 각종 위원회에도 참여하지 않겠다는 입장을 고수하고 있다.

양대 노총은 노동위원회를 포함한 70여개의 정부 각종 위원회에 참여하지 않고 있다. 또한 한국노총은 민주노총의 탈퇴에도 불구하고 그간 참여해왔던 노사정위원회를 7월 7일 탈퇴했다.

개인적 비리가 없는 상황에서 노동부 장관에 대한 퇴진 요구는 현 장관으로 대표되는 법과 질서에 입각한 정부의 노동정책에 대한 노동계의 공격으로 보인다. 노동계는 참여정부 집권 초기 친노동적 정책을 기대했으나 집권 후 6개월도 경과하지 않은 시점에서 정부가 철도 파업에 공권력을 투입함으로써 노동계와 현 정부의 밀월 관계는 종료됐다.

노동계가 정부에 대해 날카로운 대립각을 세우고 있는 것은 올해 초부터 연속적으로 터져 나오고 있는 노동계 비리에 대한 자기 방어적 성격이 크다. 올해 초 민주노총 소속 기아자동차와 현대자동차 노조의 채용 비리, 30억 원이 넘는 전국의 항운노조 간부들의 인사 관련 금품수수, 한국노총의 근로자복지센터 건립을 둘러싼 전 한국노총위원장 등 한국노총 간부들의 뇌물수수 등으로 노동계는 현재 상당한 위기 국면을 맞이하고 있다.

노동조합 내부의 비리가 연속적으로 터져 나오자 일부에서는 노동운동이 권위주의 시절 탄압받던 상황에서의 초심을 잃어버리고 노동귀족화하고 있다고 비난하면서 노동조합 조직률이 10%를 약간 상회하는 상황에서 노동조합이 과연 우리나라 전체 근로자들을 대변할 수 있는 자격이 있느냐는 문제까지 제기하고 있다.

87년 민주화와 더불어 활성화된 노동운동은 그간 외환위기 등 여러 가지 우여곡절 속에 근로계층을 대변하는 제도로서 자리매김을 해왔으나 노동계가 정권퇴진운동까지 벌이고 있는 지금은 확실한 우군이 별로 없는 듯하다.

노조가 정치적 속성을 가진 이익단체이므로 대화나 타협보다는 투쟁을 통해 자신들의 목적과 이득을 쟁취하려는 것은 이해할 수 있는 측면이 있으나 노동계가 정부의 각종 위원회에 불참하는 것은 노조원들을 포함한 근로자 전체의 이익을 대변해야 하는 노동계의 의무를 저버린 것이다.

특히 부당해고 구제 등 근로자의 권리 구제 사건을 담당하는 노동위원회의 불참은 직무유기라 할 것이다. 현재 각 노동위원회에는 1,500여건에 이르는 부당해고 및 부당노동행위 구제신청이 계류 중인데 노동계의 복귀 시까지 심판이 지연될 수는 없음으로 근로자 측의 변호인이라 할 수 있는 근로자위원 없이 진행되고 있다. 노사분규의 조정 사건도 근로자위원의 참여 없이 이뤄지고 있다.

노동계는 장관 퇴진 등의 요구를 중단하고 원래의 자리로 돌아와야 한다. 민주노총은 올해 초 전당대회 폭력사태 이후 노사정 대화에

의 복귀를 선언하고 노사정대표자회의에 참여해왔다. 현 상황에서 참여를 중단할 명문이 없다. 오히려 전 위원장 등의 비리혐의 구속으로 어려움을 겪고 있는 한국노총이 참여를 주저하고 있다면 한국노총을 설득해 함께 노사정 대화에 복귀해야 한다.

무엇보다도 노동위원회 등 각 종 위원회에 즉시 다시 참여해 근로자 대표로서의 의무를 성실히 임해야 한다. 노동계가 일부 조합원의 부도덕한 행태로 촉발된 현 위기상황을 정치적으로 탈피하려고 하기보나는 뼈를 깎는 자기반성과 혁신으로 거듭나는 것이 우리나라 노동운동의 미래를 위해 필요하다.

4. 불법 철도 파업 당장 풀어라[34)]

불법으로 파업을 주도한 철도노조 간부들 300여명 에 대해 철도공사가 직위해제를 단행하고, 정부의 공권력 투입방침에 따라 철도노조는 집단농성에서 개별투쟁으로 파업방식을 전환하는 등 철도 파업이 좀처럼 해결의 실마리를 보이지 않고 있다.

이번 철도파업은 노사 간에 갈등이 되는 현안이나 파업이 발생한 경과 등 을 보면 노동관계법이 보호하여 주는 합법적인 파업의 요건을 충족시키지 못하고 있다. 우선 철도노조는 지난 1일 중앙노동위원회의 직권중재 회부 결정에도 불구하고 파업에 돌입하였다. 중노위

34) 세계일보 〈시론〉 (2006. 3. 3)

의 중재결정이 내려지면 15일간 파업을 하지 못하도록 되어 있는 것이 현행법이다.

현재 철도공사 노사협상의 발목을 잡고 있는 핵심쟁점사항은 철도산업 합리화, 해고자 복직, 인력증원 그리고 비정규직 문제이다. 철도산업 합리화의 경우 철도공사의 누적부채가 수조원이 되는 상황에서 적자역과 적자노선을 폐지하겠다는 공사의 방침에 대해 철도의 공공성 강화를 주장하며 노조는 반발하고 있다.

2003년의 불법파업에 따른 해고자들의 전원복직에 대해 공사 측은 사규에 따라 현재는 복직이 불가능하다는 입장이다.

주5일 근무제 도입, 신규노선 증설에 따른 인력충원을 요구하는 노조에 대해 공사는 연 1천여억 원의 추가 인건비 부담을 들어 난색을 표하고 있다.

비정규직의 경우 노조는 정규직과 비정규직이 대부분 동일한 업무를 수행하고 있기 때문에 전원 정규직화하여야 한다는 입장이고 공사는 추가적인 수백억 원의 인건비 부담을 들어 수용할 수 없다는 입장이다.

정치권 출신의 철도공사 사장이 정부에 대해 2 조원에 가까운 철도공사 부채 탕감을 요구하는 현실에서 경영합리화를 외면하고 추가적인 국민 부담을 가져올 인력증원을 요구하는 것은 명분이 없다. 특히 해고자 복직문제는 쟁의의 대상이 될 수 없다.

이번 철도 파업은 정치 파업의 성격이 짙다. 지난 달 국회환경노동위원회는 질서유지 권을 발동하면서 몇 년간 끌어 온 비정규직 법안을 통과하였다. 법사위에서의 민주노동당 위원들의 농성으로 4월 국회로 법의 통과여부가 넘어 갔지만 비정규직 법안을 둘러싼 노사정 간의 갈등이 막바지에 접어들고 있다.

신임 민주노총위원장이 취임 후 '철도 노조의 파업으로 투쟁의 물꼬를 터 달라'고 촉구하였는데, 철도노조는 지도부를 따를 수밖에 없는 노조원들을 비정규직 법을 둘러싸고 정부와 노조가 벌이는 싸움의 첨병역할을 하도록 만들고 있는 것이다. 철도파업에 따라 교통, 물류대란이 현실화되고 있다.

수도권 교통의 중추적 역할을 담당하고 있는 철도노조의 불법 파업으로 철도 정상 운행 율이 40% 이하로 떨어지면서 시민들의 불편이 가중되고 있다.

철도파업에 따른 시민들의 짜증나는 출퇴근도 문제이지만 몇 년 전의 발전파업 때와 같이 파업이 장기화될 경우 물류대란이 우려되고 있다. 특히 화물연대 등도 민주노총 주도의 총 파업 참여를 예고하고 있어 수출 선적물량 지연 등 산업계의 피해가 클 것으로 보인다.

철도노조는 당장 불법 파업을 풀고 업무에 복귀하고 철도공사 사장이 아니라 철도노조 위원장이 대국민 사과를 하여야 한다.

철도 노사는 협상의 장으로 돌아가서 철도산업 합리화 등에 대한 근본적인 합의점을 찾아야 한다. 노조는 해고자 복직 등 노사협상의 대상이 아닌 사항에 대한 요구는 철회하여야 한다.

'파업병만 확실히 고친다면 당장의 불편은 참을 수 있다'는 한 시민의 말대로 노사 양측은 국민 여론을 의식해서 땜질식 타협을 하여 결국은 국민의 세금부담으로 돌아오게 하는 행태를 지양하고 반복되는 갈등을 확실하게 매듭지울 수 있는 방안을 찾아야 한다.

다시 한 번 철도노조가 파업을 철회하고 대화의 장으로 돌아갈 것을 촉구한다.

5. 조합원도 반대한 민주노총 정치파업[35)]

현대자동차 노조 조합원들은 쇠고기 문제 등 정치적 이슈가 개입된 파업 찬반 투표에서 '정치파업' 거부 쪽을 택했다. 하지만 민주노총 지도부가 7월2일 총파업을 강행한다고 밝힌 데 이어, 현대자동차 노조도 파업에 참가하겠다는 뜻을 밝혀 일반 노조원들의 반발이 거세게 일고 있다.

민주노총이 화물연대의 집단운송거부(화물연대는 노조가 아니므로 파업이라는 용어는 적절하지 않음)를 발판으로 일련의 정치적 파업에 들어가기로 한 것은 무책임한 처사다. 민주노총은 이른바 '야구식 파업' 방식을 통해 미국산 쇠고기 수입으로 촉발된 민심 이반을 기회로 하여 공기업 민영화, 대운하 등 이명박 정부 주요 국정과제의 전편 폐기를 요구하는 총투쟁을 연말까지 계속할 계획이다.

한 달 이상 계속되고 있는 촛불시위로 가뜩이나 어수선한 사회 분위기에서 지난 13일 시작돼 아직도 해결의 실마리를 잡지 못하고 있는 화물연대의 집단 운송거부와 민주노총의 총파업은 우리 경제를 더욱 어렵게 만들 것이다. 화물연대의 집단 운송거부로 물류 차질이

---

35) 문화일보 〈포럼〉 (2008. 6. 18)

본격화하면서 전국의 산업 현장이 마비되고 있다. 한국무역협회는 화물연대의 집단 운송거부로 인한 하루 피해발생액을 1300여억 원으로 예상하고 있다. 수도권의 아파트 건설 현장도 자재 반입 중단으로 이미 공사가 중단되고 있다.

2003년과는 달리 이번 집단 운송거부에 비조합원도 참여하는 것으로 볼 때 일면 공감되는 부분도 있다. 참여자의 대부분이 트럭 한 대에 전 가족의 생계를 걸고 있는 생계형 운송 거부이기 때문이다. 그러니 민주노총이 총파업의 가장 큰 동력으로 삼고 있는 현대자동차 노조 등 자동차 4사 노조 및 근로자는 경우가 다르다. 오히려 자동차 회사의 노조원들은 우리 경제의 위기 국면에서 솔선수범하여 자기희생이 요구되는 계층이다. 자동차회사의 생산직은 노조 간부에게 돈을 주고라도 취업을 원할 만큼 안정되고 좋은 일자리이기 때문이다.

우리 경제는 지금 고유가, 국제원자재 가격 급등으로 심각한 위기 국면에 직면해 있다. 수입물가가 지난달 50% 가까이 올랐으며 소비자물자, 특히 생활필수품 가격이 계속 치솟고 있다. 정부를 중심으로 각계각층의 국민 모두가 합심하여 위기 국면을 돌파할 묘안 모색에 온 역량을 결집해야 할 시기인 것이다.

화물연대의 집단 운송거부나 민주노총의 파업은 사실 제 발등 찍기다. 우리 경제의 여러 가지 악재가 대부분 외부요인으로 발생한 것이기 때문이다. 고유가로 인한 피해는 화물연대 조합원뿐만 아니라 중소 사업자, 봉급생활자, 심지어 대기업도 예외가 없이 감당하고 있다. 외부요인에서 발생한 고통을 어떻게 분담할 것인지가 논의의 출발점이 돼야지 자기 이익만을 우선적으로 내세워서는 안 된다.

사실 정부가 국민과의 소통을 무시하고 일방적으로 정책을 밀어붙인 것은 문제가 있었다. 그러나 대통령도 사과하고 새로운 대안을 모색하고 있는 현 시점에서 파업이라는 극단적 수단을 통해 자신들의 요구만을 무리하게 관철해서는 안 된다. 쇠고기 수입, 한·미 자유무역협정(FTA), 대운하 등을 반대하는 파업은 분명히 정치파업이다. 우리 법은 근로조건의 개선이 아닌 정치 목적의 성취를 위한 파업은 불법으로 규정하고 있다.

지금 노사 현장에는 노·사·정이 머리를 맞대고 긴밀히 협의해 풀어야 할 과제가 많다. 비정규직 근로자의 보호는 물론이고 2010년 시행이 예정돼 있는 복수노조 창구 단일화 및 노조 전임자의 임금 지급을 보완하는 대안 마련이 시급하다. 노·사·정이 서로의 입장에서 한 발 물러나 국가와 사회의 관점에서 문제를 풀어야 한다. 민주노총 지도부는 정파적 이익을 위해 벌이는 불법적인 정치파업을 접고 하루 속히 대화와 협의의 장으로 복귀하기를 촉구한다.

6. 현대車노조, 정치파업 거부하라36)

현대자동차 노조 등 자동차 4사 노조지부 위원장들은 최근 회동에서 민주노총의 한·미 자유무역협정(FTA) 비준 저지를 위한 파업에 참여키로 결정했다. 노조지부 위원장들은 현장의 지지도 취약하고

---

36) 문화일보 〈포럼〉 (2007. 6. 15)

국민 여론도 냉담한 현실을 고려하여 파업계획을 축소 내지 변경할 것을 건의하고, 파업을 하더라도 수위를 조절하며 참여키로 했다.

그런데 지난해 현대차 노조를 포함한 주요 자동차사 노조들이 산별전환을 결정했을 때 이번과 같은 정치파업이 만연할 것을 걱정하는 목소리가 높았다. 대기업 노조들은 기업별 교섭체제 아래서 통일운동 등 기업 차원에서는 해결할 수 없는 정치적 현안들을 가지고 파업을 벌이곤 했다. 이런 상황에서 산별노조 전환으로 정치파업이 늘어 그러잖아도 어려운 산업 현장의 갈등을 더욱 부채질할 것이 우려됐다. 그런데 그 우려가 현실화하기에 이른 것이다.

짧은 시기에 자동차대국으로 성장한 우리나라 자동차산업은 지금 중대한 기로에 서 있다. 우리나라의 대표주자인 현대자동차는 중국, 인도 등 신흥시장에서 도요타 등 경쟁업체의 적극적인 공세에 시달리고 있고, 미국이나 서유럽에서의 판매 부진을 만회하기 위해 총력전을 벌여야 하는 상황이다. 게다가 환율 상승으로 그 어느 때보다도 어려운 여건이다.

전투적 노조는 현대자동차의 경쟁력을 떨어뜨리는 가장 큰 요인이다. 1987년 노조가 설립된 후 1년을 제외하고 해마다 파업을 하여 100만대 이상의 생산 차질과 10조원의 매출 손실을 가져 왔다. 특히 올해 초 성과급 지급을 둘러싼 명분 없는 파업과 회사 측의 무원칙한 대응으로 실망하고 분노한 많은 국민이 현대자동차 안사기 운동을 벌인 바도 있다.

민주노총 소속 금속노조의 이번 파업은 목적뿐 아니라 절차의 정당성도 확보하지 못한 전형적인 불법 정치파업으로서, 예정대로 감행된다면 참가 노조원들은 법에 따라 처벌을 받을 수밖에 없게 된다. 현행 노동조합법에 따르면 임금과 근로조건에 관해서 사용자와 분쟁이 발생할 때만 파업을 할 수 있고 이 경우에도 조합원의 직접·비밀·무기명 투표에 의해 조합원 과반수의 찬성을 얻어야 한다.

현대차 노조는 금속노조 중앙위원회의 파업 결정을 거부해야 한다. 올해의 임·단협도 시작하지 않은 상태에서 법에서 허용되지 않은 현안을 가지고 법에 정한 절차도 지키지 않은 파업을 해서는 안 된다. 현대차 노조로 대표되는 우리나라 대기업 노동조합은 이기적인 행태를 보여 많은 비난을 받아 왔다. 대기업 노조는 중소업체 근로자들과 비교할 때 너무 많은 임금 수준과 복리후생 혜택에도 불구하고 중소 하청업체를 외면하고 연례적 파업을 하는 등 자신들만을 위한 노동운동을 해왔다.

한·미 FTA 체결로 인해 가장 혜택을 많이 볼 분야는 자동차산업이다. 한·미 FTA는 지구촌경제 시대에 거스를 수 없는 대세다. 노동조합은 한·미 FTA를 반대하기보다는 적극 활용하여 우리나라 자동차 산업을 한 단계 도약시키는 계기로 삼아야 한다. 과거의 예를 보면 이번 정치파업도 조합지도부만의 파업으로 끝날 것이다. 지난해 민주노총이 단행한 12번의 정치파업에서 76만 조합원 가운데 5만 명 이상이 참가한 파업은 5번뿐이었다.

현대차 노조는 명분이 없는 정치파업에 질질 끌려가기보다는 금속노조 중앙위원회가 파업 결정을 철회하도록 설득하고 그래도 금속노조가 파업을 강행한다면 파업에 참여하지 말아야 한다. 현대차 노조는 이번 금속노조 중앙위원회의 파업 결정에 불참, 우리나라 노동운동의 고질적 관료주의가 타파되는 계기를 마련하고 자신들만의 이익을 위하는 것이 아니라 국민과 나라를 걱정하는 노조로 거듭나기 바란다.

7. 힘 있는 노조, 자제하여야[37]

LG칼텍스정유 노조가 중앙노동위원회의 직권중재결정에도 불구하고 파업을 강행한데 이어, 서울과 인천의 지하철공사 노조 역시 각 지방노동위원회의 직권중재 회부에 관계없이 21일부터 단체행동에 들어감 으로써 올해의 임금 및 단체교섭을 둘러싼 노사 간의 기싸움이 치열해지고 있다.

근로자들의 노동권도 존중되어야 하지만 노사 간의 타협의 여지가 없는 상황에서 노동위원회가 유류난이나 교통대란을 염려하여 직권중재 결정을 내린 것은 공익적 입장에서 존중되어야 함에도 불구하고 노조 측이 즉각적으로 불법 단체행동에 돌입한 것은 우리나라의 노사관계가 선진화되기에는 아직도 요원하다는 것을 단적으로 보여주는 사례이다.

정부는 LG정유와 지하철 노조의 파업은 명백한 불법 파업이기 때문에 즉각 중단할 것을 요구하며 주도자에 대한 사법처리 방침을 천명하고 있다. 민주노총은 정부가 공권력을 투입하고 사법처리에

37) 세계일보 〈시론〉 (2004 .7 .21)

나서는 경우 모든 노사정대화를 중단하겠다고 으름장을 놓고 있어서 이수호 민주노총위원장 체제의 출범에 따라 무르익어 가던 노사정간의 대화채널 구축도 이 번 파업으로 무산될 위기에 처하게 되었다.

LG칼텍스정유의 경우 비정규직 문제, 사측의 사회공헌기금에의 기여가 분쟁의 불씨가 되고 있고 지하철의 경우 근로시간 단축을 둘러싼 근무형태 변경과 관련된 노사 간의 입장이 판이하다.

노사 양측의 입장이 나름대로의 타당성이 있겠지만 국민들을 씁쓸하게 하는 것은 LG칼텍스정유의 경우 근속 10년차 생산직의 연봉이 6,000여만 원 가까운 것으로 알려져 있고 각 도시의 지하철 공사의 근로조건이 지하철공사의 누적 적자에도 불구하고 상당히 높은 수준이라는 것이다.

청년실업자가 40만 명에 가깝고 늘어나는 추세에 있는 우리의 현실에서 LG정유와 지하철공사의 노조와 근로자들이 근무조건이나 처우가 불법파업을 감행할 정도로 절박한가를 묻고 싶다.

통계청이 발표한 6월 고용동향에 의하면 전체 실업률은 전월에 비해 떨어졌지만 청년층 실업률은 늘어나서 전체 실업자 2명중 1명이 청년실업자이다. 상용근로자는 줄어드는 반면 임시근로자나 일용근로자는 늘어나서 노동시장의 이중구조가 더욱 심화되고 있다.

LG정유노조나 지하철공사노조가 비정규직에 대한 차별 철폐나 새로운 인력 충원을 통한 교대근무형태 변경을 주장하고 있지만 자신들의 기득권에 대한 양보 없이 사용자의 추가적인 비용부담을 요구하는 것은 우리 경제를 더욱 더 불황의 늪으로 끌고 가는 행위이다.

우리나라 근로자 100명당 12명만이 노동조합에 가입되어 있고 노동조합에 가입하고 있는 근로자의 대부분은 고용이 상대적으로 안정적이고 처우가 좋은 공공부문이나 민간대기업에 취업하고 있다.

노동조합이 조직원의 이익을 최우선시 하는 이익단체라는 것은 인정하더라도 전체 근로자계층을 위하는 길이 무엇이냐 하는 것에 대한 노동운동의 자성이 있어야 한다.

세계적인 다국적기업의 한국 지사장이 한국의 임금상승률이 너무 높다며 외국기업처럼 연 12% 올리는 것이 적당하다고 주장하면서 한국기업의 설비투자가 해외에서 이루어지고 있는 현실을 되짚어 봐야 한다고 꼬집는 인터뷰 기사를 접한 적이 있다.

그러나 노동위원회에 접수되는 부당해고 구제신청의 상당수가 비정규직에 관련된 것이고, 30대 초반 남자 대졸자 초임이 연 1,500만원 내외인 것도 우리 노동시장의 현실이다.

노동시장에서 근로조건이 좋고 직장도 안정되어 있는 근로자, 그리고 이들의 대변자인 힘이 있는 노조들이 보자 자제하고 전체 근로자 그리고 나라를 생각하는 마음을 가지기를 바란다.

정부도 불법파업에 대해서는 단호하고 공정한 입장을 견지함으로써 불법분규가 반복되는 구조적인 모순을 극복하여야 한다. 불법 노사분규를 할 수 밖에 없는 법체계라면 법을 고치고 그렇지 않다면 법이 준수되도록 정부가 단호히 대처하는 것이 노사관계 선진화를 위해 필요하다.

8. 노사관계 선진화가 일자리 창출한다[38]

스위스 국제경영연구원이 최근 발표한 2007년 우리나라 국가경쟁력은 55개 국가 중 31위로 지난해의 29위에서 2단계 내려앉았다. 특히 노사관계 경쟁력은 늘 그래왔듯이 최하위였다. 각 국의 노사관계가 어느 정도 적대적인지를 묻는 질문에서는 조사 대상 55개 국가 가운데 가장 낮았다. 우리나라의 노사관계가 경제 및 사회발전의 중대 장애요소라는 인식은 새로운 것은 아니나, 국제유가가 배럴당 130달러에 육박하고 세계 시장의 각종 원자재 가격이 폭등하는 등 대외 경제여건이 아주 좋지 않은 상황에서 그 현주소를 다시 한 번 확인하는 것은 매우 우울한 일이다.

노사관계도 일자리가 있어야 가능하다. 그러나 연간 35만개의 새로운 일자리를 창출하겠다는 새 정부의 의지에도 불구하고 일자리가 좀처럼 늘어나지 않고 있다. 통계청이 최근 발표한 고용동향에 따르면 지난 4월의 취업자는 2371만 명으로 1년 전에 비해 1% 미만으로 늘어났고 15세 이상 인구 중 취업자 비율을 의미하는 고용률은 60%로 지난해 같은 달에 비해 오히려 0.2%포인트 떨어졌다. 4월에 늘어난 일자리는 1년 전에 비해 19만1000개로 2개월째 새로운 일자리 창출이 20만개 아래였다.

일자리가 늘어나지 않은 것은 국내 기업이나 외국 기업이나 한국에 투자하는 것을 꺼리기 때문이다. 우리나라는 대기업은 물론이고

38) 문화일보 〈포럼〉 (2008. 5. 19)

많은 중소기업도 국내보다는 해외에 공장을 세우려고 한다. 우리나라 주력산업의 하나인 자동차산업에서는 해외 공장 설립이 노사 간에 큰 현안이 돼 있다. GM을 제치고 세계 1위 자동차 기업으로 도약한 도요타자동차가 최근 일본 국내에 공장 증설을 추진하고 있는 것과 대조되는 현상이다. 적대적이고 전투적인 노사관계가 현대자동차나 기아자동차 등 국내 기업들이 해외 공장 설립을 확대하는 이유 가운데 하나임은 부인할 수 없는 사실이다.

해외 자본을 국내에 유치하는 데 최대 장애 요인은 과다한 정부 규제와 적대적 노사관계다. 한국국제노동재단이 2005년 국내 외국인 투자 기업의 최고경영자(CEO)를 대상으로 조사한 바에 따르면 38%가 적대적 노사관계를 국내 투자의 가장 큰 장애 요인으로 꼽았다. 우리나라 노사관계 경쟁력이 최하위의 수준으로 전락한 것에는 노와 사 그리고 정부 및 정치권 모두에 책임이 있다. 노조 집행부는 일부 강성 노조원들에게 끌려 다니고, 회사 측이나 정부는 원칙 없는 대응으로 노조의 무리한 요구에 쉽게 굴복하고 있다.

오는 7월1일부터 100인 이상 사업장으로 적용을 확대하기로 돼 있는 비정규직법도 제정 과정에서 일부 정치권의 요구로 오히려 비정규직의 고용 불안을 가져오는 방향으로 만들어진 대표적인 제도다.

새 정부는 법과 원칙에 입각한 노사관계의 법제도 운용을 약속하고 있다. 온정주의나 이른바 '떼법'이 통하지 않는 노사관계의 질서 확립은 단기적으로는 갈등이 증폭될 수도 있으나 우리나라 노사관계의 근원적 안정화, 그리고 이를 통한 일자리 창출을 위해 반드시 이뤄야 할 과제다.

새 정부는 정치적 지형이 불리하더라도 노와 사에 공통적으로 엄격한 법과 원칙의 적용을 통해 중립성을 확보하려는 노력을 지속해야 한다. 사용자들은 일시적인 생산 차질을 우려해 노조의 무리한 요구에 지속적으로 끌려 다닌다면 근원적인 경쟁력 강화는 성취할 수 없다는 사실을 인식해야 한다. 노조 역시 심해지는 국내외 경쟁 속에서 일자리가 있어야 노사관계도 있다는 점을 자각해 합리적인 방향에서 조합원의 요구를 수용하고 이를 기업의 경쟁력 강화로 연결해야 한다.

노 · 사 · 정이 합심하여 노사관계 선진화를 이룰 때 국민이 원하는 좋은 일자리가 많이 만들어질 수 있다.

9. 불법파업 제재방식 바꿔라[39]

성과급 지급을 둘러싸고 발생했던 21일간의 현대자동차 분규가 노사 합의로 원만히 마무리되었으나 후폭풍이 만만치 않다. 한미자유무역협정 반대 등 정치적 파업 때문에 당초의 생산목표를 달성하지 못했음에도 불구하고 성과급 지급을 요구하며 벌인 노조의 불법파업에 대해 회사 측이 법과 원칙의 의한 대응을 천명하자 지역단체 등이 전폭적인 지원을 하는 등, 이번 사태는 현대차뿐만 아니라 우리나라의 노사문화를 바꾸는 계기가 되었으면 하는 것이 일반 국민의

39) 한국일보 〈한국시론〉 (2007. 1. 22)

바람이었다.

그러나 불법파업을 하였음에도 결과적으로 파업 노조원들이 입는 금전상의 손실은 없을 것으로 예상된다. 현대차 노사는 전년도 사업계획 대비 생산목표 미달 대수 및 이번 파업으로 인한 생산목표 미달분을 2월말까지 생산하고, 만회되는 시점에서 미지급한 성과급을 목표달성 격려금으로 지급하기로 합의하였다.

과거에는 파업이 끝나면서 타결일시금이라는 명목으로 파업에 따른 임금손실분을 보존하여 주었던 것과는 달리 이번의 경우 특근 등 추가 근무를 하여야만 임금 손실을 보전 받을 수 있기 때문에 진일보한 것으로 평가받을 수 있는 측면이 있으나, 불법파업에 대한 단호한 대처로 현대차 노사문화가 획기적으로 바뀌기를 소망하였던 일반 국민이 보아서는 실망스러운 결과였다. 이번 합의가 노사 야합이라는 비난이 비등한 가운데 심지어 일부 소비자들은 현대차 불매운동을 통해 우리나라 노사관계를 바꾸는 계기를 마련해야 한다고 주장하고 있다.

우리나라 노사관계의 현실 그리고 세계 자동차산업의 경쟁상황을 고려할 때 현대차와 같은 대기업이라 할지라도 일개 기업에 불법분규에 대해 법과 원칙을 가지고 끝가지 대응하라고 요구하는 것은 무리이다.

노조가 여론의 힘에 굴복하여 쉽사리 파업을 접을 가능성은 거의 없고 회사가 노조의 무리한 요구를 수용하지 않는다면 파업은 장기화될 것이며 현대차는 국내시장에서는 GM대우 르노삼성 등 외국계 회사에 고객을 빼앗기고, 해외시장에서는 판매망이 허물어지면서 존립기반 자체가 와해될 것이기 때문이다. 현대차 관계자는 이번 합의에 대해 "오늘 망하느냐, 5년 후에 망하느냐의 선택에서 5년 후에 망하는 것을 선택하였다"고 했다.

여론에 호소하는 일회적 방식에 의해서 노사관계의 문화가 획기적으로 바뀌기를 기대하기에는 우리나라 노사관계는 구조적 문제점이 너무 많다. 불법파업에 대한 고리는 정부가 끊어줘야 한다.

노동부장관이 현대차 노사합의에도 불구하고 불법파업에 대한 법적 책임을 물을 것이라고 천명하였으나 지금과 같은 형사처벌에 의존하는 제재방식은 오히려 역효과를 가져왔다. 우리나라 노동판에서 목소리를 좀 내려면 감옥에 한두 번은 갔다 와야 한다는 말이 있듯이 해고노동자를 양산해 오히려 노사관계 안정화를 저해하였기 때문이다.

불법파업에 대한 제재방식을 획기적으로 바꿔야 한다. 교통법규위반에 대해 범칙금을 물리듯이 형사처벌 대신 불법파업을 주도한 노조 및 노조간부에 대해 일정금액의 벌금을 부과하여야 한다.

지난해 뉴욕지하철 노조의 불법파업에 대해 하루에 10억 원의 과태료를 부과하는 법원의 결정으로 노조가 며칠 만에 파업을 접었던 사례에서 보듯이 불법 파업을 주도하는 개인이나 노조의 인센티브를 차단하여야만 불법파업 악순환의 고리가 끊어진다.

10. 冬鬪, 가슴보다는 머리로 풀어야[40]

노동자들의 잇단 분신과 자살로 격앙된 노동계가 冬鬪를 예고하고 있다.

민주노총은 29일 정부의 특별담화에도 불구하고 근로자나 노동조합에 걸려 있는 손해배상 및 가압류 문제, 비정규직 문제 등에 대해 특단의 조치가 나오지 않는 경우 총파업에 돌입하겠다고 천명하고 있다. 한국노총도 이번 달 23일 서울에서 10만 노동자대회를 개최하여 손해 및 가압류 철폐 등을 촉구하기로 했다.

민주노총에 따르면 현재 산하 노조나 노조원을 상대로 한 손해배상 청구액이나 가압류 액이 40여 개의 사업장에서 1천5백여 억 원에 달하고 있다.

민주노총은 노동자들의 잇따른 자살시도를 막기 위해서는 노동3권에 대한 손해배상 및 가압류 금지법 제정, 비정규직에 대한 차별 철폐, 부당노동행위를 하는 사업자 구속 등 이 필요하다는 입장이다.

정부도 사용자가 노조를 지배, 개입할 목적으로 하는 손해배상이나 가압류에 대해 제한을 두는 방안을 추진할 것을 약속하였다. 또한 비정규직에 대한 처우를 개선하기 위한 여러 가지 입법조치를 올해 안에 국회에 상정할 방침을 천명하고 있다.

그러나 정부의 대책은 경영계는 물론이고 노동계에서조차 '공자님의 말씀'이라고 비난받고 있다.

---

40) 세계일보 〈시론〉 (2003. 11. 5)

노동계가 주장하는 대로 노동3권에 대한 손해배상이나 가압류 금지법은 물론이고 정부가 추진하는 노조활동과 관련되는 경우 가압류의 한도를 낮추는 방안도 다른 민사사건과는 달리 노조활동과 관련된 가압류만을 예외로 하는 것이어서 여소야대인 국회 상황은 고려하지 않더라고 정부 내에서조차 합의를 이루어내기 어려울 전망이다.

손해배상 및 가압류 문제 그리고 비정규직 보호를 둘러싼 현재의 노사관계 현안은 노동계의 冬鬪 그리고 이에 대한 정부의 대처방식으로는 풀 수 없고 오히려 우리나라 노사관계가 근원적으로 안정화되는 것을 방해하는 요인이 될 것이다.

민주화이후 지난 20여 년 가까운 시행착오에도 불구하고 우리나라 노사관계가 우리 나름의 틀 속에서 안정화되고 있지 못 하고 있는 것은 노사관계를 머리보다는 가슴으로 풀고자 하기 때문이다.

근로자들이 노조를 조직하여 파업행위를 하는 경우, 사용자들이나 다른 부분에도 피해가 예상됨에도 불구하고 보호를 하는 것은 근로자들이 노사관계에 있어서 약자적 위치에 있는 것을 상정한 것이다. 다만 이와 같은 노동3권의 행사는 엄격한 법적 절차를 따라야 하는 것은 어느 나라에나 공통된 규제이다.

우리나라의 노동권 보호의 틀이나 규제는 이미 선진국의 수준에 와 있다. 공무원 등 공공부분은 아직 미진한 부분이 있으나 민간부분의 경우 노동권과 관련된 법적 규제나 정부정책은 OECD의 어느 나라와 비교하여도 뒤떨어지지 않는다.

그러나 우리나라 노조나 근로자들은 여전히 노동권의 행사에 있어서 감정에 치우쳐 행위의 합법성여부를 별로 고려하지 않으며 사후적인 처리 과정을 보아도 결국은 정치적인 해결과정을 거치게 된다. 우리나라 노사관계가 늘 불안하고 외국인 투자자 유치에 가장 큰 걸림돌의 하나가 되는 이유이다.

손해배상이나 가압류 문제도 우선 노조활동과 관련되어 근로자나 노동조합의 불법행위가 없었다면 노조활동과 관련되어 민사상 면책특권이 생기기 때문에 손해배상이나 가압류문제가 노사 간에 현안이 될 소지조차 없는 것이다.

노동계가 노동조합 활동과 관련하여 손해배상 등 민사상 책임에 대해 예외를 인정하여 달라고 요구하는 것은 파업시 불법행위를 계속하겠다는 얘기와 같다.

동료 노동자들이 분신을 하고 하는 상황에서 분한 마음이 드는 것은 이해가 가나 冬鬪를 통해 무리한 요구사항을 쟁취하려고 하기보다는 노동부장관의 말대로 냉정한 머리를 가지고 문제해결을 위해 총체적으로 접근하는 것이 우리나라의 노사관계를 근원적으로 안정시키고 근로자들도 위하는 길이 될 것이다.

11. 파업 단기적 대응은 자제를[41]

출퇴근 자나 여행객에게 큰 불편을 겪게 했고 수출품 선적이나 수입자재 운송에 상당한 차질을 빚게 했던 철도노조의 불법파업 사

---

41) 중앙일보 〈시론〉 (2003. 7. 3)

태가 진정되었다.

참여정부 출범 이후 불법적인 집단행동을 통해 자신들의 이익을 챙기려는 각계각층의 목소리가 분출하고 있다. 화물연대와 조흥은행 노조는 이미 불법적인 파업을 통해 자신들의 요구 사항을 관철시켰고, 교육행정정보시스템(NEIS) 시행에 대한 전교조의 반발로 교육현장에 혼란과 갈등이 증폭하고 있다.

또한 운임료 인상을 둘러싼 노사협상이 지지부진하자 화물연대는 2차 운송거부를 예고하고 있고, 택시기사. 레미콘기사들도 세금 감면 등 정부의 특별 대책을 요구하며 집단행동에 돌입하려 하는 등 앞으로도 노사 혹은 노정간의 갈등과 대립은 지속될 전망이다.

1987년 하반기 4천여 건에 이르는 노사분규의 홍수 속에서 당시 노동 관련 학자들 간의 가장 큰 화두는 우리나라 노사관계가 언제 선진화되고 안정화될 것인가 하는 것이었다. 일본이 30년, 구미 선진국이 50여년이 걸려 나름대로의 노사관계의 틀을 갖춘 것을 고려할 때 우리나라는 길게는 20년, 짧으면 10년이면 한국적 노사관계를 정립할 수 있다고 보았다.

그러나 87년 민주화되고 노동운동이 활성화된 지 10년이 넘고 5년 더 있으면 20년이 되지만 우리나라의 노사관계는 제자리를 잡지 못하고 있어 국가경쟁력의 가장 큰 장애요인의 하나로 지적되고 있다.

스위스 국제경영개발원(IMD)의 '2003년 세계 경쟁력 연감 '에 따르면 우리나라의 일반적 노사관계는 생산적(productive)이기보다 매우 적대적(hostile)이며 노사경쟁력 지수는 3.5로 인구 2천만 명 이상 30개 국가 중 꼴찌인 반면 세계 시장에서 경쟁 상대국인 일본의 지수는

7.6으로 1위, 말레이시아는 7.3으로 2위, 대만은 7.2로 3위다.

본격적인 산업화가 시작된 지 40여년, 노동운동이 제 목소리를 낸 지 10년이 훨씬 넘었지만 우리나라의 노사관계가 근본적인 안정화를 이룩하지 못하고 있는 것은 여러 가지 이유가 있다. 투명하지 못한 기업경영, 기업별 교섭구조 아래 거시적 국가이익을 고려하지 않는 노동운동, 법과 원칙이 흔들리는 정부의 노동정책 등 여러 요인을 지적할 수 있다.

그러나 무엇보다 노사관계를 중장기적이고 근원적으로 풀기보다 단기적이고 대증요법 적으로 접근하려는 우리 사회의 갈등해결 방식과 이에 편승한 정부의 무원칙한 노사분규에 대한 개입이 우리나라의 노사관계가 여전히 갈등과 대립이 지속되고 있는 근본원인이다.

특히 친노동자적 노동정책 노선을 가지고 있는 참여정부 들어서는 정부가 불법적인 파업이라도 노조와 적극적으로 대화와 협상에 나서면서 노사관계의 법과 질서가 더욱 흐트러졌다.

물류대란을 이유로 정부는 노조로서의 법적 지위도 인정받지 못하는 화물연대와 협상을 했고, 전산망 다운을 우려해 정부는 조흥은행 노조의 요구를 대부분 수용할 수밖에 없었다. 이와 함께 단기적인 피해와 불편을 참지 못하는 우리 사회의 조급증이 참여정부뿐만 아니라 역대 정권에서도 정부가 개별적인 노사분규에 무원칙하게 개입하는 하나의 단초를 제공해 왔다고 볼 수 있다.

그러나 참여정부가 이번 철도파업에 대해 기존의 대응방식에서 탈피하여 법과 원칙에 충실한 노사관계의 질서를 확립하고 불법파업에 대해서는 용인하지 않을 방침을 거듭 밝혔고, 이와 같은 정부의 정책변화가 이번 사태의 조기 종식에 일조를 했다. 참여정부가 그간의 학습과정을 거쳐 노사관계에 있어 정부가 해야 할 본연의 역할로 복귀한 것은 다행스러운 일이다.

정부는 노사관계의 장기적인 비전을 제시하면서 산업현장에서 법과 질서가 지켜지도록 해야 하며 개별적인 노사분규에 대해 무분별하게 개입하는 것은 자제하는 것이 바람직하다. 우리 사회, 그리고 국민 개개인도 정부가 이와 같은 원칙을 지켜갈 수 있도록 당장의 불편이나 단기적인 피해는 감수하려는 자세를 가지는 것이 무엇보다 필요한 시점이다.

12. 노사갈등 법에 의한 해결을[42)]

발전부문 노조가 파업을 벌인지 한 달이 넘었다. 이를 지켜보는 국민들은 전력대란이라도 발생하여 인생과 산업에 지장을 주지나 않을까 걱정이다.

정부는 '직장에 복귀하지 않는 발전자회사 노조원은 해고한다'는 방침을 발표한 바 있다. 이에 대해 민주노총은 발전파업 관련 협상의 출발점이었던 '민영화 노코멘트 및 징계 최소화'등 현안문제 타결원칙에 따라 '조건 없는 대화'의 재개를 촉구했다. 민노총은 만일 정부가 이에 응하지 않을 경우, 다음주중 동조 총파업을 단행할 것이라고

---

42) 한국경제 〈시론〉 (3. 29)

선언함으로써 긴장감이 고조되고 있다.

그러나 '불법 파업 행위'가 지속돼 온 상태에서 정부가 노조의 요구대로 '조건 없는 대화'에 나선다면 '법과 원칙이 지켜지는 노사관계'가 훼손될 것이다.

발전 산업의 민영화 논의는 국민의 정부 이전부터 있어 왔다. 그러나 지난 97년 외환위기라는 급박한 상황이 도래하면서 민영화 계획이 본격 추진되기 시작한 것이다.

정부는 지난해 민영화의 초기단계로 발전자회사를 분리했다. 물론 분리 조치를 하기에 앞서 전문가 및 관련 집단이 참여한 여러 차례의 공청회, 노사정위원회 논의, 그리고 국회 입법과정 등을 통해 '국민적 합의절차'를 거쳤다. 앞으로도 필요하다면 노사정위원회에서의 추가 논의, 국회 재심의 같은 합법적인 절차를 거칠 수 있다.

그런데도 발전노조지도부는 이의 외면은 물론 중앙노동위원회의 중재결정도 무시한 채, 불법적인 실력행사를 통해 필요한 것을 쟁취하려 하고 있다.

이 같은 상황 속에 뒤늦게나마 '조건 없는 대화'를 제의한 것은 환영할 만하다. 하지만 대화에 대한 신뢰성과 기대감은 그리 높지 않다.

노조가 진정으로 '조건 없는 대화'를 원한다면 즉시 파업을 풀고 직장으로 복귀하여야 한다. 정부는 복귀시한(3월25일)이 넘었지만 단순가담자에 대해서는 해고하지 않을 것으로 알려져 있다.

발전분야 등 공공부문의 파업을 둘러싼 이번 사태는 노사관계가 급속한 산업화의 부산물이라고 할 수 있는 '한국적 갈등구조'를 아직도 갖고 있다는 것을 잘 보여주고 있다.

국민의 정부 출범 이후 우리나라 노동권은 법. 제도적인 측면에서는 선진국 수준으로 신장됐다. 아시아지역 최초로 대통령자문기구인 '노사정위원회'를 설치하여 국가 주요정책의 결정과정에 노동계가 직접 참여할 수 있는 기회도 주어졌다.

그러나 철도파업 등 공공부문의 연대파업을 보면, 노조에게 힘과 권리를 주면서 책임을 요구하는 '협조 주의적(coopratistic)' 노사관계를 정착시키고자 했던 국민의 정부 노사부문 개혁은 '미완의 과제'라는 평가를 내릴 수밖에 없다. 이는 무엇보다도 노조지도부가 '세계화'라는 시대 조류를 노동운동의 새로운 방향 정립에 제대로 반영하지 않고 있어서다.

민주노총계열의 발전노조와 한국노총계열의 철도노조가 연대파업에 참여한 것은 공기업 노조원의 의식변화를 반영한다. 하지만 공공부문 관리자들의 노사관계 관리력이나 의식구조는 변화된 환경에 적응하지 못하고 있다.

공공부문이 노사분규의 취약지 대화하는 것을 막기 위해서는 공공부문 관리자들의 노사관계 대응력을 높일 수 있는 조치가 시급하다.

우리나라의 노사갈등 구조가 개혁되지 못한 채 구태가 반복되고 있는 원인으로 법에 주어진 역할을 다 하지 못하고 있다는 점을 들 수 있다. 민주국가에서는 노사관계가 법에 의해 보장돼 있을 뿐만 아니라, 갈등을 해결하는 절차도 구체적으로 규정되어 있다.

노조나 사측이 법에 정해진 절차에 따라 파업이나 직장폐쇄를 할 경우 상대방에게 끼치는 피해가 있어도 형사상. 민사상 책임이 면제된다. 그러나 현실은 노사분규 때 법에 의한 절차를 따르지 않는 사례가 많다. 또 이에 대한 법적 제재도 정치논리에 의해 처리되고 있다.

노사관계가 정치적 속성이 있다는 점을 부인하지 않으나, '법에 의한 노사갈등 해결' 구도가 반드시 확립돼야 한다.

13. 노동운동 初心으로 돌아가라[43)]

우리나라 노동운동의 미래가 보이지 않는다. 15일 민주노총의 대의원 대회가 집행부와 전국노동자투쟁위원회 간의 몸싸움으로 무산됨으로써 1월 20일과 2월 1일에 이어 노사정위원회 복귀 문제를 결정하기 위한 세 번의 대의원 대회가 모두 폭력사태로 얼룩졌다. 합법성을 인정받지 못했던 과거의 민주노총이 공권력과 투쟁했다면, 지금은 조직 내의 세력 투쟁이 현안이 돼 있는 것이다.

1995년 결성되어 정부의 탄압에도 불구하고 지속적으로 성장해 1999년 합법 노조로 인정받고 우리나라 진보적 노동운동의 구심적 역할을 하던 민주노총이 설립 이후 최대의 위기를 맞고 있다.

권위주의 정권하에서 보여 준 정부 의존적 태도로 진보적 노동운동의 도전을 받아 왔지만 조직원 수에서 여전히 우위인 한국노총도 어려움을 겪긴 마찬가지다. 핵심 세력의 하나인 부산항운노조가 채용 비리 및 공금 횡령 등의 시비로 15일 전격 압수수색을 당하고 17일엔 위원장이 체포되었다.

43) 동아일보 〈시론〉 (2005. 3. 18)

올 1월 민주노총의 핵심 사업장 가운데 하나인 기아자동차 노조가 '채용 장사'로 사회적 물의를 일으키기도 했다. 국민의 눈에는 노동운동이 비리 및 내분으로 얼룩져 희망이 보이지 않는 듯하다.

10%가 조금 넘는 조직률에도 불구하고 대기업 위주의 수출 의존형 산업구조 하에서 전투적 성향으로 경제에 막강한 영향력을 행사해 온 우리나라 노동운동은 지난 몇 년간 정체성 위기를 겪어 왔다.

외환위기 이후 우리 사회의 가장 심각한 사회문제의 하나로 인식되고 있는 비정규직 문제에 있어 사회적 약자의 대변자로 자처하는 노동운동이 자유로울 수 없기 때문이다. 근로조건이 좋은 대규모 사업장을 중심으로 조직되어 있고 고용의 안정성까지 보장받고 있는 대기업 노조원들은 같은 현장에서 일하고 있는 비정규직 근로자와 중소기업 근로자들의 열악한 근로조건과 고용불안을 외면해 왔다.

매년 초 발표되는 주요 투쟁목표 중 하나가 비정규직 철폐이고 파업이나 시위현장에서 그와 같은 구호가 등장하는 점을 감안할 때 그들이 비정규직 해결을 위해 노력해 왔다고 강변할 수는 있을 것이다.

그러나 정규직 대기업 노조원들의 자제와 양보 없는 비정규직 처우의 개선은 국가경쟁력의 저하를 가져올 수밖에 없는 것이 세계화 시대에 우리가 처한 현실이다.

민주노총 지도부는 17일 대의원 대회 개최 여부와 상관없이 정부가 다음 달 처리 예정인 비정규직 법안의 저지를 위해 노사정 대화에 복귀하기로 했다. 노사정 복귀는 바람직하나 민주노총은 경직된 자세를 버리고 약자의 대변자로 진보 노동운동을 시작했던 초심으로 조건 없이 대화에 임해야 한다.

노조를 포함한 모든 조직 및 단체의 위상은 대외적 독립성과 대내적 민주성의 확보에 따라 결정된다. 우리나라의 노동운동은 민주화 이후 독립성과 자율성의 확보에는 성공했지만 최근에 빚어진 일련의 사태로 민주성이 훼손될 위기에 처해 있다.

대기업 노조 비리에 대한 대대적인 검찰 수사에 대해 일부 노동운동 진영은 '노조 길들이기'로 간주하는 듯하나 이는 이미 우리 사회에 확실한 자리매김을 한 노조가 사회적 책무를 다하지 못해 자초한 결과로 보아야 한다.

선진민주사회의 중요한 제도로서 노조는 조직의 민주성과 투명성을 확보하기 위한 조치를 취해야 한다. 특히 회계의 투명성 제고가 무엇보다 시급하다. 노동부가 법적으로 입무 감사권을 가지고 있으나 이는 예외의 경우에 활용돼야 하는 것이고 일정 규모 이상의 노조는 외부기관의 회계감사를 받는 제도적 장치를 스스로 갖출 것을 권한다.

14. '그들만의 민주노총' 벗어나려면[44]

경제학민주노총이 최근 '성폭력' 파문으로 촉발된 위기상황을 진단하고 새로운 노동운동의 방향을 정립하기 위해 어제(12일) '끝장토론'을 했다. 내부 인원뿐 아니라 외부적으로는 '참여연대', '민주노동당' 등 민노총과 연대관계를 맺어온 각 진보단체가 참여해 자성의 목소

44) 세계일보 〈시론〉 (2009. 3. 13)

리와 함께 대안과 민주노총의 활로를 모색하기 위해 열띤 토론을 벌였다.

이수호 전 민노총위원장이 지난달 한 언론매체와의 인터뷰에서 "이대로라면 20년 전 한국노총이 타도대상이었던 것처럼 민노총 또한 타도의 대상이 될 것"이라고 우려했듯이 민노총은 1995년 전노협을 모태로 해 설립된 이후 최대의 위기를 맞고 있다. 민주성과 선명성을 내세워 짧은 시기에 조합원 수에 있어서 한국노총에 버금가는 노동단체로 성장해 온 민노총이 현재의 위기상황을 극복해 다시 제자리를 잡기 위해서는 우선 정파싸움을 지양하고 운동노선을 합리적으로 설정해야 한다.

민노총이 급속도로 성장한 것은 강경 투쟁노선으로 현장 노동운동을 장악했기 때문이다. 그러나 강경 투쟁노선이 지금 민노총 위기의 핵심 요인이다. 무조건적인 투쟁노선으로 일반 국민이 민노총을 경원시하게 됐을 뿐 아니라 내부로부터도 '파업피로증'을 불렀고 지도부와 현장이 괴리되는 결과를 가져왔다.

실제로 민노총이 상시적으로 벌이는 '한미 자유무역협정(FTA) 반대를 위한 전국 총파업' 등 정치적 파업에 참여하는 민노총 조합원은 소수이고, 실제로 파업에 참여한다 할지라도 형식적인 경우가 다수이다.

민노총은 '민주'라는 이름에 걸맞게 현장의 목소리를 수렴해 운동방향을 정하는 민주성을 조속히 회복하고 합리적 노동운동을 해야 한다. 노사정위원회에도 조건 없이 참여해 위기 극복에 동참해야 한다. 이와 함께 재정의 투명성이 확보돼야 한다. 대형 노조가 파업을 하면 수십억 원의 경비가 발생하나 지출 명세서에는 주변 식당의 영수증만 잔뜩 붙이는 등 노조의 회계처리가 투명하지 않은 것은 주지의 사실이다.

특히 지난날 세상을 떠난 권용목 전 민노총 초대 사무총장이 폭로한 바와 같이 민노총 일부 지도부의 비도덕성은 여러 차례 여론의 호된 비판을 받아 왔다. 현대차와 기아차 노조의 간부들이 취업을 대가로 수억 원의 사례비를 받아 이 중 몇 명은 구속된 2003년의 사례, 민노총 간부가 주식투자로 공금 수억 원을 날린 1999년의 재정의 사건, 하청업체로부터 납품을 도와주겠다고 사례비를 받아 가로챈 경우 등 민노총 여러 조직이나 간부가 크고 작은 여러 비리사건에 연루돼 왔다. 자정노력과 함께 일정 규모 이상의 노조는 외부 회계법인의 감사를 의무화하는 등의 부정방지를 위한 제도 개혁이 시급하다.

끝으로 '그들만의 노동운동'을 지양해야 한다. 현대차 노조 등 민노총 핵심 사업장의 근로자의 처우가 상당수준이고 거의 100%에 가까운 고용보장에도 불구하고 파업을 연례적으로 벌여 왔다. 민노총 지도부가 비정규직 보호를 항상 명분으로 내세우지만 민노총 핵심 사업장의 노조는 자신들의 이익 증대에만 열심이고 비정규직과 함께하는 노동운동에는 관심이 없다. 오죽했으면 현대차 비정규직노조가 현대차 노조가 단체교섭에서 비정규직 문제를 거론하지 말 것을 요구했겠는가.

민노총 지도부가 진정으로 우리나라의 비정규직 문제를 해결하고자 하는 의지가 있다면 모든 근로자의 정규직화라는 의미도 없고 실현 불가능한 구호를 외치기보다는 대형사업장 노조와 근로자를 설득해 자신들의 이익을 양보하고 비정규직 근로자들과 나누도록 해야 한다. 민주노총이 자신들만의 도그마(독단)에서 벗어날 때, 자정할 때, 그들만의 노동운동을 접을 때 국민의 지지를 받는 노동운동으로 거듭날 수 있을 것이다.

15. 현대차 노조는 세계를 보라[45)]

연초부터 울산이 시끌시끌하다. 현대자동차 시무식에서 회사의 성과급 지급에 불만을 품은 노조간부들이 사장을 폭행하는 등의 불상사가 발생하고 회사는 이들을 고발하고 노조가 강경투쟁을 선언하면서 서울 본사에 상경투쟁을 하고 15일부터 부분 파업할 것을 결의하였다. 울산의 시민단체들은 파업이 발생하면 20, 30만 명의 울산 시민이 참여하는 대규모 노조 규탄대회를 열 계획이다.

내수가 좀처럼 살아나지 않는 가운데 우리 경제를 지탱하여 준 수출마저 환율상승으로 올해는 어려울 것이라 우울한 전망이 나오고 작년도 일자리 창출 실적이 외환위기 이후 최악인 상황에서 혜택을 받고 있는 대기업 노조와 노조원들의 상식을 벗어난 일탈된 행동은 우리 경제의 앞날에 대한 희망을 더욱 잃게 한다.

현대차가 2006년 임단협 합의 시 생산목표를 달성 가능하도록 수정하겠다는 사장의 약속에 따라 임단협 타결 후 생산목표를 1,767,000대

---

45) 세계일보 〈시론〉 (2007. 1. 14)

에서 1,647,000대로 120,000대 하향조정하였음에도 불구하고 생산목표를 달성하지 못한 상황에서 당초 합의대로 성과급을 100%만 지급한 것은 매우 정당한 조치였다. 특히 임단협 후 하향 조정된 생산목표를 달성하지 못한 이유가 합의이후 노조가 민주노총이 주도한 FTA반대 등 정치파업에 참여한 것인 임을 고려하면 더더욱 그렇다.

그럼에도 불구하고 현대차 노조가 단협 위반이라는 억지 주장을 하며 불법파업을 감행하는 것은 지난해 11월 발생한 노조간부의 비리와 관련하여 사퇴를 선언한 현 집행부가 성과급 지급투쟁을 노조주도권을 다시 장악하는 전기로 삼고자 하기 때문이다. 특히 현 위원장은 노조간부 비리 발생 이전에는 금년 2월 실시 예정인 금속연맹의 초대 산별노조위원장선거에서 당선이 유력시되있으나 노조간부 비리로 암초를 만났었다. 회사가 지금까지 생산을 담보로 한 노조의 강경투쟁에 밀려 성과급을 생산목표 달성에 관계없이 지급한 사례도 있어 강성투쟁으로 소기의 목적을 달성할 수 있다는 노조원들의 기대심리를 노조집행부는 이용하고 있는 것이다.

회사가 설혹 단체협약을 위반하였다 할지라도 단협 위반을 이유로 파업을 하는 것은 불법이다. 노동위원회를 통해 부당노동행위 구제신청을 하거나 민사상의 절차를 통해 배상을 청구할 수 있을 뿐이다.

현대차 노조의 파업은 여론의 지지도 받지 못하고 있다. 한 여론조사 기관의 의하면 조사에 의하면 노조에 대한 회사 측의 손해배상 청구를 지지하는 측이 반대하는 측의 배를 넘는다.

회사의 원칙적인 대응에 대해 노조가 불법파업을 감행함에 따라 현대자동차의 생산 차질, 대외 신인도 하락, 부품업체의 피해가 예상된다.

지금 세계자동차업계는 전쟁 중이다. 일본의 도요타자동차는 안정된 노사관계를 바탕으로 2006년 미국 GM를 제치고 세계 1위 생산업체로 도약하였고 강성노조로 인한 경쟁력 저하로 신용등급이 정크본드 수준으로 하락한 GM, Ford는 재기를 노리고 있다. 특히 현대자동차가 선점한 인도시장을 공략하기 위해 도요타자동차 등 세계 일류업체가 적극적인 투자를 하고 있으며 중국시장을 둘러싸고 자동차업체들의 한판 승부가 뜨겁다.

우리나라 노조는 현재 정치판처럼 수많은 정파에 분열되어 정파간 세력다툼의 장이 되고 있다. 현대차에도 민주노동자회, 실천하는 노동자협의회 등 10개가 넘는 계파가 있는 것으로 알려져 있다. 노조가 지금과 같이 권력집단으로 변질하여 정파적 이익만 추구할 때 우리나라 자동차산업은 추락의 길로 갈 뿐이다.

현대자동차는 현재 세계 6위의 자동차업체인데 개발도상국의 업체가 독자 브랜드를 가지고 세계적인 자동차 회사로 도약한 예는 세계 자동차 역사 중 현대차가 유일하다.

현대차 노조는 1987년 노조 출범이후 지난 20년간 2005년을 제외하고 매년 파업을 하여 지금까지 약 104만대의 생산차질, 10조원의 매출손실이 발생하였다. 노조 파업이 없었다면 현대자동차는 이미 세계 5대 자동차기업으로 도약할 수 있었다는 이야기이다.

현대차 노조는 지금이라도 불법파업을 접고 현대자동차를 세계 1위의 자동차 기업으로 만드는데 적극 동참하여야 한다.

16. 노동계는 대화의 장으로[46)]

민주노총이 오늘 총파업을 결행한다고 한다. 민주노총은 정부당국이 비정규직 차별철폐 및 정규직화 관련법, 주 5일 근무제 등 노동현안 관련 입법을 조기에 마무리하고 사업장별 임. 단협 교섭에 정부가 개입을 중단할 것을 요구하고 있다. 특히 이번 총파업에 대한항공과 아시아나항공의 노조가 참여할 예정이어서 '항공대란' 의 발생 여부가 큰 관심사다.

최근 국내경기가 약간 회복조짐을 보이는 듯하나 지난 몇 년간 세계경제를 이끌어 온 미국경제의 지속적인 둔화에 따라 아직 우리 경제의 회복전망은 불투명한 상황이다. 지난 몇 년간의 각고의 노력에도 불구하고 우리의 구조조정에 대한 대외의 평가도 아직 유보적이다.

금융, 노동, 기업, 공공부문의 4대 개혁을 마무리해 우리 경제의 체질을 강화하는 것이 현재의 불안한 경제여건을 극복하는 지름길이라는 것이 정부의 기본적인 인식이다.

그러나 외환위기 이후의 구조조정을 초국적 금융자본이 주도하는 신자유주의적 세계화로의 편입으로 이해하고 있는 노동계는 정부의 노동배제적, 유연화 중심의 노동정책이 노동자들의 일방적 희생을 강요하고 있다고 인식하고 있으며, 이와 같은 구조조정에 대한 시각차이가 노동계가 총파업을 강행하고 있는 근본적인 배경이다.

---

46) 중앙일보 〈시론〉 (2002. 1. 29)

선진국에 비해 사회안전망도 아직 미비한 상황에서 신자유주의로 대표되는 미국식 구조조정이 비정규직의 양산 등 부작용이 큰 것은 부인할 수 없는 사실이나 우리의 처지에서 노동계의 주장대로 신자유주의적 세계화라는 대세를 거부하는 것이 대안이 될 수는 없다.

옛 소련 등 사회주의국가의 몰락과 함께 미국이 주도하는 국경없는 세계화(borderless globalization)라는 시대조류는 동아시아의 소국에 불과한 우리의 입장에서 좋으나 싫으나 받아들일 수밖에 없는 것이 현실이다.

과거 우리 경제는 국내시장에서의 특혜 내지 보호를 기반으로 대외경쟁력을 확보한 재벌기업이 주도했으며, 이와 같은 재벌중심의 경제구조는 민주화 이후 노동운동이 급성장하고 노동계가 조직률에 비해 강력한 영향력을 행사할 수 있게 한 요인의 하나였다.

그러나 대마불사(大馬不死)의 신화가 깨진 현재 재벌기업의 노동자들도 경쟁력의 제고 없이는 생존할 수 없다는 것을 잘 인식하고 있으며 이번의 총파업에 과거와 달리 제조업의 핵심 대형 사업장이 거의 참여하고 있지 않다는 것이 이와 같은 상황변화를 잘 보여주고 있다.

공공사업장, 병원, 그리고(국적항공사로 외국사와의 경쟁에서 정부의 보호를 받는) 항공사 등 시장논리에 상대적으로 영향을 덜 받는 분야의 노조들이 이번 총파업에 주도적으로 참여하고 있다.

지구상의 모든 민주국가는 산업화로 경제적 약자의 위치에 처한 노동자들의 권익보호를 위해 노동자들의 노동 3권을 법으로 보장하고 있다. 특히 단체행동권은 노동 3권의 핵심으로서 노동자들이 자신들의 권익을 스스로 보호할 수 있는 무기가 된다.

그러나 파업이 발생하는 경우 해당 기업은 물론 다른 부문에 미치는 영향이 지대하므로 모든 나라는 법에 정한 절차에 따라 노동조합이 파업을 하도록 규제하고 있다.

민주노총은 법에 보장한 합법단체의 단체행동권에 대한 정부의 간섭을 비난하고 있으나 노동위원회의 조정 등 법에 정한 절차를 무시하고 있다.

외국 기업들은 우리나라의 노사환경이 불합리하고 적대적이라고 한다. 우리나라의 외국 기업들은 우리의 경제발전 단계로 볼 때 노조의 존재를 부인할 수 없다는 것은 알고 있으나 비합리적인 노조를 기업 활동의 최대 애로요인의 하나로 지적하고 있다.

수출하고 외국자본을 들여오는 것이 우리 경제의 살길임이 분명한 현실에서 이와 같은 법에 정한 절차를 무시한 노동계의 총파업은 그 규모나 파장 여부를 떠나 우리나라의 국가 이미지에 매우 부정적인 영향을 준다.

노동계는 총파업을 접고 협상의 장으로 복귀해야 한다. 우리는 2백만 실업자 시대를 겪으면서 일자리가 없는 것보다는 임시직이라도 일자리가 있는 것이 훨씬 행복하다는 것을 체험했다. 대안 없는 고용안정을 주장하기보다 대안모색을 위해 노사정이 함께 적극적으로 협의하고 노력해야 한다.

17. 노동계, 국제 망신 자초 말라[47)]

정부의 노사정책 방향을 둘러싸고 노정간의 갈등이 국제적 망신을 자초하는 상황으로 발전하고 있다. 한국노총과 민주노총은 12일 공동기자회견을 통해 10월 부산에서 열리는 국제노동기구(ILO) 아태지역 총회에 불참을 선언하고 ILO에 개최지 변경을 요청할 것이라고 천명했다. 총회가 예정대로 개최된다면 다른 나라 노동단체들에 불참토록 요청하고 총회 개최장소 앞에서 항의하겠다는 계획도 밝혔다.

ILO에서는 유엔 산하 다른 국제기구와 달리 정부・노동계・경영계 삼자가 축이 되어 의사결정이 이루어진다. 또 이번에 열리는 아태지역 총회는 우리나라 정부와 ILO 사무국이 공동 주최를 하기 때문에 최악의 경우 총회의 개최지가 변경되거나 개최 시기가 연기될 가능성이 있다.

노동계가 자국에서 개최되는 국제회의에 불참하고 개최지 변경을 요구하는 것은 행사 주체인 정부의 입장을 어렵게 함으로써 노.정간의 갈등에서 자신들의 입장을 강화하려는 전략이라고 이해된다. 그러나 자신들이 유치를 적극 지지한 국제회의를 자신들만의 이해증진을 위해 방해하는 처사는 결코 호응을 얻기 어렵다. 우리나라 노동계가 자신들의 위치에 걸맞은 책임 있는 역할을 하기에는 갈 길이 멀다는 생각이 든다.

우리나라가 1991년 ILO에 가입한 이후 노동계는 우리 정부의 노동

47) 중앙일보 〈시론〉 (2005. 8. 24)

기본권 침해를 ILO에 지속적으로 제기하여 우리 정부에 노동기본권의 개선을 권고하는 ILO 이사회의 결정을 이끌어내는 소기의 성과를 거둔 바 있다. ILO 이사회의 노동기본권 개선 권고 결정이 우리나라 정부의 노동정책 결정에 어느 정도 영향을 주고 우리 정부가 국제사회에서 요구하는 수준의 노동기본권을 적기에 보장하지 못해 이와 같은 상황을 자초한 측면이 있는 것은 사실이다. 하지만 내부 문제를 외부의 힘을 빌려 해결하려는 노조의 전략은 우리나라 대외 이미지와 국익에는 상당히 부정적이었다.

ILO를 포함한 국제기구는 선진국이 주도하는 조직체다. 이러한 국제기구에서 우리끼리 국내 문제를 둘러싸고 집안싸움을 벌이는 것은 결과적으로 선진국과 경쟁 상대국에 우리의 입지를 곤란하게 만들 수 있는 호재를 제공하는 것이다. 우리나라는 지난 40여 년간의 고도 경제성장으로 극도의 경계 대상이 되고 있다는 사실을 알아야 한다.

세계의 노동자는 하나라고 노동계는 외치고 있지만 글로벌 시대의 국제경쟁에서 일자리 창출을 둘러싼 국가 간의 경쟁은 치열하며, 해외자본 유치에 노동계가 정부와 함께 노력하는 것이 다른 나라의 상황이다.

공무원 노조가 인정되면서 우리나라도 국제사회에 요구되는 노동기본권의 골격은 모두 갖추게 되었다. 또 우리나라 노동계는 10%가 조금 넘는 노조 조직률에도 불구하고 세계에서 가장 강력한 힘을 가진 노동운동의 하나라고 평가받고 있다. 그런 만큼 이제 국제사회의 여론을 조성해 국내 문제에서 자신들의 입장 강화를 도모하는 전략은 지양해야 한다.

노동계는 아시아나항공 조종사 노조의 파업에 대해 정부가 긴급조정권을 발동한 것을 ILO 총회 불참의 이유로 들고 있다. 필자도 긴급조정권 발동에는 찬성하지 않는 입장이지만 정부가 아시아나 파업에 긴급조정을 결정한 것은 국민의 대표자로서 정부의 고유권한을 행사한 것으로 봐야 한다. 더구나 긴급조정의 내용이 무엇인지 등 향후 추이를 지켜봐야 할 상황인데 긴급조정권 발동 자체만을 문제 삼는 것은 합당하지 못하다.

결론적으로, ILO 아태지역 총회 불참을 선언하고 이의 연기를 요청한 노동계의 결정은 정당성이 결여된 것이고 국익에도 전혀 도움이 되지 않는다. 노동계는 우리나라 전체를 생각하여 ILO 총회가 예정대로 열릴 수 있도록 협조하고 총회의 장을 통해 자신들의 입장을 개진하여야 한다.

18. GM의 추락과 도요타의 등극[48)]

올해는 세계 자동차 최대 기업이었던 미국의 제너럴모터스(GM)가 창립 100주년을 맞는 해이다. 그러나 GM은 창립 100주년을 자축하기는커녕 파산 신청을 해야 할지도 모르는 위기 상황에 몰려있다. 올해 초 세계 자동차 1위 기업 자리를 일본 도요타에 내준 GM은 미국시장에서도 계속 고전하고 있다. 세계 경기 하락, 고유가, 배기가스 규제

48) 한국경제 〈시론〉 (2008. 9. 23)

등 자동차 업체들이 공통적으로 겪고 있는 악조건이지만 GM의 부진은 두드러진다. 지난 7월 미국 시장에서의 판매대수가 전월 대비 26.1% 줄어 23만3000대에 그쳤다. 반면 도요타의 판매대수 감소는 11.9%에 그쳤다.

GM은 지난 7월 회사의 장래에 대한 투자자들의 우려를 불식시키고자 대규모 구조조정 계획을 발표했지만 시장의 반응은 냉담했다. 지난 8월13일 신용평가업체인 무디스는 GM의 현금 흐름에 대한 우려와 미국내 자동차 판매 감소를 이유로 이 회사 채권 등급을 'B3'에서 'Caa1'으로 한 단계 하향 조정했다.

GM의 경영 상황이 나쁜 것은 어제 오늘의 일이 아니다. 2005년부터 누적된 손실규모가 790어 달러에 달해 지속적인 구조소성을 하고 있는 GM이 오죽했으면 11년간 지속해 오던, 전 세계 10억 명 이상이 시청하는 에미상과 아카데미상 시상식의 방송광고를 올해 포기하기로 했겠는가. 적대적 노사관계, 미래의 회사 경쟁력을 고려하지 않은 나눠먹기식 노사교섭 관행이 GM 100년 왕국 몰락의 가장 주요한 이유이다.

2000년대 초반 도요타와 GM 모두 흑자 행진을 계속했다. 그러나 흑자로 발생한 잉여자금을 나누는 방식이 달랐다. 도요타는 계속되는 흑자에도 불구하고 직원 봉급을 5년간 동결해 회사의 경쟁력 제고를 위한 투자에 집중했다. 반면 GM은 퇴직 종업원들에 대해서도 퇴직연금과 의료혜택을 확대하라는 노조의 요구에 경영층이 굴복해 자동차 1대의 판매액에서 직원들의 복지후생비가 차지하는 금액이 평균 1500달러에 이를 정도였다.

짧은 기간에 세계 5위의 자동차 생산대국으로 도약한 우리나라 자동차업계의 노사관계를 보면 GM의 전철을 밟는 것 같아 걱정스럽다. 1987년 노조 설립 이후 2006년까지 1994년 단 한 해를 제외하고 파업을 연례행사화해 온 현대자동차 노조가 지난해를 무분규로 넘기더니 올해는 추석 전 임협 잠정합의안이 부결되면서 또다시 진통을 겪었다. 다행히 22일 밤 극적으로 노사가 2차 임협 잠정안에 합의하면서 돌파구를 마련, 25일 조합원 찬반투표를 앞두고 있다. 기아차 노사도 재협의에 들어갔다는 소식이다.

현대자동차와 기아자동차의 노조원들은 현재 벌어지고 있는 자동차 세계대전을 심각하게 따져볼 필요가 있다. 이미 국내시장에서도 일본차의 약진이 두드러지고 있다. 현대 · 기아차 노조가 해마다 반복하는 투쟁을 통해 임금이나 복지수준이 향상되는 데 비례해 생산성 등 경쟁력 강화도 이뤄지고 있는지 돌아봐야 한다.

좋은 처우 및 야간 근무를 없애는 획기적인 안이 포함됐던 현대자동차의 1차 임협 잠정합의안이 조합원 반대에 부딪쳐 무산됐다는 점은 현대자동차의 경영진에게도 반성해야 할 부분이 많다는 것을 시사한다. 노조와 근로자들이 경영성과의 단기적인 분배에 집착하는 것은 회사가 구성원들이 공감하는 조직의 장기 비전을 제시하지 못하기 때문이다. GM을 비롯한 미국 자동차 회사의 몰락은 단기적인 경영성과에 집착하는 지배구조에 기인하기도 한다. GM과는 달리 소유주 경영을 하는 현대 · 기아자동차는 회사의 미래와 성장에 대한 구체적인 대안을 제시하고 이에 대한 조직원들의 공감과 헌신을 이끌어내기 위해 적극적으로 노력해야 한다.

19. GM 쇠락의 교훈[49)]

세계 최대의 자동차제국인 미국이 흔들리고 있다. 세계 최대 자동차부품회사이고 자회사인 델파이의 파산보호 신청에 따른 위기 상황을 노조와 대규모 의료비용 삭감에 합의함으로써 돌파구를 찾았던 GM이 대규모 구조조정 노력에도 불구하고 2년 내 파산보호를 신청할 가능성이 높다는 전망이 나오고 있다. 국제신용평가회사인 무디스는 며칠 전 GM의 회사채 등급을 B1에서 한 단계 낮은 B2로 강등했다. 미국 자동차업계로서는 지난 80년대 파산보호 신청을 했던 크라이슬러의 악몽이 재현되고 있는 것이다.

일본 도요타자동차의 미국 내수시장 판매율이 처음으로 15%를 넘어선 가운데 도요타는 36년 이후 세계자동차업계의 1위 자리를 지켜왔던 GM을 올해에는 생산대수에서 앞설 것이 확실시 되고 있다. 도요타로서는 포드를 제치고 2003년 3위에서 2위로 도약한 지 3년 만에 세계 정상에 서게 되는 것이다.

미국 자동차업계의 쇠락 원인은 우선 장기비전을 가지고 회사경영을 할 수 없다는 구조적인 문제에서 찾을 수 있다. 새로운 차종을 개발하고 판매까지 하기에는 통상적으로 8년이 걸리는데 대부분 경영진의 임기는 4년이기 때문에 회사 최고경영자(CEO)는 단기목표를 가지고 회사를 경영할 수밖에 없는 상황이다. GM도 현재의 위기상황을 초래한 과도한 복지비용, 신차 판매 부진 등이 취임 이전에 결정된

---

49) 서울경제 〈시론〉 (2006. 3. 14)

사안임으로 직접적인 책임이 없는 릭 왜고너 회장의 교체설이 나오고 있다.

그러나 지배구조의 문제보다 더 근본적인 GM의 쇠락 원인은 우리나라 등 신흥공업국들이 가격경쟁력을 무기로 추격하고 있는 상황에서 부담하고 있는 과도한 복지비용이다. 미국 자동차 회사들은 노조와의 합의에 따라 퇴직자들에게도 평생 의료혜택을 제공해야 한다. GM의 연간 회사부담 의료비용은 58억 달러(한화 약 5조8,000억 원)인데 자동차 1대를 생산하면서 약 1,500달러씩 의료비용을 부담하는 것으로 추정되고 있다. GM은 또한 종업원의 연금비용을 위해 연간 15억 달러(한화 약 1조5,000억 원)를 추가로 적립해야 하는 상황이다.

현재 연봉 1달러를 받고 있는 GM 자회사 델파이의 로버트 밀러 회장은 지난해 10월 파산 신청 직후 델파이 종업원들이 받고 있는 임금의 10분의1을 받고 같은 일을 할 수 있는 근로자는 세계 도처에서 쉽게 찾을 수 있지만 이들을 효율적으로 관리할 수 있는 경영진은 부족한 상황이라면서 연봉 150만 달러(한화 약 18억 원)에 이르는 자신의 급여 삭감 요구를 거부한 사례가 시사하는 바와 같이 미국 자동차업계의 근로자들은 생산성에 비해 과도한 임금을 지급받고 있지만 노조의 보호로 이를 적정수준으로 통제할 수 없다는 것이 미국 자동차 업계가 가지고 있는 최대 고민이다.

미국 자동차 산업의 쇠락은 우리나라 자동차 업계에도 남의 일은 아니다. 지난해 현대자동차의 미국 판매량이 전년대비 10% 정도 늘어나는 등 약진했지만 원화강세에 따라 세계 시장의 경쟁력이 상당히 약화될 전망이다.

현대자동차는 올해 초 비상경영체제를 선언하고 하청업체의 단가를 낮추고 과장급 이상 직원의 임금동결을 선언했지만 노동조합이 빈발하고 있어 현내사동차의 임금 수준은 미국 GM과 유사한 수준이지만 올해의 임금교섭이 순조롭게 타결될 것으로 보이지 않는다.

오일쇼크로 도래된 80년대 위기 상황에서 일본 도요타의 생산방식으로 돌파구를 찾으려고 했던 미국 자동차 노사가 90년대 IT산업 성장에 취해서 위기 원인에 대한 근본적인 치유 없이 쉬운 길을 택한 전례를 우리나라 노사는 밟지 말아야 한다.

중국 최대 자동차회사 상하이자동차가 오는 2008년부터 독자적인 자동차모델을 시장에 선보이는 등 저렴한 가격을 무기로 세계시장을 공략하려는 중국판 쇼크가 곧 가시화될 것이기 때문이다.

20. 지하철 파업철회, 경쟁력 전기돼야[50]

서울지하철 1~4호선을 운영하는 서울메트로의 노사(勞使)가 밤샘 협상을 통해 주요 쟁점사항에 대한 잠정합의안을 이끌어내면서 당초 20일로 예정됐던 파업이 전격적으로 철회됐다. 해고자 복직, 인원감축, 구조조정 등 서울메트로 노사의 핵심 쟁점은 구조적으로 합의가 어렵고 노조 내부의 사정도 있기 때문에 노조가 파업을 결행할 것이라는 게 지배적인 전망이었으나 노사가 이견이 좁혀지지 않은

50) 문화일보 〈포럼〉 (2008. 11.20)

사항들은 위원회 설치 등을 통해 서로 지혜를 모으기로 함으로써 파업이 철회된 것이다.

많은 국민은 우리나라 경제가 장래를 예측할 수 없는 불안한 상황에 처해 있는 시점에, 국민의 세금으로 경영 적자를 보전 받고 있는(서울메트로에서는 매년 1000억 원 안팎의 영업 손실이 발생하고 있다.) 서울메트로의 노조가 파업을 강행키로 했다는 소식에 분개했다.

노조는 파업전야제까지 열고 파업 강행을 다짐했으나 내년 경제성장률이 2%대로 추락할 것으로 전망되는 등 실물 불황이 본격화하는 상황에서 상대적으로 좋은 처우를 받고 있는 공공부문의 파업은 어떠한 이유에서도 정당화될 수 없다는 여론을 외면할 수는 없었다. 서울메트로 노조의 파업은 서울메트로의 경영 효율성 제고를 위한 조직혁신 등 파업의 대상이 될 수 없는 요구 조건 관철을 위한 것이었으니 늦게라도 노조가 현실 인식을 가지게 된 것은 다행스러운 일이다.

민주노총의 핵심 전략 사업장의 하나로 파업이 잦았던 서울메트로 노조의 이번 파업 철회 결정으로 우리나라 노사 경쟁력이 한 단계 도약하는 전기가 마련돼야 한다. 최근 발표된 세계경쟁력포럼(WEF)의 국가경쟁력 순위를 보면 우리나라 국가 경쟁력이 2단계 하락하고 노사협력분야는 134개 대상국 중 55위에서 95위로 수직 하락한 것으로 나타났다.

스위스 국제경영연구원이 발표하는 IMD 국가경쟁력 순위에서도 우리나라 노사관계 경쟁력이 65개 대상국 중 변하지 않은 부동의 꼴찌인 것을 고려하면 그다지 놀랄 일은 아니다. 그러나 일부 전문가들이 1920년대 말의 대공황 수준의 전 세계적 경기불황을 예측하는 상황에서 기업 및 국가 성장의 초석이 되는 노사 경쟁력이 발전은 고사하고 퇴보하고 있다는 것은 매우 우려스러운 현상이다.

새 정부 들어서 법과 원칙이 지켜지는 노사관계의 질서 회복이 강조되면서 사업장 단위의 노사협력이 크게 늘어나고는 있으나 분규 발생건수도 줄지 않고 근로손실일수는 오히려 늘어나는 등 여전히 노사 상생협력의 기반이 구축되지 못하고 있다.

미국발 금융위기로 금융시장이 근본부터 흔들리고 실물 불황이 즉각적으로 가시화하는 현실은 대외 의존적 경제 구조를 가지고 있는 우리나라의 경우 지속적인 혁신을 통해 기업과 국가 경쟁력을 제고하는 것이 더욱 글로벌화한 국제 경쟁에서 살아남을 수 있는 유일한 전략임을 가르쳐주고 있다.

서울메트로 노사가 경영 혁신에 대한 인식을 같이하고 이를 위해 노사 공동의 노력을 기울여 나가기로 합의했듯이 우리나라 모든 노사 현장에서 명분에 치우치는 노사 간의 기싸움은 이제 접고 실질적으로 기업, 그리고 국가 경쟁력 제고를 위해 서로가 무엇을 할 것인지를 진지하게 고민하고 실천해야 한다.

우리는 1997년 금융위기 때 노·사·정 합의를 통해 대외 신인도를 제고함으로써 경제위기 극복의 전기를 마련한 소중한 경험을 가지고 있다. 한 치 앞이 예측이 되지 않는 경제위기 극복을 위해 기업은 열린 경영으로, 노조는 혁신에 대한 두려움 없는 참여로, 국가는 노사 상생 협력에 대한 지원과 제도 구축으로 서로의 힘을 모아 노사 경쟁력을 제고해야 한다.

21. 노루페인트 노조가 즐거운 까닭[51)]

미국산 쇠고기 수입을 반대하는 정치파업이 일어나고 스위스 국제경영연구원이 매년 발표하는 노사관계 경쟁력지수가 항상 세계 최하위인 우리나라 노사관계에 오랜만에 반가운 소식이 들린다. 노동부에 따르면 노사가 상호 협력을 통해 신노사문화를 정착시키고 회사를 발전시킬 것을 약속하는 노사협력선언이 이달 15일 현재 1167건으로 지난 해 같은 기간의 431건에 비해 3배 가까이 늘어났다. 한국경총 조사에 의하면 임금교섭을 사측에 위임하거나 교섭 없이 임금 및 단체협약을 체결한 기업의 비율이 지난 7일 현재 67.5%로 전년 같은 기간의 37.7%보다 1.8배 늘었다.

특히 이 같은 노사협력선언의 확산이 과거와는 달리 정부의 정책적인 지원 결과이기보다는 어려운 경제여건과 회사의 상황을 같이 고민하는 노와 사의 자발적인 의지에 의한 것이라는 점에서 매우 의미가 깊다. 노와 사를 떠나서 회사가 경쟁력이 있어야만 회사가 발전하고, 그래야만 고용이 안정되고 높은 처우수준이 보장될 수 있다는 것을 공감하는 노조와 근로자들이 늘어나고 있는 것은 우리나라 노사관계 개혁의 전조가 된다는 면에서 바람직하다.

또한 고유가, 원자재의 국제가격 폭등으로 스태그플레이션이 우려되는 상황에서 노와 사가 고통을 분담하겠다는 사례가 확산되는 것은 우리 경제의 안정화를 위해서도 고무적인 일이다. 우리나라에 투

---

51) 한국경제 〈시론〉 (2008. 7. 27)

자한 외국 기업들이 우리나라 노사관계와 관련해 가장 당황스러워하는 부분은 많은 노조가 회사를 타도의 대상 내지 적으로 보고 있다는 것이다. 무리한 요구를 관철시키기 위해 다국적 기업의 본사에까지 원정 투쟁을 가는 강경노조로 인해 많은 외국자본이 한국을 떠나고 있다.

노사협력선언의 확산은 우리나라 노사관계에 대한 대외의 부정적인 시각을 완화시키는데 일조할 것이다. 노사협력선언이나 무파업선언을 하는 기업들 중에는 과거 격렬한 노사분규를 경험하면서 '노사가 서로 대립하고 투쟁하면 결국은 노와 사 모두에게 손해'라는 것을 체험한 기업이 많다.

어용이라는 강경파의 비난에도 불구, 노사협력선언을 한 한 기업의 노조위원장은 "역사적으로 당나라가 멸망한 이유도 전쟁을 많이 했기 때문이다. 전쟁을 좋아하면 망한다. 불법파업으로 징계 받고, 집행부가 해고되고, 임금도 안 오르고 하니 조합원들의 마음도 떠나고, 결국 노조집행부의 동력이 떨어질 수밖에 없다. 상생의 길을 찾는 게 최선의 대안이란 것을 알게 됐다"고 고백한다.

노사협력선언을 한 많은 기업들에서 공통적으로 발견되는 사항의 하나는 신뢰형성을 위한 노사 간의 노력, 특히 사용자 측의 가시적인 조치가 지속돼 왔다는 것이다. 노루페인트의 경우 외환위기와 같이 어려운 상황에서도 정리해고를 자제하고, 정리해고를 어쩔 수 없이 했다 할지라도 회사가 어려움을 극복하면 전원 복직시키는 등 근로자들이 회사가 진정으로 자신들을 위한다는 것을 직접 체험했다. 그래서 이 회사는 10년 동안 임금인상을 노조가 사용자측에 위임하는 것이 가능하다. 30여 년간 무분규, 무파업 사업장을 유지해 오고 있는 경기고속은 4년째 임금인상폭 결정을 노동조합에 '백지위임'하고 있다. 노와 사 간에 그만큼 깊은 신뢰관계가 형성돼 있기 때문이다. 해마다 불법파업에 나서고 있는 현대차 등 강성 노동조합이 귀 기울일 일이다.

확산되는 노사협력선언이 단순히 일과성 행사에 그치지 않기 위해서는 정부의 적극적인 지원이 필요하다. 노사협력선언이 생산현장의 혁신으로 이어져 생산성 향상이나 부가가치 제고에 기여하기 위해서는 작업장 혁신을 위한 구체적인 계획을 노사가 공동으로 마련해 시행해야 한다. 필요하다면 정부가 재정적으로 지원하는 제도적 장치도 강화해야 한다.

22. 노사 상생의 길[52)]

올해의 노사관계가 심상하지 않을 조짐이다.

두산중공업 노조원 분신자살 사건을 계기로 노사 간의 긴장관계가 더욱 고조되고 있다. 자동차 제조 4사 등 대형제조업체 노조가 속해 있는 민주노총의 금속산업연맹이 두산중공업 사태의 해결을 촉구하면서 오는 20일 총파업을 예고하고 있다. 기아자동차, 현대자동차 노조 등 금속연맹 소속 110여 개 사업장, 9만여 명의 노조원이 파업동참을

52) 세계일보 〈시론〉 (2003. 3. 11)

이미 결의하였고 다른 사업장에서도 파업찬반투표가 진행 중이다.

한국노총은 당장 쟁의행위를 계획하고 있지 않으나 사업장 별 임금 및 단체교섭 결과를 지켜보면서 6월부터 본격적인 파업투쟁을 예고하고 있다.

경영계도 강경 기조를 천명하고 있는데 한국경영자총협회는 노조가 불법파업을 하는 경우 즉각 손해배상소송을 제기하고 관련자의 재산에 대해 가압류를 신청하라는 등의 내용을 담은 74개 항목의 노사관계 대응 지침을 전국의 4,000여 개 회원사에 배포했다.

노동계의 춘투는 연례적으로 있어 왔으나 올해의 경우 춘투가 본격적으로 시작하기도 전에 노사 간에 긴장관계가 고조되고 있는 것이다. 비정규직 보호, 주5일 근무제, 공무원 노조 등 향후 우리나라의 노사관계 구조에 상당한 영향을 줄 여러 가지 노동관련 법 개정에 대한 논의가 새로운 정부의 출범과 함께 본격화되면서 세 과시를 통해 정부의 양보를 얻어내려는 노동계와 이에 맞서는 경영계의 다툼으로 노사분규가 격화될 소지가 큰 것이다.

특히 불법 분규시 노조 및 노조원에 대한 손해배상 소송과 재산가압류라는 사용자 새로운 노사관계대응 수단을 노조활동에 대해 강력한 위협으로 인식하고 있던 노동계는 두산중공업 사태를 계기로 문제의 소지를 근본적으로 제거하고자 하고 있다.

기업별 교섭구조하에서 개별 기업의 노사문제를 이유로 총파업을 벌인다는 것은 적절하지 못하다. 두산중공업에서 발생하였던 유사한 문제가 어느 사업장에서나 일어날 수 있으나 두산중공업 사태의 해결을 촉구하기 위해 파업투쟁을 한다는 것은 아직도 우리나라 노동계가 근로자의 이해관계와 국민 전체의 이익을 적절히 조화시킬 만큼 성숙하지 못하였다는 것을 보여주고 있다.

특히 북핵 사태, 미국의 이라크 공격 계획, 새로운 정부의 출범 등 경제 환경의 불확실성으로 인해 경기불황이 가속화되는 등 투쟁보다는 대화와 양보가 무엇보다도 필요한 시점에서 민주노총이 파업투쟁을 천명한 것은 유감스러운 일이다.

민주노총은 지난 몇 년간 정부와의 직접대화를 요구하면서 노사정간의 공식적인 협의와 대화창구인 노사정위원회의 참여를 거부하고 파업투쟁을 벌여왔으나 그 결과는 노동계의 입장에서 이해하여도 그다지 만족스럽지 못하였던 것으로 평가된다. 특히 지난해 2달여 진행된 발전파업과 이에 동조한 총파업에서 노동계는 득보다는 손실이 컸다.

민주노총은 즉각 노사정위원회를 통한 노사정간의 협의채널에 복귀하여야 한다. 적극적으로 정책결정과정에 참여하여 대승적 차원에서 근로자들에게 이익이 되는 방향으로 노동계의 주효 현안이 해결되도록 하여야 한다.

경영계가 가압류 등 법에 정해진 수단을 사용하는 것은 현재로는 강제적으로 막을 방법은 없다. 그러나 기업별 교섭구조하에서 가압류, 손해배상 소송 제기 등을 과도하게 하는 것은 현실적으로 정상적인 노조활동을 저해하는 측면이 있고 우리의 기업문화에서는 맞지 않으므로 결국은 기업의 경쟁력에 치명적인 타격이 될 것이다. 불법파업을 한 노조원도 같은 식구라는 차원에서 문제에 접근하는 것이 보다 바람직하다.

우리나라를 둘러싸고 대내외적인 불확실성이 증폭되고 있는 시점에서 노사가 상생의 차원에서 현안문제를 풀어나갈 것을 간절히 바란다.

23. 산별노조, 멀리 크게 보라[53)]

4만 명이 넘는 조합원을 가진 국내 최대 단일 노조인 현대자동차, 기아자동차 GM 대우 노조가 금속노조로 전환키로 함에 따라 우리나라에도 본격적인 산별교섭이 시작될 전망이다.

민주노총이 출발할 때부터 산별교섭체계 구축을 가장 중요한 목표의 하나로 정하였던 것을 봐도 알 수 있듯이 산별노조하에서는 노동운동이 강력한 힘을 발휘할 수 있다. 특히 노조조직률이 10%대로 떨어지고 내년에 노조전임자에 대한 사용자의 임금 지급이 법으로 금지되는 것을 고려하면 노동운동으로서는 대기업 노조의 산별노조로의 전환이 생존을 위한 시급한 과제이다.

산별교섭체계는 대기업과 중소기업의 공동교섭을 통해 근로조건의 양극화를 해소할 수 있고, 노사갈등의 외부 화를 통해 사업장을 생산적 협력의 장으로 바꿀 수 있다. 또 업종별 공동의 직구구조 개선과 직업훈련을 통해 숙련 향상을 기대할 수 있는 등 장점이 많은 제도이다.

그러나 우리나라의 노사관계의 현실을 고려할 때 독일이나 스웨덴

53) 세계일보 〈시론〉 (2006. 7. 2)

처럼 산별교섭 체계의 장점이 발휘되기를 기대하기는(적어도 앞으로 상당기간은) 무리라는 것이 우리가 처한 고민이다. 오히려 프랑스나 스페인 등 라틴계 유럽국가처럼 분산 화된 산업별 교섭체계로 국가경쟁력이 저하될 가능성이 크다.

우리나라는 현재도 전체 노조원의 10%, 즉 전체 근로자의 1%의 근로조건이 산별교섭을 통해 결정되고 있다. 현대자동차노조 등이 전환된 금석노조의 경우 중앙교섭지부집단교섭지회보충협약의 3중 구조로 되어 있다. 그러나 두산중공업 등 대기업 노조는 중앙교섭체 참여하지 않고 임금관련 사항이 제되는 등 중앙교섭의 내용이 제한적이고 지부교섭의 내용 역시 지역 간에 편차가 크기 때문에 중앙교섭을 통해 대부분의 근로조건을 결정한다. 지부에서는 지부 특정의 사항을 논의하는 진정한 의미의 산별교섭은 이루어지지 않는다.

산별교섭 장점이 나타나기 위해서는 기업수준의 교섭에서는 산업평화의 의무가 강제되어 산업별 협약에 힘이 실려야 하는데 명분이 없는 불법 파업 관행에 익숙한 우리나라 노사관계 현실에서는 기대하기 어렵다.

2004년부터 산별교섭을 실시한 보건의료노조의 경우 첫 산별교섭에서 산별협약이 지부협약에 우선한다는 산별합의에 반발하여 서울대병원노도등 대병원노조가 이탈하기도 하였다.

대기업, 중소기업 노조와 비정규직 노조의 공동교섭을 통해 대기업의 하청업체에 대한 비용전가를 막음으로써 근로조건의 격차를 해소할 수 있다는 명분도 대기업 노조의 양보가 전제되지 않고는 업종 전체를 공멸의 길로 인도할 뿐이다. 우리나라 산업계가 처한 현실에서는 과도한 처우를 받고 있는 대기업 노조원들의 의식전환이 없는 대기업과 중소기업의 근로조건 격차의 완화는 업종 정체의 노동비용의 과도한 상승만을 초래할 것이기 때문이다.

주요 대기업 노조들이 산별노조로 전환하였지만 서구에서 보는 것과 같은 산별교섭이 본격화되기 위해서는 앞으로 상당기간이 소요될 것이다. 교섭구조 전항에 따른 혼란과 비용을 줄이기 위해서는 우선 여러 교섭단위 간 교섭 내용이 합리적으로 조정되고 조율되는 체계가 구축되어야 한다. 중앙단위 노사단체의 지도력이 무엇보다도 요구되는 시점이다. 기업별 교섭은 평화약정(peace obligation)하에서 실시되고 기업 수준의 노사협력이 필요하다는 사회적 공감대도 형성되어야 한다. 또한 지금까지 산별교섭과는 달리 임금인상률과 같은 배분적 이슈에 집중하는 관행에서 탈피하여 산별교섭의 의제를 비정규직 문제, 교육훈련, 산업의 경쟁력 제고와 같은 생산적 이슈까지 확대해야 한다.

24. '노사관계 선진화' 또 5년 묵히나[54)]

노사정이 노사관계 선진화방안 논의를 끝내기 이틀 전인 2일, 한국노총 한국경총 및 대한상의가 내년부터 허용될 예정이던 단위사업장 복수노조와 노조전임자에 대한 사용자의 임금 지급 시 사용자 처벌

54) 동아일보 〈기고〉 (2006. 9. 8)

조항을 다시 한 번 유예하도록 정부에 건의하기로 합의했다.

노조전임자에 대한 임금 지급 금지는 1997년 노사정 합의사항이다. 중소기업 노조를 기반으로 하는 한국노총의 경우 노조전임자에 대한 임금 지급 불허가 현실화되면 세력이 크게 위축될 것을 우려하며 단결권 훼손이라는 원칙을 포기하고 복수노조 허용을 한 번 더 유예하기로 합의한 듯하다.

한국경총 등 사용자단체는 노조전임자에 대한 임금 지급 금지를 지속적으로 주장했음에도 불구하고 이를 유예하는 데 합의했다. 사업장에서의 혼란을 염려해 복수노조 허용을 유예하는 내용을 얻어내기 위한 것으로 보인다.

단위사업장의 복수노조 허용은 예정대로 이행돼야 한다. 국제노동분야에서 '코리아디스카운트'(Korea discount)라는 말이 있는데, 한국이 국제사회에서 기본권으로 인식되는 복수노조를 불허함으로써 받는 불이익을 의미한다.

복수노조 허용에 따른 노사관계의 혼란에 대한 사용자 우려를 이해하지 못하는 바는 아니나 반드시 이행돼야 한다. 사업장에서의 혼란은 '노동조합 및 노사관계조정법'의 부칙조항에 규정된 대로 정부가 교섭창구 단일화방안을 강구하고 시행하면 최소화될 수 있다. 노사 간 합의를 이끌어 낼 수 없다면 정부 단독으로 교섭창구 단일화안을 마련해 시행해야 한다.

노조전임자에 대한 사용자의 임금 지급은 과거 권위주의 정부 시절 노조를 어용화하기 위해 만든 잘못된 관행이다. 노사관계를 올바른 길로 유도하기 위해서 반드시 시정돼야 하는 조항이다.

일부 대기업 노조의 경우 노조원으로부터 매년 몇 십억 원의 노조비를 거두면서 한편으로는 사용자로부터 조합비보다 많은 노조전임자의 급여를 지원받는가 하면 우리 현실에 맞지 않는 무리한 요구를 하고 있다. 또 노동운동과는 무관한, 예를 들어 미군기지 평택 이전 반대시위에 참여하는 상황을 초래하고 있다. 정부가 일부 노동계와 사용자단체의 합의를 이유로 법의 시행을 다시 유예한다면 법과 원칙의 준수를 통한 노사관계 질서 정립이라는 정부의 의무를 포기하는 것이다.

한국노총은 복수노조 허용에 따른 사용자의 우려를 빌미로 노조전임자 임금 지급 금지에 따른 당장의 위기 상황을 극복하려고 하기보다는 떳떳한 길로 나아가야 한다.

사용자도 복수노조 허용은 언젠가는 부딪쳐야 하는 상황이므로 합리적 대처방안을 강구하고 대응 역량을 구축해야 한다. 복수노조 허용을 설립 시부터 주장한 민주노총이 주요 대기업 사업장에서 현재의 독점적 지위가 위협받는 것을 우려해 복수노조 허용의 유예를 묵인한다면 자주적 노동운동의 메카라는 자신의 존재를 스스로 부인하는 모순에 빠질 것이다.

25. 노사관계 로드맵 정치논리 배제하라[55)]

지난 4월 민주노총이 '노사정 대표자회의'에 참여하면서, 노사정

---

55) 한국일보 〈시론〉 (2006. 7.5)

간의 합의 도출 실패로 그 간 진전이 없었던 노사관계 선진화 로드맵이 다시 추진되고 있다. 또 선진화 로드맵과는 별개로 당장 내년도부터 시행되는 단위사업장에서의 복수노조 허용과 관련해 교섭창구 단일화를 위한 입법조치가 필요하기 때문에 최소한의 범위 내에서더라도 연내에 노동관계법이 개정되어야 한다.

노사관계 선진화 로드맵의 핵심 쟁점은 지난 5년간 유예되어 왔던, 사용자가 노조전임자에 대해 급여를 지급하는 것을 형사 처벌하는 법 조항을 내년도에 그대로 시행할 것인가 하는 것이다. 노동계는 노사 자율로 결정할 수 있도록 하여야 한다는 입장인 반면 경영계는 현행 조항을 그대로 시행하여야 한다고 주장하고 있다.

정부 요청으로 2003년 수행된 '노사관계법 · 제도 선진화 연구위원회'의 안은 급여 지급을 금지하되 법령이 정한 기준 내에서 예외를 인정하여 주는 것이다. 한편 ILO(국제노동기구)에서는 노사 자율로 결정하도록 하여야 한다는 권고를 우리나라 정부에 한 바 있다.

노조전임자에 대한 임금 지급 금지는 내년도에 예정대로 시행되어야 한다. 노조전임자에 대한 사용자의 임금 지급 금지는 1998년 노동법 개정시 복수노조 허용에 따른 교환적 성격으로 노사가 합의한 것이며 한 차례 그 시행이 유예되었고, 이와 같은 상황에 대비할 수 있는 10년 가까운 기간이 있었음에도 불구하고 노동계가 이의 폐지를 주장하는 것은 불합리하다.

특히 최근 들어 현대자동차 노조 등 국내 주요 노조들이 산별 노조로 전환하고 있는데, 이와 같은 상황에서는 노조전임자에 대한 급여 지급이라는 잘못된 관행은 더더욱 고쳐져야 한다. 일부에서는 노조전임자 임금 지급 금지와 단위사업장에서의 복수노조 허용을 묶어서 2001년과 같이 다시 한 번 유예하자는 주장도 있다. 그러나 단위사업장에서의 복수노조 허용도 법에 정한 대로 시행되고 필요한 후속조치를 정부가 필요하다면 독자적으로 강구하여야 한다.

우리나라는 1990년대 초 이후 ILO, OECD(경제협력개발기구) 등 국제기구로부터 노동관계법을 국제기준에 부합되도록 고칠 것을 여러 차례 권고 받아 왔는데, 복수노조의 금지는 우리나라 노동관계법 중 국제기준에 부합되지 않는 가장 대표적인 조항이다. 공무원노조 허용으로 우리나라 법이 ILO의 핵심 국제노동 기준에 부합되게 된 시점에서, 복수노조 허용을 다시 한 번 유예함으로써 우리의 경제적 위상에 걸맞지 않은 노동문제로 국세사회에서 홀대 받는 상황을 지속시켜서는 안 된다.

당초 참여정부가 노사관계 선진화 로드맵을 추진한 것은 세계 최하위의 노사관계 국제경쟁력, ILO, OECD 등 국제사회로부터 요구를 감안하여 우리나라 노사관계 제도를 국제기준에 부합하는 방향으로 개선하고자 하는 것이었다.

그러나 지난 몇 년 간의 논의과정을 보면 선진화 로드맵 구축이 지나치게 정치논리에 의해 지배당하고 있다. 당장에 합의에 의해 합리적인 대안을 찾을 수 없다면 현 상황에서 필요한 최소한의 조치만을 정부 주도로 취하고 나머지 사안에 대해서는 시일을 가지고 충분한 논의를 거쳐 타당한 합의점을 찾는 것도 하나의 방안이다.

26. 공무원파업 노동 3권 때 이르다[56)]

전국 공무원노조가 정부가 이번 정기국회에 제출한 공무원조합법 폐기와 노동3권의 쟁취를 목표로 하여 지난 4.5일 강행한 파업에 대해 국민의 한사람으로써 우려하지 않을 수 없다.

우리 사회 도처에 확산되어 있는 이해관계를 달리하는 여러 집단 간의 갈등을 공정하고 엄격한 법의 집행을 통해 해결하는데 핵심적 역할을 하여야 하는 현업부서의 공무원조차도 대통령 임기 말의 권력누수현상에 편승하여 집단행동을 통하여 자기 이익을 챙기고자 하는 집단이기주의를 극단적으로 표출하였다는 점에서 절대로 용인될 수 없다.

현행 공무원법상 공무원은 연가투쟁과 같은 집단행동은 물론이고 단체행동에 대한 찬반투표도 금지되어 있다.

이번 공무원 파업은 지난 몇 년간 정부와 노동계의 공무원 노동권의 보장정도에 대한 협상에도 불구하고 양자가 쟁점사항에 대해 합의하지 못하였으나 정부가 일방적으로 법의 통과를 강행함에 따라 촉발된 측면이 있다. 그러나 국회에서 이번 회기 내에 처리하지 않기로 방침을 정하여 사실상 공무원조합법이 폐기된 상황에서도 파업을 감행한 것은 매우 유감스러운 일이다.

특히 정년제도로 고용의 안정성이 보장되고 임금 등 주요 근로조건도 노정간의 교섭에 의해서만 결정될 수 없는 현행법체계 하에서

---

56) 세계일보 〈시론〉 (2002. 11. 7)

부정부패 추방, 정책결정의 투명성 제고, 대민서비스 강화 등을 공무원노조가 노조결성의 명분으로 내세웠는데 그 진실성에 의문을 가지지 않을 수 없다.

공무원 노조가 주장하고 있는 노동3권의 보장은 우리 현실에 미루어 시기상조라고 할 수 있다. 공무원의 노동권 보장 정도는 근로자로서 공무원의 특수성에 비추어 나라마다 달리하고 있다. 근로자의 노동권이 가장 잘 보장된 선진국 중의 하나인 독일의 경우도 근로자가 공무원 신분을 가진 경우 단결권만이 허용되고 있다. 우리나라와 유사한 공무원제도를 가지고 있는 일본의 경우도 일반 국가공무원과 일반 지방공무원 모두 단체교섭권과 단체행동권이 금지되고 단결권만이 허용된다.

이와 같은 예에 비추어 볼 때 국민의 정부에 들어 공무원의 단결권이 허용되고 공무원직장협의회가 결성되고 활동함에 따라 우리나라의 공무원노동권 보장은 국제기준의 최소치는 충족시켰다고 할 수 있다.

노정간의 가장 핵심쟁점사항인 공무원단체의 노동조합 명칭 사용문제는 노동조합이란 명칭을 가진 경우에만 법상 노동조합으로 인정하여 주는 우리나라 특유의 노동관계법 구조로 인하여 야기되는 것으로(미국의 경우 노동조합이란 명칭을 가지지 않은 근로자단체도 노조활동을 함) 노정간에 대화를 통하여 서로간에 실리와 명분을 주면서 해결할 수 있는 사안이다.

이번 파업사태를 바라보면서 가장 염려스러운 것은 공무원노조운동이 제2의 전교조사태로 발전될 가능성이다. 전교조가 법적으로 인정되기까지 10여 년간 쌓인 노정 및 노사 간의 갈등관계는 교원노조가 인정된 현재에도 교육현장에서 해소되고 있지 않다. 과거 전교조의 사례를 교훈으로 하여 시작단계인 공무원노동운동은 노정 나아가서 국민전체의 이익을 극대화하는 방향으로 정립되도록 노정이 같이 노력하여야 한다.

특히 공무원노사관계에 있어서 사용자인 정부의 의식구조의 전환이 필요하다. 앞으로 공무원 노조 혹은 조합에 대해 사용자 역할을 하여야 하는 정부의 고위공직자들의 대노동관이나 노사관계 지식은 1987년 6·29선언 이전의 민간기업의 사용자 수준에도 못 미치고 있는 것이 현실이다. 협력적이고 생산적인 공무원 노사관계의 구축을 위해서는 고위공직자들의 의식전환과 함께 인사관리시스템 및 관행의 일대 개혁이 요구된다.

27. 교수가 빨간 머리띠 맨다고?[57)]

노동조합 설립 가능 범위를 초·중등 교원에서 고등교육기관(대학) 교원(교수)으로 확대하는 '교원의 노동조합 설립 및 운영에 관한 법률 개정안'이 지난 4월 국회 환경노동위원회 법안심사소위를 통과하면서 찬반논란이 뜨겁다.

교수노조의 합법화와 관련된 가장 큰 법적 쟁점은 교수를 근로자

---

57) 한국경제 〈시론〉 (2007. 5. 29)

로 볼 수 있느냐 하는 것이다. 법외노조인 교수노조를 설립하고 합법화를 요구해 온 측은 교수들이 일반 노동자와 다름이 없으므로 노동기본권이 보장돼야 한다는 주장이다. 근로기준법에 근로자를 '근로자 직업의 종류와 관계없이 임금을 목적으로 사업이나 사업장에 근로를 제공하는 자'로 정의하고 있으므로 형식논리로 보면 교수도 근로자에 해당된다.

그러나 교수를 근로자로 볼 수 없는 것은 교수의 업무 특성상 독립적인 지위를 가지고 업무를 수행하기 때문이다. 대학의 행정조직이 외형상 총장, 학장, 학과장, 교수들로 내려오는 구조인 듯하지만 총장을 포함해 보직교수들이 일반 교수들의 업무를 실질적으로 지휘 감독하고 있지 않다. 학과교수들 간의 협의 내지 합의에 의해 담당 교과목이 정해지고 강의내용도 담당교수가 전적으로 결정한다.

새로운 교수들을 충원할 때도 해당 학과 교수들의 의견이 제일 중요하다. 신규 교수의 충원 필요성도 학과교수들이 결정하고 학과 교수들 간에 합의가 이뤄지지 않으면 교수충원이 이뤄지지 않는 것은 대학사회의 오래된 관행이자 고질적인 병폐의 하나로 지적돼 왔다.

교수들에게 기본적으로 요구되는 것은 일주일에 6시간 내지 9시간의 학칙에 정한 기본 시수(時數)를 가르치고 객관적으로 인정되는 연구업적을 내는 것이다.

만약 교수노조가 허용되면 학생을 제외한 대학의 구성원은 모두 노조원이 되는 일이 생길 수 있다. 대부분의 대학에 직원노조가 결성돼 있고 사용자적 위치에 있는 총무과장이나 경리과장도 노조원이며 그 직위를 담당하는 기간에만 노조원의 자격이 정지되는 것이 현실이다.

대학에서 학장이나 학과장도 보직개념이므로 노조가 허용되면 보직이 없는 교수가 노조활동을 하다가 학장직을 맡으면 노조활동을 일시 중지하고, 학장에서 물러나면 다시 노조원이 되는 일이 발생할 것이다. 내부인사가 총장이 되면 사용자의 위치에 섰다가 총장직에서 물러나면 다시 교수직으로 복귀해 노조원이 될 수 있게 된다. 따라서 교수노조가 허용되고 대학에서 단체교섭이 이뤄진다면 결과적으로 노조원들끼리 단체교섭을 하는 결과가 될 것이다.

교수노조가 불허돼야 하는 보다 큰 이유는 대학이 정치의 장(場)으로 더욱 오염될 수 있다는 우려 때문이다. 총장이 되기 위해서 교수들에게 선거운동을 하고 총장이 되면 승리에 기여한 교수들에게 보직을 전리품으로 나눠주는 우리 대학 사회의 일그러진 자화상은 논문표절 시비로 얼마 전에 자리에서 물러난 모 대학 총장의 사례에서 잘 볼 수 있었다.

노조는 정치적 속성을 가질 수밖에 없다. 교수노조가 허용되면 우리 대학사회는 선거로 뽑힌 총장, 교수노조위원장, 그리고 직원노조위원장 간의 세력과 권력다툼의 장이 될 것이다.

우리대학은 현재 가장 경쟁력이 없는 집단 중 하나다. 스위스 국제경영개발원(IMD)에 의하면 2006년 현재 우리 대학의 경쟁력은 조사대상 61개국 중 50위로 최하위권이다. 우리 대학이 사회에서 필요로 하는 인재를 배출하지 못하고 있다는 것이다. 대학의 끊임없는 자기혁신과 변화의 노력이 필요한 시점에 교수노조는 대학의 자기혁신을 저해하는 요소가 될 것이다.

교수노조의 합법화를 주장하는 측은 서민가계에 고통을 주는 비싼 등록금, 비리 사학(私學)과 같은 대학사회의 문제를 해결하기 위해서 교수노조가 허용돼야 한다고 주장하고 있다.

그러나 겉으로는 비정규직 보호를 외치지만 실질적으로는 근로 기득권 계층인 대기업 근로자를 보호해온 우리나라 민주노동운동의 지난 20여간의 궤적에서 보듯이 교수노조도 결국은 일부 경쟁력 없는 교수들의 집단이익 방어에 최우선 순위를 둘 수밖에 없을 것이다.

28. 노·사·민·정 대합의 기대한다[58)]

1월의 수출이 급감한 가운데 국제통화기금(IMF)이 올해 한국의 경제성장률이 마이너스 4.0%가 될 것이라고 전망했다. 외환위기 이후인 1999년 마이너스 6.7%의 부진에 비하면 그래도 나은 편이지만, 대외 의존적인 구조로 인해 우리나라는 올해 주요 20개국(G20) 중 경제가 가장 부진할 것이라는 게 IMF의 분석이다.

금융부문의 위기가 실물경제 위기로 가시화하는 현시점에서 지난 3일 출범한 '경제위기 극복을 위한 노사 민정 비상대책회의'에 거는 국민의 기대는 매우 크다. 노사 민정 비상대책회의 출범 자체는 매우 고무적이나 노사 민정회의가 지향하는 '개별 이익보다는 국민경제 전체를 위해 사회적 합의'를 이루기 위해서는 해결돼야 하는 과제들

58) 문화일보 〈포럼〉 (2009. 2. 4)

이 있다.

첫째, 한국노총과 함께 우리나라 노동운동의 한 축을 이루고 있는 민주노총이 참여해야 한다. 현 정부 출범 이후 불편한 관계가 유지되고 있는 민주노총은 이번 대책회의가 '어차피 정부와 재계의 이익만을 대변할 것'이라며 불참 의사를 밝히고 별도의 제안을 했지만 대승적 차원에서 참여해야 한다. 대책회의의 출범은 정부와 민주노총 관계의 일대 전환을 모색할 수 있는 계기가 될 수 있다. 노동계의 입장을 잘 알고 있고 한나라당과 정책연대를 맺고 있는 한국노총도 정부와 민주노총의 관계 회복에 일정 역할을 할 수 있을 것이다.

둘째, 사회적 약자를 배려하는 사회적 합의가 이뤄져야 한다. 우리나라 노조조직률은 10%를 약간 넘고 있으나 500인 사업장의 조직률은 50% 이상이 되는 현실이 말해 주듯이 우리나라 노동운동은 근로계층 전체보다는 상층부를 대변한다는 비난을 받아왔다. 노동운동의 중앙 조직이 비정규직 보호를 외치고 있지만 현장 단위노조의 현실은 다르다.

경제위기가 가속화하면서 기간제 근로자, 일용직, 자영업자의 숫자가 빠르게 줄어드는 것은 경기 침체의 일차적인 피해자가 취약계층임을 잘 보여준다. 노사 민정회의에는 한국노총과 전경련 등 노사단체뿐만 아니라 한국YMCA 등 시민단체, 천주교 · 불교 등 종교단체도 함께 참여함으로써 영세 사업자, 비정규직 근로자 등 사회적 약자들의 이해관계도 반영할 수 있는 제도가 구축돼 있다. 대기업 근로자들의 임금 동결로 비정규직 근로자들의 일자리가 보전되는 사회적 합의를 기대해 본다.

셋째, 노사정 간의 고통 분담 차원이 아닌 미래의 비전을 실현할 수 있는 사회적 합의를 이뤄내야 한다. 지난 1월에 신규로 발생한 파업은 없는 것으로 나타났다. 1월에 신규로 시작하는 파업이 없었던 것은 1995년 1월 이후 14년 만에 처음이다. 단위 사업장에서는 경기 불안이 가속화하면서 대립보다는 협력이라는 분위기가 확산되고 있음을 보여준다.

그러나 가시화하고 있는 고용 불안 속에서 당장은 노사가 서로 조심하면서 상생 협력의 물꼬를 트려 하고 있으나 미래에 대한 희망과 비전이 없다면 더욱 침체되는 경제로 노사 간의 갈등과 반목으로 비화할 가능성도 적지 않다. 노사 민정 대책회의는 현재의 경제위기를 서로 간의 고통 분담을 통해 극복한다면 우리 국민 모두에게 희망이 있다는 확실한 메시지를 전달해야 한다.

끝으로, 선언적 의미의 사회적 합의로 끝나서는 안 된다. 우리의 경제위기는 적어도 올해 그리고 대외 여건 변화에 따라서는 그 이상 지속될 수도 있다. 노·사·정 각 개별 주체가 경제위기 속에서 구체적으로 집행할 수 있는 프로그램들을 개발하고 실행해야 한다. 실무적으로 현재의 경제사회노사정위원회가 일정 역할을 할 수 있을 것이다. 새로이 출범한 노사 민정 비상대책회의가 국민 모두가 공감할 수 있는 사회적 대합의를 이뤄내기를 기대하고 격려한다.

전환기, 한국노동시장의 길을 묻다

3장 일자리 창출

1. 일자리 창출, 열린 노동시장 구축되어야

글로벌 금융위기에 따른 세계적 경제 불황으로 일자리 만들기, 아니 일자리 지키기가 우리 사회의 가장 큰 과제가 되었으나 IMF위기 이후 일자리 창출은 우리 경제의 가장 풀기 어려운 숙제중의 하나였다. 기대 수준의 절반정도 밖에 미치는 일자리가 만들어지고 있으며 새로이 만들어지는 일자리도 상당수가 임시직, 일용직이었다.

청년실업은 이미 고질적인 문제가 되었고 5060세대는 물론이고 이제는 40대도 직장에서 밀려나고 있다. 또한 경제위기 속에서 자영업자들이 급속히 무너지고 있다. 청년인턴제, 일자리 나누기는 경제위기 속에서 우리가 택할 수밖에 없는 대안이나 근본적인 대책은 아니다. 관행과 노조에 의해 보호되는 대기업 노동시장의 경직성,

고학력을 지향하는 사회풍토 이에 편승하는 대학정책, 여전한 연공서열 중심의 기업문화가 타파되어 열린 노동시장이 구축되어야 일자리 문제가 해결될 수 있다.

리만 부라더스 파산으로 촉발된 글로벌 금융위기의 여파로 올해 2009년 우리 경제가 마이너스(-) 성장이 확실시 되면서 일자리 창출, 아니 일자리 지키기가 우리사회의 가장 큰 화두가 되고 있다.

고용창출, 보다 구체적으로 청년실업, 4050세대의 직장에서의 조기퇴출로 인한 고용불안 등의 문제는 1990년대 말 외환위기 이후 지속적으로 우리 경제가 풀고자 한 과제였으나 뚜렷한 해결책을 찾지 못한 채 전 세계적 경제위기의 직격탄을 맞아 더욱 심각해진 것이다[1)]

2002년 16대 대통령선거에서 노무현 새천년 민주당 후보와 이회창 한나라당 후보 모두 7% 성장에 재임 중 250만개의 고용 창출을 약속했었다.[2)] 이명박 대통령도 '747' 공약을 통해 재임 중 300만개의 새로운 일자리를 만들 것을 약속하였으니 일자리 문제가 우리 경제가 안고 있는 가장 큰 과제중의 하나인 것은 틀림이 없다. 〈그림 3. 1〉에서 보듯이 노무현대통령의 재임 첫해인 2003년에는 일자리가 오히려 줄어들었고 5년 동안 126만개의 일자리를 만들어 본인이 공약한 목표의 절반정도를 달성하였다. 이명박 대통령도 취임 첫해인 2008년에는 일자리가 줄어들었고 두 번째 해인 2009년도에도 상황이 그렇게

---

1) "[한국경제, 잃어버린 에너지를 찾아서]〈上〉젊은이들이 희망", 동아일보 2006년 8월 28일 〈기사〉; "〈시론〉 한국형 고용전략을 찾습니다", 동아일보 2006년 7월 20일

2) 11장 "〈경제시평〉 일자리 250만개 창출?", 국민일보 2002년 12월 10일

좋아 보이지는 않는다.

〈그림 3. 1〉 취업자 수 추이

(단위 : %)

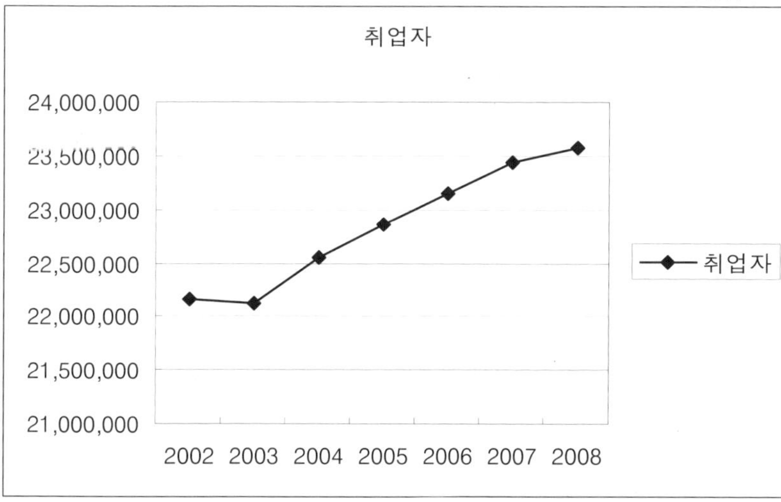

자료: 통계청, 국가통계포탈

외환위기 이후 〈그림 3. 2〉에서 보듯이 제조업 일자리는 감소하는 반면, 근무여건이 열악하거나 비정규직 비중이 높은 사업·교육·개인서비스업 부문 일자리가 외환위기 이후 증가하고 있다.[3]

---

3) 비정규직 비중 : 사업서비스업 40.2%('02년) → 54.2%('06년), 교육서비스업 17.8%('02년) → 36.3%('06년)

〈그림 3. 2〉 업종별 취업자수 증감 추이

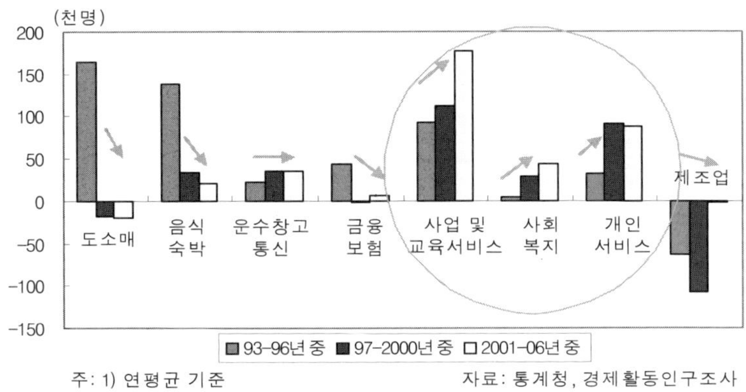

자료: 노동부 고용노동전략 T/F, "한국의 고용, 무엇이 문제인가? -진단, 원인, 그리고 정책방향"- , 2007. 12(내부자료)

양질의 일자리 창출을 가로 막는 커다란 장애요인의 하나는 우리나라 노동시장이 대기업과 중소기업으로 단절되어 있고 대기업 노동시장이 상당히 경직적이라는 것이다. 취약한 중소기업 부문으로 인해 시장 전체의 유연성은 그다지 낮지 않으나(어느 측면에서는 중소기업 근로자의 희생위에서) 강한 노조 및 경직적 고용관행에 의해 보호받는 대기업 부문의 노동시장 경직성이 기업들이 노동절약적 투자를 하고 제조업을 기피하여, 양질의 일자리가 줄어드는 결과가 왔다.[4] 아직

4) "〈포럼〉 양질의 일자리 창출 가로막는 법제", 문화일보, 2008년 7월 19일; "국내 노동시장 유연성 낮지 않다— 고용조정 속도 9위로 높은 편", 국민일보 2006년 6월 23일 〈기사〉; "[일자리가 먼저다 1부] 3. 누가 일자리 줄이나", 중앙일보

도 상당기간 제조업을 경제의 근간으로 하여야 하는 우리 경제에서 제조업 취업자 비중이 20% 이하로 제조업 강국이자 선진국인 일본이나 독일에 비해 낮다는 것은 상당히 걱정스러운 일이다.

신규대졸자 취업난과 중소기업의 인력난은 근본적으로 우리나라에 대학을 가는 사람이 너무 과도하다는 데서 연유한다. 고졸자 100명중에 85명이 대학을 가는 나라는 전 세계에 우리나라밖에 없다. 고학력을 지향하는 국민의 교육열에 편승한 교육정책은 대졸자를 양산하면서 높아진 눈높이로 대졸자는 일자리를 찾지 못하고 중소기업은 외국 인력에 의존할 수밖에 없는 상황에 몰려있다.[5)]

인턴제가 경제위기하에서 청년실업의 대안으로 확산되고 있다. 인턴제는 단기적인 대응책인 것은 분명하나 글로벌 경제위기 상황에서는 어쩔 수 없는 선택이며 인턴제가 본연의 역할을 하도록 정부, 기업, 인턴사원 및 기존 사원들이 적극적으로 노력하여야 한다.[6)]

5060세대 그리고 이제는 40대도 직장에서 밀려나고 있는데, 이들의 취업 활성화를 위해서는 취업 희망자들의 눈높이 조정, 연공서열을 중시하는 기업문화의 타파 등이 필요하다.[7)]

2003년 7월 22일 〈기사〉; "〈경제시평〉 경제특구와 노동규제", 국민일보 2002년 10월 15일; "정리해고제 실효성 의문", 한국경제 1997년 10월 8일 〈기사〉

5) "〈시론〉 한국형 고용전략을 찾습니다", 동아일보 2006년 7월 20일; 〈경제시평〉 중소기업 인력난과 대학", 국민일보 2002년 11월 19일; "〈시론〉 대졸 취업난 건설적 해법", 한국경제 2002년 2월 6일

6) "[인턴은 없고 '알바'만 있다] '지금은 유일한 수단— 의무고용 등 보완책 필요", 한국일보 2009년 2월 23일; "〈시론〉 청년인턴제 3박자 맞아야 성공", 한국경제 2009년 2월 17일

7) "[밀리언 잡] (下) 눈높이를 낮춰라… 내 월급이 얼마였는데", 한국경제 2009년 3월 3일; "〈경제시평〉 5060세대의 취업 활성화", 국민일보 2003년 1월 28일;

일자리나누기가 경제위기하에서 공공부분을 중심으로 확산되고 있다. 노동계에서는 임금삭감이 없는 근로시간 단축을 통한 일자리 나누기를 주장하고 있으나 임금삭감이 전제되지 않는 일자리나누기는 정부에서 상당한 보조금을 지급하기 전에는 기업들이 참여하지 않을 것이기 때문에 실효성이 없는 대안이다. 구조조정에 앞서서 임금삭감 등을 통해 인턴이라도 일자리를 많이 만들어 내도록 노사가 노력하는 것이 시대정신이다.[8)]

우리나라 노동시장의 주요 특징 중의 하나가 〈그림 3. 3〉에서 보듯이 자영업자 및 비정규직의 비중이 높다는 것이다. 현재의 경제위기하에서도 자영업자와 비정규직이 우선적으로 감소하고 있다. 예들 들어 2009년 1월 고용동향을 보면 정규직 의 숫자는 늘어났으나 임시금로자와 일용근로자는 전년 동월 대비 각각 2.6%(13만 4,000명)와 6.3%(13만 3,000명) 줄어들었다.

"기업체 정년연장 꺼린다… 노동연구원 713곳 조사", 한국경제 1992년 9월 19일 〈기사〉)

8) "〈토론마당〉 대졸 초임 깎아 일자리 나누기", 동아일보 2009년 3월 11일; "〈기고〉 전문가들이 말하는 일자리 해법: 공기업부터 일자리 나눠야", 중앙일보 2009년 1월 5일; "〈시론〉 고용위기 '일자리나누기'로 뚫어야", 한국경제 2008년 12월 26일

〈그림 3. 3〉 주요 고용지표의 국제비교

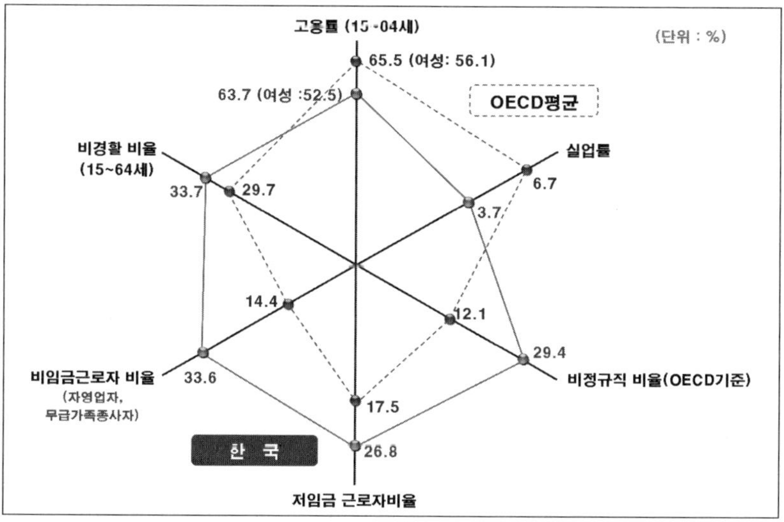

자료: 한국정책과학학회, 『노동행정조직의 발전방향에 관한 연구』, 2007
(노동부 용역과제)
주: 구분, 2004년; 순위, 2005년

사회적 기업이 영세 자영업자 및 비정규직 취업의 새로운 대안으로 부상하고 있다. 김대중 정부 시절 도입된 국민기초생활보장제도도 여전히 사회안전망으로 취약한 사실에서도 나타나듯이 우리나라는 아직 저소득계층에 대해 공적 사회부조제도를 시행할 사회여건이 갖추어져 있지 않다. 고용사정이 더욱 악화된다면 대규모 공공근로사업을 강화하는 것이 대안이다.[9]

9) “[밀리언잡] (8) 사회적 일자리는 복지 밑거름---- 소외계층 위한 ‘착한 기업’ 일자리 20만개 만든다”, 한국경제 2009년 3월 12일 〈기사〉; 〈“[한국 노동시장

2. 한국형 고용전략을 찾습니다[10)]

17일 통계청이 발표한 2분기 고용동향에 따르면 전반적으로 고용상황이 좋아지고 있음을 보여 준다. 이런 가운데 50대 이상의 취업자가 649만4000명으로 전체의 27.7%를 차지해 각각 26.5%와 27.6%인 30대(619만4000명)와 40대(645만 명)보다 많다는 점이 눈에 띈다. 지난 몇 년간의 추이도 50대 이상의 취업 증가와 30대의 취업 감소여서 취업자의 고령화는 일시적인 현상에 그치지 않을 것으로 보인다.

50대 이상의 취업자가 많아졌다는 사실은 외환위기 이후 상시화된 구조조정 속에서 불시에 퇴출당하는 서러움을 겪어 온 사오정세대로서는 반가운 측면도 있으나 노동시장 전체에서 보면 여러 가지 점이 우려된다.

우선 고용 현안의 최대 난제인 청년실업 문제가 해소되지 않고 있다는 점이다. 2분기의 20대 실업률은 7.6%로 전체 실업률 3.4%의 2배가 넘고 전년 같은 기간과 비슷한 수준을 보이고 있다. 경제활동참가율은 지난해 2분기 66.1%에서 올 2분기 65.3%로 지속적으로 떨어지는 추세이다. 반면에 50대 이상의 2분기 실업률은 2.1%로 지난해 같은 기간의 2.6%에 비해 다소 떨어졌고, 경제활동참가율은 70.3%에서 71.2%로 높아졌다.

50대는 노동시장에서 적극적으로 구직활동을 하면서 일자리를 쉽

개혁 국제회의] 공공근로사업 강화로 자활능력 배가", 한국경제 2000년 5월 20일 〈기사〉

10) 동아일보 〈시론〉 (2006. 7. 20)

게 찾는 반면 20대는 자신이 원하는 일자리를 찾을 수 없으리라는 실망감에서 구직활동을 포기하는 경우가 속출하고 있다.

장년층과 고령 근로자의 상당수가 비정규직이라는 점은 가족의 생계를 책임지고 있는 40, 50대의 경우 일자리 종류에 관계없이 취업을 하고 있음을 보여 주고 있다. 그러나 20대는 좋은 일자리를 원하고 있지만 현실은 이들의 희망과 거리가 멀다.

외환위기 이후 30대 대기업 집단의 취업자는 27만 명이 줄어들었고 300인 이상 대기업에서 청년층의 비중은 1996년 36.7%에서 2003년 25.2%로 떨어졌다. 이처럼 장년층과 고령자의 취업률 증가는 생계형 자영업자의 비중이 늘어난다는 의미이기도 하다. 국내 자영업자의 비중은 30%에 가까워서 일본이나 미국의 10%미만에 비해 월등히 높은데 이는 일자리의 질이 매우 취약함을 나타내고 있다.

청년취업난이 지속되고 있지만 청년층을 필요로 하는 제조업체는 인력난으로 외국인 근로자를 쓰고 있다. 또 국내 인건비의 지속적인 상승으로 기업의 해외 이전이 속출해 제조업 취업자가 급속히 감소하고 있다. 실제 지난 1년간 제조업 취업자는 7만4000명이 감소해 국내 최대 기업인 삼성전자 직원 수(2006년 3월 기준 8만2000명) 만큼의 일자리가 사라졌다. 이 같은 감소폭은 외환위기 직후인 1999년에 비해 가장 큰 것이다.

제조업 공동화현상을 반영하는(혹은 촉진하는) 제조업 취업자의 감소는 선진 일본이나 독일과 같이 앞으로 상당 기간 제조업을 경제의 근간으로 하여야 하는 우리로서는 심각한 문제이다. 일본이나 독일의 전체 취업자에 대한 제조업 취업자 비중은 우리보다 높다.

청년실업, 인력난에 따른 제조업 공동화, 비정규직 문제, 양질의 일자리 감소 등 풀어야 할 고용현안은 산적해 있는데 50대 일자리 증가로 취업상황이 좋아지고 있다는 점은 결코 바람직한 현상이 아니다. 정부는 지난 몇 년간 직업능력개발 촉진, 고용서비스 선진화 방안, 여성 청년 고령자 등 취약계층의 고용촉진 정책 등 다각도의 고용정책수단을 강구하고 있다.

그렇지만 성장잠재력이 저하되고 경기가 좋지 않은 상황이라 아직은 뚜렷한 성과를 거두지 못하고 있다. 이 모든 것을 아우르는 한국형 고용전략을 제시하고 대안을 강구할 시점이다.

양질의 일자리 창출을 위한 성장잠재력 배양에 무엇이 필요한지, 고용창출을 저해하는 노동시장의 구조적 요인을 제거하고 유연성을 촉진하기 위한 대안은 무엇인지, 우리 현실에 맞는 적극적 노동시장 정책은 무엇이 되어야 하는지에 대한 진지한 고민이 필요한 시점이다. 이와 동시에 통합적 고용전략의 비전과 목표 아래 구체적 실천 방안도 마련돼야 할 때이다.

3. 일자리 250만개 창출?[11)]

이회창 한나라당 후보와 노무현 새천년민주당 후보의 대선 공약은 두 후보의 이념이나 정책 노선의 차이점을 극명하게 보여주고 있다.

두 후보의 공약을 비교할 때 우선 눈에 띄는 점은 이 후보의 노동

11) 국민일보 〈경제시평〉 (2002. 12. 10)

공약은 구체성이 상대적으로 부족하고 현안 부분에 대해 원칙적인 입장을 제시하고 있는 반면 노 후보의 공약은 노동 공약의 기본 방향과 함께 주 5일 근무제도 등 현안에 대해서도 분명한 입장을 밝혔다. 이 후보의 공약 중 눈에 띄는 부분은 2007년까지 실업계 고교에 대해 무상교육을 실시하겠다는 것과 지방대학 졸업자의 취업 활성화를 위해 공공부문에 지방대학 졸업자 채용할당제를 도입하겠다는 것 정도다.

두 후보는 공통적으로 재임 5년간 250만개의 일자리를 창출하겠다고 공약했다. 이 후보는 IT산업의 육성 등을 통해 매년 50만개씩 일자리를 만들겠다고 한 반면 노 후보는 일자리 창출과 차별 없는 노동을 제시했다. 즉 지식기반산업과 함께 복지서비스 산업의 육성을 통해 7%의 경제성장률을 달성함으로써 250만개의 일자리를 만들 수 있다고 보고 있다. 특히 일자리의 수뿐만 아니라 좋은 일자리를 만드는 것이 중요하다는 것을 강조했다.

노사 관계와 관련해 이 후보는 상생의 노사관계를, 노 후보는 사회통합과 민주적 노사 관계의 확립을 약속했다. 구체적으로 노사정위원회와 관련해 이 후보는 노동정책과 이에 관한 경제 및 사회정책 협의기구로 현재의 기능보다 약화시키는 것을 제시한 반면 노 후보는 상설 협의기구로 노사정위원회를 설정하고 합의사항의 이행 메커니즘을 확립하겠다고 공언했다.

공무원 노동권과 관련해 이 후보는 단결권과 법령 등에 의한 규정 안에서 단체교섭권만을 보장한다는 입장인 반면, 노 후보는 공무원 노조를 인정하되 단체교섭권의 일부와 단체행동권은 인정하지 않는다는 입장이다. 노 후보는 공무원노조를 인정함으로써 현 정부보다는 노동계를 더 지지했다.

철도, 가스, 전력 등 공기업 민영화와 관련해 이 후보는 민영화에 원칙적으로 찬성인 반면 노 후보는 사회적 합의를 바탕으로 신중한 민영화를 주장했다. 노 후보는 민영화의 불가피성은 인정하더라도 사전에 국민적 합의를 구하는 동시에 충분한 준비 과정이 필요하고 네트워크 산업의 독점성을 고려할 때 현 정부의 민영화 방침은 재검토되어야 한다고 역설했다. 노동계의 반대 속에 국회를 통과한 경제특구법과 관련해서도 이 후보는 현 정부의 입장과 같은 반면 노 후보는 경제특구의 필요성은 인정하나 노동권, 환경, 의료, 교육부문에 미치는 효과에 대해서는 재논의가 필요하다는 입장이다.

외환위기 이후 더욱 급증해 우리나라 근로자의 절반이 넘는 비정규직 문제와 관련해 이 후보는 비정규직 근로자도 당당하게 일할 수 있도록 제도를 개혁하겠다고 약속했다. 반면에 노 후보는 비정규직이 정규직에 대비해 균등한 대우를 받을 수 있게, 그리고 비정규직의 사용이 남용되지 않도록 제도를 개혁하고 '사회적 차별금지 및 적극 시정에 관한 특별법'을 제정하겠다고 약속했다.

현재 80% 이상이 불법체류자인 외국인 근로자 보호와 관련해서는 노 후보는 산업연수생제도를 폐지하고 고용허가제를 도입하며 우선 제도를 마련한 후 불법체류자 문제를 처리할 것을 공약했다. 반면에 이 후보는 중소기업의 인력난 해소를 위해 산업연수생의 확대를 주장했다.

여성취업 활성화와 남녀고용평등의 제고에 대한 두 후보의 생각은 같다. 그러나 이 후보에 비해 노 후보의 공약이 더 구체적이며 진보적이다. 노 후보는 남녀고용평등법과 시행령의 적용 범위를 1인 이상 전 사업장으로 확대하고 동일가치 노동 및 간접차별에 대한 명확하고 객관적인 기준을 마련해 법의 실효성을 높이겠다고 공언했다.

노사 양측의 반발로 법안이 보류된 주5일 근무제와 관련해서도 이 후보는 경제발전과 근로자의 삶의 질 향상이 조화되는 주 5일 근무제 도입을, 노 후보는 주 5일제의 조속한 실시를 주장했다. 주 5일 근무제 도입과 관련한 쟁점 사항에 대해서도 노 후보는 노동계와 입장을 같이하고 있다.

결론적으로 기업 친화적 경제관을 가지고 있는 이 후보의 경우 노동정책, 특히 노사관계 정책에 대해 점진적이고 신중한 입장을 취하고 있다. 반면에 노 후보는 주요 현안에 대해 대부분 노동계의 입장을 지지해 누가 집권하느냐에 따라 노동정책의 방향은 매우 달라질 것이다. 한편 두 후보 모두 250만개의 일자리 창출을 약속했으나 구체적인 전략이나 방법은 제시하지 못해 공약(空約)이 될 가능성이 있다.

4. 양질의 일자리 창출 가로막는 法制[12)]

경기 침체로 어느 정도 예견된 일이지만 고용 사정이 극도로 나빠지고 있다. 통계청이 발표한 6월 고용동향에 따르면 지난달 새롭게

---

12) 문화일보 〈포럼〉 (2008. 7. 19)

늘어난 일자리는 14만7000개에 불과했다. 2005년 2월의 8만 명 이후 3년4개월 만에 최악의 수준이다. 우리 경제의 취업자 수 증가는 지난해 6월의 31만5000명 이후 내리막을 걷고 있는데, 특히 지난 넉 달 연속으로 전년 동월 대비 취업자 수 증가는 20만 명에 미치지 못했다.

제조업·건설업·도소매 음식숙박업 등 모든 주력 산업 업종에서 취업자 수 감소가 두드러져 지난해 6월보다 제조업은 3만3000명, 건설업은 6만 명, 도소매 음식숙박업은 3만7000명 줄어들었다. 하반기에는 경기가 더욱 둔화될 것이라는 것이 일반적인 전망인바 정부가 하향 조정한 올해의 취업자 수 증가 목표치 20만 명조차도 달성이 불가능해 보인다.

더욱 심각한 문제는 신규 일자리 감소의 피해가 주로 취약 계층에 집중되고 있다는 점이다. 대개 영세상인인 자영업자와 가족 종사자의 일자리는 11만4000명 줄었다. 그리고 임금 근로자는 전체적으로 26만1000명 늘어났으나 고용계약 기간이 1년 이상으로 고용이 안정적인 상용직은 42만3000명이나 늘어난 반면 임시직과 일용직의 일자리는 16만1000명이 줄어들었다.

일자리 찾기를 포기한 구직자들까지 포함할 경우 상황은 더욱 심각하다. 통계청이 발표한 6월의 공식적인 실업률은 3.1%로 오히려 전년 동월보다 0.1%포인트 떨어졌고 계절조정 실업률은 3.2%로 5월과 같으며, 실업자는 76만4000명이다. 그러나 통계상 실업자에 취업준비자와 특별한 이유 없이 그냥 쉬는 사람까지 포함하면 사실상 실업자는 275만 명을 넘는다. 지난 6월 공식적 비경제활동인구 중 취업준비자는 전년 동월보다 3만4000명 늘어난 60만7000명, 그냥 쉬는 사람은 3만7000명 증가한 120만2000명이었다.

최근의 일자리 창출 부진은 근본적으로 경기 부진에 의한 것이나 제도적인 원인도 있다. 2년 이상 근무한 비정규직을 정규직으로 전환하도록 의무화한 비정규직보호법도 임시·일용직 등 비정규직 감소에 영향을 미치고 있다. 지난해 도입한 기간제근로자법의 적용 대상이 7월부터 100인 이상 사업장으로 확대되면서 2년 이상 근무하면 정규직으로 전환해야 하는 비정규직부터 해고하고 있다.

이명박 정부는 출범 이후 일자리 창출은 기업의 투자 활성화를 통해 달성될 수 있다는 기조 아래 수요 측면에서의 거시 노동정책에 역량을 집중해 왔다. 그러나 즉각적인 경기 호전을 기대하기 어렵고 그 피해가 취약 계층에 집중되는 현실에서 정부는 새로운 고용정책의 비전을 제시해야 한다. 양질의 일자리 창출에 걸림돌이 되는 노동시장의 경직성 완화는 대기업 강성 노조 때문에 정부의 힘만으로는 한계가 있다. 정부는 이기적인 대기업 노조나 근로자들도 동참할 수밖에 없는 새로운 고용정책의 비전을 제시해 이들도 경제 활력 회복에 적극 참여토록 유도해야 한다.

공급 측면에서의 노동시장 정책 수단의 강화도 심각하게 고려해야 한다. 취약 계층의 직업능력 개발 기회 확대, 직업 안전망 등 고용정보 전달체계의 효율성 제고 등 전통적 노동시장 정책을 재정비해야 한다. 우리나라는 실업보험이 도입된 지 10년이 지났지만 아직도 선진국에 비해서는 수혜 대상이 지극히 제한적이다. 노동관계 법제의 합리적 개정 및 사회보장 체계의 강화를 통해 취약 계층에 대한 적절한 보호가 이뤄져야 한다.

기업의 투자 환경 조성을 통한 성장잠재력의 확충은 일자리 창출의 구조적인 기반 조성을 위해서는 반드시 필요한 조치임에 틀림없다. 그러나 고유가 등 대외 여건의 악화로 경기침체가 가속화하고 더욱 심각한 고용 부진이 예상되는 현 시점에서는 경제정책의 종속 변수로서가 아니라 독자적인 사회 정책으로서의 고용정책이 필요하다.

5. 경제특구와 노동규제[13)]

당초 정부는 경제특구 내에 외국기업에 대해 파견근로를 무제한 허용하고 유급월차와 생리휴가를 적용하지 않기로 했다. 그러나 노동계의 반대로 파견근로자에 대해서는 경제특구위원회의 승인을 받는 방향으로 정리하고 나머지 유급월차휴가와 생기휴가에 대해서는 원안대로 확정했다.

노동시장의 유연성에 대한 경제협력개발기구(OECD)의 분석에 의하면 우리나라의 정규직 근로자의 고용보호에 대한 정부 규제는 OECD 회원국 27개국 중 포르투갈 다음으로 높다. 독일 스웨덴 네덜란드 이탈리아 등 서유럽 국가들보다도 우리나라 정규직 근로자들의 고용은 법적으로 보호되고 있다.

계약직 활용의 용이성에 있어서는 우리나라의 규제 순위는 13번째로 OECD 국가 중 중간 정도이다. 파견근로와 관련해 우리나라는 현

13) 국민일보 〈경제시평〉 (2002. 10. 15)

재 26개 직종에 한해 허용하고 파견근로의 기간을 최대 2년으로 제한하고 있는데 규제가 강한 편에 속한다.

그러나 외한위기 이후 도입된 집단적 정리해고와 관련해 우리나라는 OECD 국가 중 규제가 약한 나라에 속한다. 우리나라의 현재 근로시간 제도는 미국 등 선진국과 비교할 때 주당 기준근로시간은 길으나 탄력적 근로시간제도 등 유연성 측면에서는 미흡하다. 주5일 근무제가 정부 안대로 국회에서 통과되면 우리나라 연 휴가일수(연 136~146일)는 선진국 수준이 되나 여전히 근로시간의 유연성은 미흡할 것으로 전망된다. 우리나라의 탄력적 근로시간제는 1개월 단위로 허용되나 일본이나 프랑스 1년, 독일 6개월, 미국 26주 내지 52주이기 때문이다.

유급 생리휴가는 우리나라에만 있는 제도이나 주5일 근무제 정부안에 의하면 유급 생리휴가는 폐지된다. 1999년 실시된 한 조사에 의하면 외국인 투자기업들이 적응하기 어려운 우리나라 노동관계 법제 및 관행으로는 '노조 전입에 대한 사용자의 임금 부담'을 가장 많이 꼽았고, 그 다음으로 '지나치게 제한적인 변형근로시간제'와 '유급 생리휴가의 보장', 그리고 '파견근로자 사용의 제한'등을 20% 이상의 기업에서 애로 요인으로 꼽았다.

경제특구법을 제정하면서 파견근로, 유급월차휴가 및 생리휴가에 대한 규제를 완화한 것은 외국인투자 유치에 노동 문제가 걸림돌이 될 수 있다는 정부의 시각을 반영한 것이고 이와 같은 정부의 정책방향은 긍정적으로 평가된다. 경제특구에서 인력활용의 유연성을 확보하고자 하는 정부의 정책의지를 반영한 것으로 해석된다.

그러나 우리나라의 정규직 노동시장의 전반적인 유연성이 제고되지 않는다면 경제특구에 대한 노동규제를 완화하는 것만으로는 미흡하다. 직업선택과 거주이전의 자유가 있는 우리나라에서 임금이나 복지 등 다른 측면에서의 보상이 이루어지지 않는다면 근로자들이 월차유급휴가나 생리휴가를 포기하고 경제특구의 외국인 기업에서 일하려 하지 않을 것이기 때문이다. 이와 같은 측면에서 보면 경제특구의 노동규제 완화에 대해 노동계가 별로 우려할 필요는 없다고 생각된다.

특히 우리나라의 현재 실업률이 3%대인 것을 고려하면 경제특구 외국인 기업에 대한 특혜조치는 인력활용의 유연성 제고에 대한 정부 의지의 표현은 될지언정 실질적인 지원조치로는 한계가 있다.

더욱이 정부의 주5일제 근무 안이 국회에서 통과되면 유급월차휴가나 생리휴가에 대한 예외조치는 의미가 없어지게 된다. 다만 파견근로자를 활용하는 것을 용이하도록 한 것은 노무관리 측면에서 우리나라에 처음 진출하는 외국인 기업들에 우리나라의 노사관계 관행에 적응하는 데 도움을 줄 것이다. 우리나라의 경제나 사회발전 단계로 볼 때 경제특구에서의 노동권의 제약과 같은 조치를 생각할 수 없으므로 정부가 차선의 대안으로 제시한 고육지책이라고 할 수 있다.

우리나라가 노사가 여전히 안정적이고 협조적인 관계를 정립하고 있지 못한 상황에서 노사문제는 외국인 투자유치는 고사하고 외투기업의 투자 철수 결정의 요인도 되고 있는 것이 현실이다. 한국경영자총협회의 한 조사에 의하면 우리나라 외투기업의 19%가 노동문제 때문에 철수를 검토하고 있다.

결론적으로 경제특구에 대한 인력 활용상의 특별조치와 함께 노동시장의 전반적인 유연성이 제고되고 노사관계가 안정돼야만 우리나라 노동문제에 대한 외국인 투자자들의 우려가 해소되고 동북아 비즈니스 중심 국가의 토대가 형성될 수 있을 것이나

6. 중소기업 인력난과 대학[14)]

중소기업의 인력난이 아주 심각하다. 최근 중소기업청과 산업연구원이 전국의 중소기업 8000여개를 대상으로 인력실태를 조사한 결과 중소기업의 인력부족률은 지난해의 배가 넘는 9.4%였으며 전국적으로 약 20만 명의 인력이 부족한 것으로 나타났다. 특히 생산직 인력의 경우 올해 16만여 명이 부족하여 지난해의 3배 이상에 달했다.

우리나라 중소기업의 인력난은 새삼스러운 일이 아니나 그 정도가 최근 더욱 심각해지고 있다는 데 문제가 있다. 중소기업 청이 전국 300여개 중소기업을 대상으로 지난 14일 내년 중소기업 정책방향에 대한 견해를 조사한 결과 2003년에 가장 중점적으로 추진해야 할 중소기업 정책으로 28%의 업체가 '인력난 해소'를 꼽았다. 인력난 해소가 '원활한 자금조달 기반구축'(20.4%)이나 '제품의 안정적 수요기반 구축'(20%)을 앞질러 중소기업의 가장 시급한 현안으로 대두된 것이다.

중소기업의 심각한 인력난과는 대조적으로 올해 대학졸업생들은 일자리 찾기가 아주 힘들다. 한 취업알선업체가 구직자 2000여명을

---

14) 국민일보 〈경제시평〉 (2002. 11.19)

대상으로 조사한 '취업준비와 대입준비 중 어떤 것이 더 힘든가'라는 질문에 응답자의 79%가 취업이 더 힘들다고 답하였다. 술집에서 대학생이나 대학 졸업자를 접대원으로 볼 수 있는 것은 물론이고 지방대학의 여대생들이 수도권 지역의 골프장에 경기보조원으로 취업하기 위해 집단으로 면접시험을 보러 오는 상황이 현재 대졸자들이 겪고 있는 구직난을 대변하고 있다.

정부는 중소기업을 기피하는 사회풍토와 낮은 임금 및 열악한 작업환경 등 때문에 대졸자들이 일자리를 얻기가 어려워도 중소기업 취업을 꺼리도 있다고 보고 중소기업 현장을 사전에 체험을 할 수 있도록 대학생들의 중소기업 인턴사원제에 대한 지원을 강화하는 조치 등을 마련했으나 실효성이 크지는 않다.

중소업체들은 인력난 해소의 대안으로 산업연수생제도의 대폭적인 확대를 바라고 있다. 산업연수생제도를 둘러싼 논란에도 불구하고 외국인근로자의 도입 확대는 중소기업의 인력난을 완화할 수 있는 대책임엔 틀림없으나 그 사회적 영향 때문에 어느 나라든지 외국인력의 도입에는 신중하다.

중소기업 인력난 문제의 본질은 고학력화 사회를 지향하는 우리의 사회풍조와 미래에 대한 비전도 없이 국민의 교육열에 무조건적으로 순응하여 온 교육정책에 있다.

우리나라의 고등학교 진학률은 지난 1980년대 말 이미 95% 수준에 도달하였고 대학 진학률은 90년대에 빠르게 증가하였다. 우리나라 대학의 입학률(재수생 포함)은 1990년 44.9%로 이미 일본(1992년 기준 44%)과 같은 수준이었고, 95년 74.2%, 2000년 83.5%로 계속 높아졌다. 당해 연도 졸업생만 고려하여도 2000년 현재 10명의 고등학교 졸업생 중 7명이 대학에 진학한다. 고등학교 졸업생의 수는 90년 76만 명에서 74만 명으로 약간 줄어들었으나 대학의 정원은 오히려 크게 늘어났기 때문이다.

대학정원의 무제한적인 확대로 우리나라 인구 중 대졸자가 차지하는 비중이 90년 14.1%에서 95년 19.7%, 2000년 24.3%로 늘어나 4명중 1명이 대졸자인 고학력 사회가 도래했지만 대학졸업자는 직장을 찾지 못하거나 과거 고등학교 졸업자가 하던 일을 하는 학력의 인플레 현상이 초래되었다.

고학력화 사회의 도래로 고학력자가 가지는 사회적 경제적 프리미엄도 줄어들었다. 우리나라 대졸자의 임금은 고졸자에 비하여 80년 128% 많았으나 그 차이가 90년 86%, 99년 59% 줄어들었다. 반면에 미국은 대졸자의 고졸자에 대한 임금 프리미엄이 남자의 경우 78년 68%에서 98년 118%, 여자의 경우 55%에서 98%로 오히려 확대되었다. 우리는 지식기반사회에서 대졸자가 과거 고졸자가 받는 대우를 받고 있다고 할 수 있다.

중소기업은 일할 사람을 찾지 못하고 대학 졸업자는 일자리를 찾지 못하는 노동시장의 구조적 불균형은 우리 사회에서 대학의 역할에 대한 중장기적인 비전 아래 교육정책을 전면적으로 재검토하기 전에는 근원적으로 해결될 수 없다. 이와 같은 맥락에서 고교 평준화 정책의 유지여부, 실업계 고교의 역할 재정립, 정부 규제 대폭 완화를 통한 교육기관 간의 경쟁 활성화 등도 논의되어야 한다.

7. 대졸 취업난의 건설적 해법[15)]

최근 들어 국내 경기는 회복조짐을 보이고 있으나 신규 대졸자들의 취업난은 완화될 기미가 안 보인다. 외환위기 전 고도성장기의 20, 30대는 신세대, X세대로 불리면서 기성세대와 차별되는 돌출행동으로 그들의 존재를 과시했다. 그러나 이들 신세대는 IMF 이후 '화려하게 반짝이다 사라지는 유성 같다'는 의미의 '유성세대'로 전락했다.

신규 대졸자들 상당수는 자신의 귀책사유 없이 '희망에 찬 출발을 할 기회'를 박탈당해 사회에 대한 불신을 갖게 된다. 졸업 후 2~3년 내에 직장을 구하지 못할 경우 이들은 장기 실업상태에 빠지면서 사회불만계층으로 전락해 사회적 부담이 커지게 된다.

또 취업이 됐다하더라도 한 기업에 뿌리를 내려 정착하기보다 끊임없이 자기 개발을 강요당하면서 여러 직장을 전전하는 '유목민 같은' 직업경로를 갖게 된다. 그동안의 평생직장 연공서열제라는 고용인사 관행이 무너진 탓이다.

대졸 취업난이 심각해진 것은 외환위기 이후 경제성장이 저조했을 뿐만 아니라 경제구조가 고도화되면서 고용창출능력이 떨어지고 있기 때문이다. 한국은행에 따르면 10억 원의 부가가치를 생산하는데 1985년에는 1백21명이 필요했으나, 98년에는 24.7명밖에 필요하지 않은 것으로 나타났다. 노동시장에 새로 진입하는 사람들에게 일자리를 충분히 마련해 주기 위해서는 과거에 비해 경제성장률이 더 높아

---

15) 한국경제 〈시론〉 (2002. 2. 6)

져야 하나, 외환위기 이후 성장률이 오히려 떨어졌으니 일자리가 부족한 것은 당연하다.

교육정책과 노동정책의 연계가 부족한 것도 대졸 취업난을 가중시켰다. 우리나라의 대학진학률은 1995년엔 51.4%였는데 2000년에는 68%로 높아졌다. 즉 시장의 수요는 고려하지 않고 대학 교육의 양적 확대를 지향해 온 정부의 대학정책이 현재의 대졸 취업난에 일조한 것이다.

'대학을 졸업해야 인정해 주는 사회풍조'로 인해 대학문호 넓히기를 바라는 국민들의 욕구를 외면할 수 없었던 점은 이해한다. 그러나 '졸업 이후'라는 본질을 외면함으로써 문제의 해결을 더욱 어렵게 만들었다.

인턴사원제 확대 등 정부의 대졸 취업 대책도 단기적으로는 유용한 수단이다. 하지만 대졸 취업난에 대한 근본적인 대책이 마련되지 않을 경우 우리나라도 유럽과 같이 만성적이고 구조적인 청년층 취업난을 겪게 될 가능성이 크다.

대졸 취업난에 대한 가장 근본적인 대책은 우리 경제의 성장잠재력을 확대해 일자리 창출의 기반을 넓히는 것이다. 우리 경제의 현재 잠재성장률은 연 5%다. 그러나 노동시장 참여자들에게 충분한 일자리를 주기 위해서는 연 6~7%는 성장해야 한다. 전통산업의 IT산업화, 정보통신기술, 생물산업기술 등 미래의 신기술산업 육성을 통해 일자리를 창출해야 한다.

대학교육의 양적 확대정책을 재검토하고 기본 목표도 재정립해야 한다. 학부제로 대표되는 교육수요자인 학생의 '선택권 강화'가 오히려 대학교육의 부실을 가져오고, 사회에서 필요로 하는 인력을 양성하는 데 장애가 되고 있다. 학생들은 좋은 학점이 취업의 기본 조건이라는 인식을 갖고 학점 따기 유리한 과목만을 수강한다. 그 결과 IT관련 학과 졸업생들조차 기초가 부실해 취업을 못하고 있는 현실이다.

시장, 즉 사회가 원하는 인력을 양성해내야 하는 것이 대학교육의 방향이다. 따라서 대학교육의 우선과제는 기초교육을 통해 학생들의 현장 적응능력을 배양시키는 것이다.

그리고 열린 노동시장이 구축돼야 한다. 일시적 인력감축→기업 및 근로자의 경쟁력 제고→신규 고용창출의 선순환이 이루어지는 노동시장이 조성돼야 한다. 10%라는 높은 실업률로 고통받고 있는 이탈리아의 경우 중년층의 실업률은 5~6%이나 청년층의 실업률은 25%가 넘고 있다. 경직적인 노동시장 구조가 노동시장의 이중구조를 심화시키고 있는 것이다.

노동시장의 유연성 제고를 통해 열린 노동시장이 구축돼야 대졸자를 포함하는 청년층 실업문제가 해소될 수 있다.

8. 청년인턴제 3박자 맞아야 성공[16)]

청년인턴제가 고용위기 상황에서 청년실업의 해법으로 급속히 부상하고 있다. 노동부 등 정부부처에 따르면 정부, 공공기관, 금융회사

16) 한국경제 〈시론〉 (2009. 2. 17)

등에서 현재까지 채용했거나 채용예정인 청년인턴은 9만 명에 달하고 민간 기업으로 급속히 확대되고 있어 곧 10만 명을 넘을 전망이다. 작년에 기업들이 정부 보조금을 받아 채용한 인턴은 3만3000명이었다.

기술신보 등 일부 공공기관에서는 직원 임금 동결과 경상비 절감으로 인턴채용에 필요한 재원을 조달하고 있다. 그러나 급속도로 확산되다 보니 18명을 뽑는 재정부의 월 급여 100만원인 인턴에 400여 명이 지원하는 반면 일부 지자체에서는 청년 구직자들의 외면으로 정부에서 할당된 인원수도 채우지 못하고 있다. 많은 청년들이 허드렛일을 주로 하는 공공기관의 행정 인턴 십이 경력관리에 별로 도움이 되지 않는다고 판단하고 있기 때문이다.

청년인턴제가 급증하는 청년실업에 대한 궁여지책의 성격을 넘어서 청년인턴들 당사자는 물론이고 고용주, 그리고 우리 사회에 도움이 되는 방향으로 운영되고 정착되기 위해서는 몇 가지 과제가 해결되어야 한다. 우선, 청년인턴제에 대한 고용주들의 인식이 바뀌어야 한다. 민간부문의 경우 청년인턴제를 필요한 인재를 채용하는 하나의 경로로 적극 활용해야 한다. 올해 채용한 청년인턴 중 적격자는 전원 정식 직원으로 채용하겠다는 김지완 하나대투증권 사장의 경우는 많은 기관이나 기업들이 벤치마킹할 사례이다.

우리나라에 진출해 있는 다국적 기업을 포함해 외국의 많은 기업들은 인턴사원으로 입사한 취업 희망자들을 일정기간의 관찰과 경험을 거쳐 자신들이 필요로 하는 인재인지의 여부를 파악해 채용하고 있다. 우리나라 다국적기업들의 인턴채용 경쟁률이 수백 대 1이 된지는 이미 오래 전의 일이다. 인턴을 통해 정식사원으로 입사할 수 있는 길이 열려 있기 때문이다.

인턴사원에 대해서도 직무훈련을 시키는 등 투자를 해야 한다. 경제위기에 따른 청년실업에 대한 대응책의 하나로 청년인턴제를 추진하는 정부 방침에 순응하기 위해 인턴을 채용했다는 소극적이고 부정적인 자세를 버려야 한다.

모든 청년인턴들에게 정식 일자리를 줄 수는 없으나 인턴사원들이 미래의 취업에 대비할 수 있게 다양한 프로그램을 개발해 조직 내에서 실무 경험을 쌓을 수 있도록 해야 한다.

정부가 공공부문의 인원을 향후 축소할 것이 예정되어 있기 때문에 정식 일자리로 연결될 수 없는 상황인 행정인턴이나 공공기관 인턴의 경우 청년인턴의 역량개발에 더 많은 투자가 이루어질 수 있도록 별도의 예산지원이 뒷받침되는 것이 필요하다. 공공부문의 경우 기관의 성격상 인턴사원에 대해 허드렛일밖에 줄 수 없는 상황이라면 일주일 중 며칠은 기관에서 근무하게 하고 나머지 며칠은 여러 공공기관들의 인턴들을 모아서 직무교육을 하는 것도 하나의 방안이다.

청년인턴들의 자세도 보다 적극적이 돼야 한다. 초유의 경제위기에 따른 취업난으로 정식 일자리를 구할 수 없어 인턴을 할 수밖에 없게 됐다 할지라도 가능한 한 많이 배우고 인턴사원이지만 조직에서 성실함과 역량을 인정받을 수 있도록 노력해야 한다. 잡무를 배우는 것도 취업준비의 일부라는 자세를 가져야 한다.

국제통화기금(IMF)은 우리나라의 올해 경제성장률은 －4%이지만 내년도에는 성장률이 +4%로 치솟아 경제가 급속히 회복될 것으로 전망했다. 청년인턴제가 단기적 청년실업 해소책으로 전락하지 않고 잘 운영된다면 인턴십을 통해 직무역량을 강화한 우리 청년들에게 내년도에는 좋은 일자리의 기회가 활짝 열릴 것이다.

9. 5060세대의 취업 활성화[17)]

지난 대선을 계기로 2030세대가 부각하면서 5060세대는 물론이고 40대도 자신들의 위치를 불안해하는 상황이 전개되고 있다. 외환위기를 겪으면서 구조조정의 명분 아래 직장에서 내몰렸던 50·60대로서는 당혹스러울 뿐이다.

그러니 아미 고령화 사회의 초기 단계에 진입한 우리나라에서 5060세대들이 자신들의 능력에 걸맞은 적절한 일자리를 찾지 못할 경우 우리 사회에 커다란 짐이 된다. 그 부담은 현재 우리 사회의 파워집단으로 부상하고 있는 2030세대가 전적으로 짊어지게 될 것이다.

서구 선진국의 경험에서 보면 50·60대에 대한 일자리 제공은 이들의 노후생화 안정화 차원에서도 중요하지만 이들에 대한 사회보장비 지출이 과다할 경우 효율적인 국가경제 운영에 장애가 된다. 사회보장제도를 충분히 갖춘 서구 선진국은 연급수급연령이나 자격에 제한을 둠으로써 고령자의 취업의사를 고무시키는 정책을 실시하고 있다.

지금까지 우리나라의 고령자(현행법은 고령자를 55세 이상으로 정의하고

17) 국민일보 〈경제시평〉 (2003. 1. 28)

있음) 취업정책의 주류는 고령자취업 적합 직종을 선정하고 이를 장려하는 등 50 · 60대의 취업가능성을 높이는 것이었다. 그러나 외환위기 이후 인적자원관리시스템에 대한 패러다임의 전환이 이루어진 만큼 고령자 취업정책에 대해서도 재검토가 필요하다.

인사관리시스템은 성과나 능력지향적인 방향으로 진전되고 있다. 2000여 사업체를 대상으로 한 최근의 한 실태조사에 의하면 50%의 사업체가 연봉제를 채택하고 있으며 특히 연봉제를 실시하고 있는 사업체의 관리직은 100% 가까이 연봉제의 적용대상이 된다. 승진시 기준으로 근속연수가 차지하는 비중도 줄어드는 추세이다.

이 조사 결과에 따르면 고용 조정 시 연령이 대상자 선발의 주요기준의 하나이지 절대적인 것은 아니다. 연 공급 체계하의 고령자의 높은 임금 수준 때문에 고령자가 고용조정의 우선적인 대상자가 되거나 기업들이 고령자의 채용을 꺼린다는 인식은 대기업, 행정관리직 등 일부에 한정된다는 것도 보여주고 있다.

또 연봉제, 다면평가제 등 혁신적인 인사관리시스템을 채택하는 서업체일수록 50 · 60대의 채용을 기피하는 경향도 보인다. 업적과 성과를 중시하는 새로운 인사관리시스템에 50 · 60대가 잘 적응하지 못하고 있는 것이다. 기업은 50 · 60대의 환경적응 능력 부족과 젊은 근로자와의 부조화 등을 문제로 꼽고 있다. 이는 50 · 60대 취업활성화 정책이 기업의 인사관리시스템에 대한 개혁과 함께 50 · 60대의 자기 혁신을 유도하는 쪽에 중점을 둬야 함을 시사한다.

따라서 일본에서 시행되고 있는 임금피크제(임금이 일정수준을 넘을 수 없도록 하는 제도)의 도입은 그 효과가 제한적일 것이다. 퇴직근로자가 임금의 삭감이나 직위 하락을 감수해도 재고용할 의사가 없는 사업체가 다수라는 실태조사의 결과는 정부가 만약 정년제도의 연장을 유도하는 경우 상당정도의 인센티브가 필요하다는 것을 시사하고 있다.

조사 대상 사업체의 90%가 현재의 정년을 유지할 생각이고 정년변경의 경우에도 늘리기보다는 줄이고자 하는 쪽이 많다. 따라서 현재 일부에서 논의되고 있는 정년연장 유도 정책이 효과를 보기 위해서도 역시 상당한 인센티브가 필요할 것이다.

노동부 조사에 의하면 50·60대는 상대적으로 취약부문에서 취업하고 있다. 직종은 단순노무, 농림 직이 많고 자영업자, 무급 가족종사자, 일용근로자의 비중이 70%이며, 외환위기 이후 단시간 근로자의 비중이 높아지고 있다. 50대 이상 취업자의 60%가 초졸 이하인 반면 50세 미만은 고졸이 50%인 학력 차이를 상당 부문 반영하고 있는 것이다. 업종별로 보면 1차 산업에서 고령근로자가 차지하는 비중은 60%이다.

결론적으로 50·60대의 공식부문 취업가능성 제고를 위한 정책수단은 행정 관리직, 대기업 등에 집중하는 것이 효과적이다. 50·60대 취업활성화 정책이 실효를 거두려면 자영업자나 비정규직으로의 취업이 활성화되는 정책수단을 찾아야 하며 이 같은 측면에서 비정규직 근로자에 대한 적정 수준의 보호는 필수적이다.

10. 대졸초임 깎아 일자리 나누기 - 일자리 유지 위한 불가피한 선택18)

경제위기 극복을 위한 노사 민정 합의에 어렵게 동의한 한국노총이 전경련의 '30대 그룹 대졸 초임 삭감을 통한 일자리 나누기, 신규 인턴 채용 확대'에 대해 노사 민정 합의를 위반했다며 대졸 초임을 삭감하기 위한 사측의 취업규칙 변경 요구에 동의하지 말라는 내용의 긴급지침을 전국 3200개 산하 사업장에 내려 보냈다고 한다. 임금 동결, 반납 또는 절감을 실천하는 일은 노동계의 몫인데 노동계와 협의 없이 임금을 삭감하는 것은 노사 민정의 합의 취지에 맞지 않는다는 주장이다.

그러나 임금 삭감이 없는 일자리 유지 내지 만들기가 어려운 현재의 경제 상황이나 올해 대학을 졸업한 청년들의 극심한 취업난을 고려하면 대졸 초임 삭감을 통한 신규채용 확대를 노동계가 반대하는 모습은 노사 민정의 합의 정신을 실질적으로 위반한다고 볼 수 있다. 희망을 가지고 경제 난국을 헤쳐 나가야 하겠지만 우리나라 경제가 올해 마이너스 성장을 하는 것은 확실하고 세계경제 회복의 견인차 역할을 해야 할 미국 경제의 저점은 내년 하반기라는 조심스러운 전망이 나오는 것이 현실이다.

최근 대졸 초임을 20% 이상 삭감한 금융공기업의 입사시험 경쟁률이 150 대 1이었다는 사실은 임금 삭감을 통해서라도 대학 졸업생들

---

18) 동아일보 〈토론마당〉 (2009. 3. 11)

의 고용불안을 해소해야 하는 절박한 상황을 잘 대변한다. 오죽했으면 애꿎은 신입사원만의 희생을 강요한다는 심정이 드는 대졸 초임 삭감을 통한 일자리 나누기에 대학생 10명 중 4명이 찬성을 하였겠는가.(아르바이트 구인 · 구직 포털 알바천국 조사 결과)

세계 경제위기의 확산으로 인한 불확실한 경영 여건 때문에 연간 인력수급 계획조차 못 세우는 상황에서도 최근 삼성, LG 등 주요 대기업이 정규직 및 인턴의 채용 규모를 당초 계획보다 확대하고 있어 대졸 고용시장에 봄바람이 부는데 이는 임원이나 신규직원의 임금 삭감이 있기에 가능한 일이다. 근로시간을 줄여서 일자리를 지키고 만들자는 대안을 일부에서 제시하지만 김대중 정부 시절의 주5일 근무제 도입 시 이미 실패한 경험이 있고 해외 사례에 따르면 근로시간 단축을 통한 일자리 창출 효과는 제조업체에 제한된 면이 있다. 현재의 위기 상황에서는 대졸 초임 삭감을 통한 신규채용 확대가 대졸 취업의 우선적인 해결책이다.

종신고용의 대명사였던 일본의 도요타자동차조차도 정규직을 정리 해고하는 글로벌 경제위기 상황에서 월스트리트저널(WSJ) 등 세계적 언론이 주목한 한국식 위기 해법이라 할 수 있는 일자리 나누기는 임금 동결이나 삭감이 전제될 때 실효성 있는 대안이 될 수 있다. 올해 임금 5%를 반납하기로 결정한 한화 여수공장 노조와 같이 금융 공기업이나 30대 그룹은 임원뿐 아니라 모든 직원이 임금 반납을 통하여 시대정신인 일자리 나누기에 동참하는 자세가 필요하다.

11. 고용위기 '일자리나누기' 로 뚫어라[19)]

내년에는 외환위기보다 더한 최악의 실업대란이 올 것 같다. 한국경영자총협회가 지난 18일 188개 회원사 최고경영자(CEO)를 대상으로 조사한 결과에 따르면 절반 정도가 내년 상황이 외환위기 때보다 나빠질 것으로 보았다. 내년 성장률을 마이너스로 전망한 CEO도 20%나 됐다.

미국발 금융위기가 발생하기 전부터 우리경제는 이미 일자리 창출 능력을 상당히 상실하고 있었다. 작년까지는 취업자 증가수가 30만 명 안팎이었으나 점점 줄어들어 올해 10월에는 10만명 이하로 떨어졌고 지난 11월에는 7만8000명에 불과했다.

공식적인 실업자 75만 명 이외에도 일자리 찾기를 포기한 사람, 취업을 준비하는 사람 등을 포함하면 실질적인 실업자는 지난 11월 기준 275만 명으로 늘어나 공식적인 실업률은 3.1%이지만 체감실업률은 10.7%로 3배 이상 높아진다.

주요 대기업들은 인위적인 인력감축이 없다고 하지만 이미 많은 기업들은 인력조정을 고려하고 있으며 이제 실물경기 침체가 본격화돼 마이너스 성장시대라도 오면 회사가 망해 혹은 대규모 구조조정으로 하루아침에 직장에서 밀려나는 실업 공포가 곧 현실화될 것이다.

또 우려스러운 것은 일자리 감소의 피해가 기간제나 일용직 등 소외계층에 집중되고 있는 것이다. 상용근로자의 일자리는 늘어나

---

19) 한국경제 〈시론〉 (2008. 12. 26)

나, 임시·일용근로자의 일자리는 줄어드는 상황이 2007년 하반기 이후 계속되고 있다. 더욱 두려운 것은 내년 초 대학을 졸업하는 청년층의 일자리가 없다는 것이다. 아무리 토익성적을 높이고 자격증이 여러 개 되어도 사람을 뽑지 않으니 취업이 될 수 없다.

고통의 시기에 고용위기를 극복하기 위해서는 우리 사회 전체에 일자리를 나누어 서로의 고통을 분담하는 공동체의식이 확산되어야 한다. 특히 대기업들이 솔선수범해 선도해야 한다.

최근에 모 시중은행에서 30대 행원까지 명예 퇴직제를 확대 시행한다는 이야기가 들린다. 그러나 명예퇴직의 확대보다는 임금삭감을 통해 일자리 나누기가 우선되어야 한다. 이 은행 직원들의 평균연봉은 6000만원이 넘는 것으로 알려져 있다. 월 급여를 50만원 삭감하면 10% 인원을 고용 조정할 필요가 없어진다.

상대적으로 적은 사람을 설득하기 때문에 명예퇴직을 통한 구조조정은 손쉬운 선택이지만 외환위기의 경험은 섣부른 구조조정은 조직의 단결력을 떨어뜨리고 이직한 사람들의 향후 노동시장에서의 성과도 별로 좋지 않다는 것을 보여주고 있다.

비정규직을 우선적으로 해고하기 보다는 정규직의 양보로 비정규직의 해고가 최소화되도록 해야 한다. 대기업 노조들이 적극적으로 나서야 한다. 현대차 등 우리나라 대기업 노조들은 귀족노조라는 비판을 받아 왔다. 고용위기 속에서 비정규직과 일자리를 나눔으로써 국민으로부터 사랑받는 노조로 거듭 날 수 있다. 마침 금속노조가 정규직과 비정규직의 일자리나누기 사업을 계획하고 있다는 반가운 소식이 들린다. 대기업 노조들을 설득하여 성과가 있기를 기대한다.

노동시장에 새로이 쏟아지는 대졸자들을 인턴사원으로라도 많이 고용해야 한다. 인턴사원을 뽑는 경우 훈련비용 등 기업들에 부담이 많이 가는 것도 사실이지만 어려운 시기에 고통을 분담해 기업의 사회적 책임을 다한다는 취지에서 현재와 같은 생색내기용 인턴사원 선발이 아닌, 대규모 체계적인 인턴사원 선발과 훈련을 해야 한다. 특히 대기업들이 나서야 한다.

현재의 노정 관계로 볼 때 노・사・정 대타협과 같은 대안은 현실성이 없다. 개별기업의 현장에서 노사가 일자리 나누기를 통해 고통을 분담해야 한다는 공감대가 확산되고 정부가 지원하는 효율적인 체계를 구축하는 것이 시급하다.

12. 고용통계와 실업정책[20)]

월평균 실업자 수가 두 달 연속 1백만 명을 넘어서면서 고실업구조가 장기화되지 않을까 하는 우려의 소리가 높다. 우리 경제가 현재의 불황국면을 벗어난다 하더라도 과거와 같은 완전고용의 달성은 기대하기 힘들고, 일자리창출은 국가 최우선과제의 하나가 될 것이다.

그런데 우리의 고용관련 통계나 인프라는 70, 80년대와 별 차이가 없고, 노동시장 참여자들의 직업이나 고용구조의 현황을 파악할 수 있는 기초통계가 절대적으로 부족하다.

---

20) 한국경제 〈시론〉 (2001. 4. 23)

정부에서는 IT관련 인력을 향후 몇 십만 명을 양성하려는 계획을 발표하고 있다. 하지만 정부의 공식통계로는 현시점에서 우리나라의 IT관련 인력의 정확한 숫자도 알 수 없다.

노동시장의 직업구조에 신뢰할 만한 유일한 자료는 통계청이 5년마다 조사하고 있는 고용구조특별조사인데 이용 가능한 최신의 자료는 1997년에 조사한 자료다. 또 장기적인 추세를 볼 수 있는 시계열자료가 부족하다.

지난 93년 우리나라이 표준산업분류 및 직업분류가 개정됐는데 단절된 직업 및 산업관련 시계열 자료의 연계는 대분류 수준, 예를 들어 제조업 전체의 취업자 수준까지만 돼있는 실정이다.

산업계에서는 IT나 생명공학관련 인력의 부족을 호소하고 있지만, 현재의 대학정원이 유지된다면 앞으로 상당기간 이들 인력의 초과공급이 예상된다는 것이 여러 연구의 공통된 전망이다.

기초통계의 부실이 실효성 있는 인력개발정책을 수립하지 못하는 주요 원인의 하나다. 현재 노동부 통계청 및 기타 관련기관에서 수많은 고용관련 자료가 만들어지고 있으나 평균 등의 기초통계량을 기록한 보고서를 만드는 수준에서 분석을 마치는 경우가 대부분이다.

선진국의 경우 이러한 조사로부터 얻은 원시자료를 일관성 있게 정리해 영구적으로 보관하며, 연구자들이나 정책입안자들이 쉽고 효율적으로 사용할 수 있도록 하고 있다. 외국의 경우 노동시장 참여자들의 동적인 활동을 파악하기 위해 광범위한 패널자료를 구축하고 있다.

동일한 근로자나 기업이 장기간에 걸친 노동시장 활동을 추적하는 패널자료 조사는 노동시장의 동적 상황을 파악할 수 있으므로, 특히 구조적인 노동시장 문제를 해결하는 정책을 입안하는 기초통계로 매우 중요하다.

IMF 위기를 겪으면서 몇 십조 원의 예산이 실업대책에 소요됐지만, 이러한 정책의 효과를 분석하고 평가할 수 있는 기초가 되는 통계의 작성과 분석에는 거의 예산배정이 이루어지지 못하고 있다. 또 노동부 주관으로 다양한 고용통계가 수집되고 있지만, 통계관련 인적인프라 기능은 매우 취약한 실정이다.

미국 노동통계국과 같은 고용을 포함한 노동통계 전반에 걸친 기획 관리, 실제운용 및 분석을 담당하는 기능을 수행하는 조직이나 노동부 통계청 교육인적자원부 등 유관 정부부처의 협조체계가 만들어져야 한다.

조직차원보다는 예산확보와 예산의 효율적 집행 차원에서 이 문제를 접근하는 것이 필요하다. 노동부에서 조사되고 있는 각종 고용관련 행정통계가 기초자료로 활용될 수 있도록 해야 한다.

현재 고용보험에서 수집되고 있는 자료는 일부분을 보완하는 경우 시장참여자들의 이동경로, 교육훈련 및 근로조건에 관한 폭 넓은 정보를 얻을 수 있어 주요 실업대책인 직업훈련 공공근로 실업급여 등 정책효과를 분석하는 기초통계로 활용될 수 있다.

끝으로 고용관련 자료를 수집하는 방법이 개선되고 결과발표의 신속성이 보완돼야 한다. 노동부 등의 통계수집방식은 아직도 전통적인 방법에 대부분 의존하고 있는데 정보통신기술의 발전을 이용한 최신 통계수집방법이 도입돼야 한다.

미국의 고용동향조사의 실사방법을 보면, 우편조사는 16%에 불과하고 TDE(Touchtone Data Entry) 방식(61%)이나 Fax, EDI(Electric DataInterchange), Web 방식(11%)에 주로 의존하고 있다.

첨단화된 통계수집방식을 도입하면 길게는 1년까지 걸리는 통계조사 결과의 발표시간이 단축될 수 있을 것이다.

전환기, 한국노동시장의 길을 묻다

4장 최저임금제

1. 최저임금제, 저임근로자 보호가 우선되어야

최저임금제는 적용대상이 되는 일부 근로자의 임금 수준을 올리는 효과가 있으나 이와 함께 일부 근로자의 고용기회를 박탈하는 부작용도 있기 때문에 그 운영의 묘를 잘 살려야 한다. 특히 우리나라의 경우 조직노동자들의 대표가 최저임금의 수준을 결정하기 때문에 보호대상이 되는 저임근로자의 이익보다는 조직노동자의 이해관계가 보다 많이 고려될 여지가 크다.

참여정부 시절 최저임금의 부작용이 극대화되는 방향으로 제도가 운영되었다. 최저임금 결정과정이 매년 벌어지는 임금교섭의 대리전으로 비화되도록 제도를 변경하였고 최저임금 인상을 매년 10% 내외로 인상시킴으로써 오히려 취약계층의 일자리를 빼앗는 결과를 가져

왔다. 주로 고령 근로자가 일하는 공동관리주택의 단속적 근로자의 최저임금 수준을 올림으로써 많은 경비직 근로자가 일자리를 잃게 되자 이명박 정부는 고령근로자의 최저임금 수준의 감액을 추진하고 있다.

최저임금제도에 대해 경제학자들은 대체적으로 부정적이다. 현재 세계에서 가장 잘 팔리는 경제원론 교과서인 맨큐(N. Gregory Mankiw)의 경제학(Principles of Economics)에 의하면 경제학자들은 많은 사안에 대해 서로 다른 견해를 가지고 있으나 79%가 "최저임금은 청소년과 비숙련근로자의 실업을 야기시킨다(A Minimum wage increases unemploymentamong young and unskilled workers)"에 동의하고 있다.[1)]

필자의 박사학위 논문 지도교수인 미국 코넬(Cornell) 대학의 필드(Gary Fields)교수도 최저임금 도입 당시 한국정부와 세계은행(World Bank)로부터 최저임금제 도입에 관한 자문을 요청받고 우리나라의 경우 최저임금제를 도입하여 서는 안 된다는 요지의 보고서 초안을 작성하였다가 이미 정치적으로 도입이 결정되었다는 필자의 조언에 도입 시 유의하여야 하는 사안을 내용으로 하는 보고서로 바꿨다.

최저임금제에 대해 경제학자들이 부정적인 견해를 가지는 이유는 최근의 기간제 근로자의 계속 사용기간 연장 논란에서 보듯이 최저임금제는 최저임금 적용대상계층에게 차별적인 결과를 가져오기 때문이다. 일부 근로자의 임금 수준은 올라가나 일부 근로자는 일자리

1) Mankiw, N. Gregory, 『Principles of Economics』, Fourth Edition, THOMSON: South-West, 2008

를 잃어버리게 된다.

필드교수는 우리나라와 같이 성장을 통해 전반적인 근로조건을 향상시킨 나라의 경우(1980년대 중반시점에서 우리나라는 고도 성장을 통해 절대 빈곤을 해소하고 소득불평등도도 남미 등 다른 개도국에 비해 양호하여 성장과 공평한 분배라는 두 마리의 토끼를 잡은 다른 개도국이 벤치마킹할 사례라는 것이 세계은행 등 국제기구의 일반적 평가 였음) 최저임금제를 도입할 필요가 없고 도입을 하는 경우에도 부작용을 최소화되도록 운영되어야 한다는 견해를 가지고 있으며 필자도 동의하고 있다.

초기 최저임금제 운영 실무에 참여할 기회를 가진 필자는 최저임금수준이 과도하게 설정되어 고용기회를 잃어버리는[2] 근로자가 다수 발생되지 않는 방향에서 운영되도록 정책적 조언을 하였다. 우리나라의 경우 최저임금 수준을 노사정이 연례적으로 결정하는 방식을 취하고 있는데 결정과정이 너무 정치적으로 좌우되지 않도록 하는 것이 중요하다. 특히 실무 작업을 하면서 최저임금의 적용 시점이 매년 1월 1일로 되어 있어 최저임금 결정과정이 연례적인 임금교섭의 전초전이 되는 양상으로 전개되어 적용시기를 9월 1일로 바꾸는데도 일조하였다.

그러나 그 이후, 특히 참여정부 하에서 최저임금은 최저임금제의 부작용을 극대화하는 방향으로 운영되었다. 2005년에는 법의 효력시기를 9월 1일에서 1월 1일로 다시 변경하여 최저임금을 결정하면서 노사대표가 다음 년도 임금교섭을 더욱 의식하게 만들었다. 〈그림

2) "〈기고〉 최저임금 인상, 저임근로자 고용 피해 없게", 동아일보 2008년 6월 6일

4. 1〉에서 보듯이 최저임금제 수준도 경제 전체의 임금 인상율을 상회하는 매년 10%내외로 인상시킴으로써 취약계층의 보호라는 최저임금의 본래 목적을 도외시하고 노조 조직 근로자의 이익 보호를 우선하였다.

〈그림 4. 1〉 전체 임금인상율대비 최저임금인상율 추이
(5인 이상 사업체)

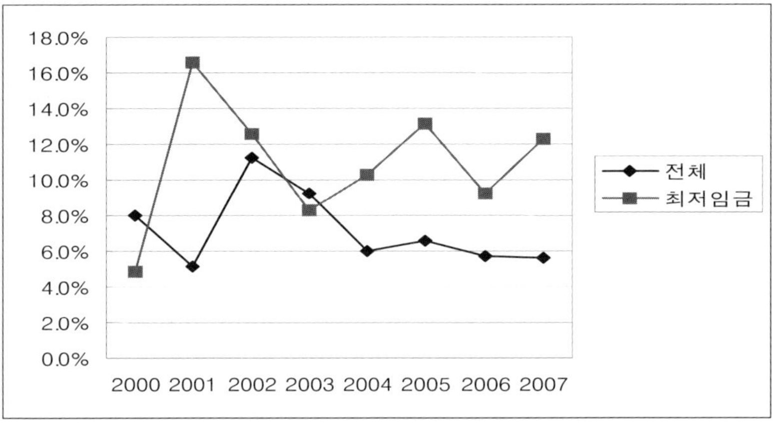

자료: 노동부, 『매월노동통계조사보고서』, 각호 한국노동연구원, 『2008 KLI 노동통계』, 2008
주: 최저임금의 경우 2005년까지는 전년도 9월부터 당해 연도 8월까지, 2006년은 전년도 9월부터 당해 연도 12월까지 적용된 최저임금을 전년도 최저임금수준에 대비한 비율임.

2007년부터 시행된 단속적 근로자의 최저 임금 수준의 상향조정으로 고령근로자가 대다수인 아파트 경비직의 고용불안을 가져와 이명박 정부가 들어와 고령근로자에 대한 예외조항을 두자는 정부안이 나오게 된 것도 지난 정부의 잘못된 최저임금제도 운영의 결과이다.

최저임금 수준의 결정방식 등 최저임금제도가 전반적으로 개편되어야 하며 그 기준은 법에 의한 과도한 임금수준의 강제가 저임금 근로자의 고용기회의 상실을 초래하지 않도록 하는 것이다.

2. 최저임금 인상, 低賃근로자 고용 피해 없게[3)]

올해도 최저임금 수준 설정에 난항이 예상되고 있다. 노사 간에 내년도 최저임금 수준에 대한 격차가 너무 크다. 한국경영자총협회는 동결을, 민주노총은 전년 대비 26.3% 인상을 요구하고 있다.

인상률뿐 아니라 최저임금의 산정 범위에 대해서도 노사 간의 견해차가 크다. 대기업은 현재 최저임금에 산입되지 않는 정기상여금이, 중소기업은 외국인 근로자의 경우 숙식비 등 현물 급여가 포함되어야 한다는 입장이다. 특히 택시 회사들은 2007년도에 성과수당이 최저임금의 산입 범위에서 제외됐으므로 고정상여금 및 고정수당 등이 포함돼야 한다고 주장한다.

고유가, 고환율, 고물가, 고금리, 고세금이라는 '오고가(五高價)' 시대에 최저임금제도가 소기의 목적을 달성하기 위해서는 저임금 근로자 보호라는 당초의 도입 목적에 부합되게 운영돼야 한다. 노동계는 최저임금제를 매년 벌어지는 임금교섭의 전초전으로 삼지 말아야 한다.

---

3) 동아일보 〈기고〉 (2008. 6.6)

시장경제 체제에서는 시장에서 결정되는 수준을 상회하는 임금을 지급하도록 강제하는 최저임금의 시행으로 일부 근로자의 임금은 올라가지만 일부 근로자는 고용 기회를 잃을 수도 있다. 지난해 시행된 단속적 근로자에 대한 최저임금 수준의 상향 조정은 고령 근로자가 대다수인 아파트 경비직의 고용 불안을 가져와 올해에는 고령 근로자에 대한 최저임금의 예외규정을 두자는 주장이 나온다.

2005년에는 법의 효력 시기가 그해 9월 1일에서 다음 연도 1월 1일로 변경됐다. 이는 1993년에 최저임금 결정 과정이 임금교섭의 대리전으로 비화하는 것을 방지하기 위해 효력 시기를 9월 1일로 바꾼 제도 개선을 개악시킨 조치였다.

베트남과 같은 사회주의 국가, 필리핀, 인도네시아와 같은 저개발국가에서는 정부가 결정하는 최저임금의 수준이 그 나라 생산직 근로자의 임금 인상률을 결정하는 기준이 된다. 시장도 없고 노동조합의 역할도 없다. 그러나 우리나라는 경제 규모나 경제 사회 발전의 정도가 이미 그 단계를 넘어섰다.

우리가 1988년도에 최저임금제를 도입한 이유는 시장 기능에 의해 임금이 결정될 경우 열악한 처우를 받게 될 영세중소기업 근로자를 보호하기 위해서라는 것을 노사정 모두 자각해야 한다. 취약계층 보호가 어느 때보다 절실한 현실에서 최저임금 수준을 동결하자는 경영계의 요구는 무리가 있다. 전체 근로자 평균임금의 50%가 최저임금의 수준이 돼야 하기 때문에 30% 가까운 인상을 요구한 노동계의 주장은 저임금 근로자보다는 전체 근로자의 10% 수준의 비교적 고용이 안정된 노조 조직 근로자의 이익 보호를 우선하기 때문에 나오는 것이다.

최저임금의 산정 범위를 둘러싼 논란도 제도가 정상적으로 운영되면 대안이 도출될 수 있다. 지난 몇 년간 최저임금이 10% 내외로 인상됐기 때문에 대기업도 고정적 상여금을 최저임금에 포함시키자는 요구를 할 수밖에 없는 상황으로 몰리게 된 것이다. 외국인 근로자와 내국인 근로자를 차별하자는 중소업체들의 주장은 시행 20년이 됐지만 여전히 최저임금제도에 대한 이해가 부족하다는 것을 보여준다. 택시의 경우 단순히 산입 범위 변경 때문에 현행 임금 수준이 최저임금에 미달하는 사태가 초래됐다면 고정수당을 최저임금의 산입 범위에 포함시키자는 회사의 요구를 외면할 수는 없는 것이다.

최저임금제도 운영의 개선이 요구된다. 그 기준은 법에 의한 임금수준의 과도한 보호가 저임금 근로자의 고용 기회 상실을 초래하지 않도록 제도가 운영되게 해야 한다는 것이다.

5장 비정규직

1. 비정규직, 법에 의한 보호는 차별적 결과가 필연적

비정규직 문제를 법적 규제를 통해 해결하고자 하는 시도는 참여정부의 출범과 함께 시작되어 노무현대통령 임기 말인 2006년에 비정규직관련 3법이 만들어졌다. 기간제 근로자의 계속 사용기간이 제한되고 정규직에 대비한 비정규직에 대한 차별이 금지되었다.

그러나 법적 규제에 의한 비정규직의 보호는 차별적 결과를 가져올 수밖에 없다. 같은 비정규직이라도(계약직 근로자와 일용근로자가 다르듯이) 각자 처한 상황과 역량에 차이가 나기 때문이다. 또한 非정규직은 법적 용어가 아니다. 정규직(역시 법적 용어가 아니다)에 대비하여 고용이 불안하고 처우가 나쁜 근로자들을 통칭하는 용어이다. 따라서

非정규직보다는 比정규직이라고 부르는 것이 우리 사회 논의에서는 보다 적절할 수 있다. 비정규직 문제는 비정규직중에서도 가장 취약한 계층을 우선적으로 보호하는 방안을 강구하는데서 출발하여야만 대안을 찾을 수 있다.

외환위기를 거치면서 상용근로자에 대한 대규모 구조 조정이 일어나고 기업들이 핵심인력은 정규직으로, 주변 인력은 비정규직[1]으로 채용함으로써 〈표 5. 1〉에서 보듯이 비정규직이 급속도로 늘어났다. 〈그림 5. 1〉에서 보듯이 상용근로자대비 임시 및 일용 근로자의 비율은 1996년에는 76%였으나 1998년에는 88%로 높아졌고 2002년에는 107%로 최고점에 달하였다. 2003년 이후에는 상용근로자는 지속적으로 늘어나고 임시 및 일용근로자는 소폭 증가내지 유지세였으며 최근의 경제위기로 인한 고용조정이 비정규직 중심으로 일어나면서 상용근로자대비 임시 및 일용근로자의 비율은 외환위기 전의 수준에 근접한 80%로 떨어졌다.

법적 규제를 통해 비정규직 문제를 해결하고자 하는 논의는 참여정부의 출범과 함께 본격적으로 시작되었다. 노대통령의 후보시절 공약사항이었던 '사회적 차별금지 및 적극시정에 관한 특별법' 제정 약속을 실현하기 위해 16대 대통령직인수위원회에서 일부 인수위원들이 비정규직과 정규직의 동일노동 동일임금의 원칙을 법적으로 강제하고자 추진하였다.[2]

---

1) 비정규직의 정의에 대해서도 노사간에 이견이 있으나 여기에서는 통계청의 경제활동인구조사상의 임시근로자와 일용근로자를 비정규직으로 보고자 한다.

〈표 5. 1〉 종사상 지위에 따른 취업자 추이

(단위: 천명)

	상용근로자	임시근로자	일용근로자	상용대비 임시 및 일용근로자 비율
1995	7,499	3,598	1,802	72%
1996	7,499	3,907	1,794	76%
1997	7,282	4,236	1,886	83%
1998	6,534	4,042	1,720	88%
1999	6,135	4,255	2,274	106%
2000	6,395	4,608	2,357	109%
2001	6,714	4,726	2,218	103%
2002	6,862	4,886	2,433	107%
2003	7,269	5,004	2,130	98%
2004	7,625	5,082	2,188	95%
2005	7,917	5,056	2,212	92%
2006	8,204	5,143	2,204	90%
2007	8,620	5,172	2,178	85%
2008	9,007	5,079	2,121	80%

자료: 통계청, "국가통계포탈"

〈그림 5. 1〉 상용대비 임시 및 일용근로자 비율 추이

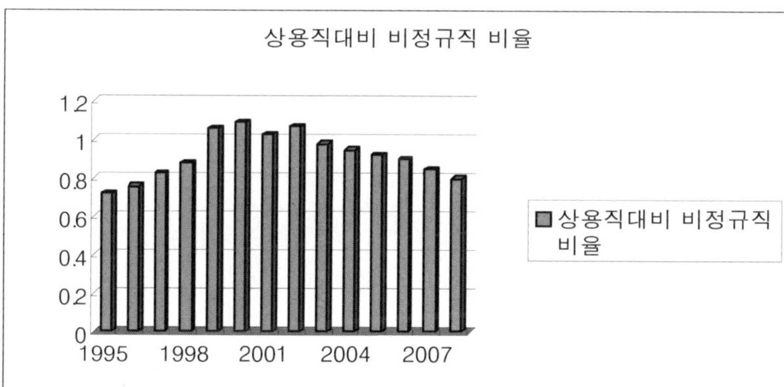

자료: 통계청, "국가통계포탈"

2) 3장 "〈경제시평〉 일자리 250만개 창출?", 국민일보 2002년 12월 10일

비정규직에 대한 적절한 보호가 필요한 것은 분명하나 비정규직과 정규직의 '동일노동 동일임금'을 강제하는 것은 국제화되고 개방화된 세계화시대에 맞지 않은 정책이다.[3] 정규직에 대한 법적 보호, 대기업 노조 그리고 관행으로 정규직에 대한 해고가 현실적으로 상당히 어려운 현실에서(시행하는 과정에서도 상당한 혼란이 야기될) '동일노동 동일임금'을 법에 명문화하는 것은 우리나라 노동시장을 더욱 경직시킬 것이기 때문이다.[4] 또한 대기업을 중심으로 한 정규직 노동시장의 경직성이 비정규직이 다른 나라에 비해 과도하게 확산되고 있는 중요한 이유 중의 하나이기 때문이다.[5]

비정규직 보호를 위한 법 제정과 관련된 노사정간의 논란은 정부가 2년(2001년 7월부터 2003년 7월)간의 노사정위원회에서의 논의를 바탕으로 자체작업을 거쳐 2004년 11월 정부안을 제출하면서 다시 격화되었다.

대기업 정규직 노동자에 대한 과도한 보호가 시정되지 않고 비정규직의 처우 및 보호에 대한 법적 강제가 시행된다면 우리나라 노동시장의 다중구조는 심각하여 질 것[6]이라는 우려에도 불구하고 비정규직 법은 일단 시행하는 것이 바람직하다는 것이 필자의 생각이었다. 시장경제체제하에서 법과 규제를 통해 시장의 힘을 억제할 수는 없으나 이미 비정규직은 중요한 고용형태로 자리 잡았고 상당수가 불법 고용논란에 휩싸여 있는 현실에서 법의 틀 안에서 비정규직

3) "〈시론〉 노동시장 유연성을 위하여", 중앙일보 2003년 1월 15일
4) "〈시론〉 '비정규직' 풀려면", 세계일보 2003년 1월 20일
5) "비정규직 '차별철폐' 논란 가열", 문화일보 2003년 1월 20일 〈기사〉
6) "〈기고〉 비정규직 문제: 근로자가 양보를", 중앙일보 2004년 6월 10일

근로자를 보호받도록 하는 것이 보다 타당하고 법 시행이후 문제가 있다면 다시 고칠 수 있기 때문이다.[7)]

'기간제 및 단시간근로자보호 등에 관한 법' 등 소위 비정규직관련 3개법은 정부안이 제출된 지 2년이 경과한 후에 국회에서 통과되었다. 노사정간에 사회적 합의를 쉽사리 도출할 수 없었기 때문이다.[8)]

비정규직 관련 3법은 우리나라 인사노무관리 관행에 상당한 변화를 초래하였다. 같은 일을 하는 비정규직 근로자를 정규직 근로자에 대비하여 차별적 처우를 하여서는 아니 되고 이에 대한 입증책임이 사용자에게 있기 때문이다.[9)] 많은 사용자들이 관리비용의 증가와 새로운 갈등의 시작을 염려하였다.[10)]

비정규직 법은 시행된 지 얼마 경과되지 않아 재개정 논의에 휩싸였다. 기업들이 정규직으로 전환시킬 자격과 역량을 갖춘 비정규직 근로자는 정규직으로 전환시켰으나[11)] 그렇지 않는 비정규직 근로자들은 해고하거나 일부 업무는 외주화하면서 비정규직 근로자들은 외주업체의 근로자가 될 수밖에 없는 상황으로 몰렸기 때문이다. 이랜드 등 일부 기업에서는 계약직 근로자를 외주업체의 근로자화 내

---

7) "〈시론〉 비정규직 법, 일단 시행되어야", 한국경제 2004년 10월 31일; "[쟁점-비정규직 보호법안] 또 정치논리에 밀리나", 한국경제 2004년 11월 11일 〈기사〉
8) "[인권위, 비정규직 정부안 제동 파문] 법안 또 표류 가능성", 한국경제 2005년 4월 4일 〈기사〉
9) "〈시론〉 비정규직 3대 법안 통과 이후", 세계일보 2006년 12월 5일
10) "새로운 '갈등 터널' 노사관계 험로", 2006년 1월 26일 〈기사〉
11) 비정규직관련 3법의 재개정으로 우리은행, 신세계, 외환은행 등 많은 기업의 비정규직 근로자들이 정규직화하거나 무기 계약직으로 전환되어 처우가 개선되고 고용이 안정되었다.

지 파견근로자화 하는 것에 대한 노동계의 조직적인 저항이 있었다. 비정규직 입법시 이미 예견되었던 사태이다.12)

그러나 비정규직법의 시행으로 상당수의 근로자들이 오히려 고용이 불안정해지는 결과가 되었다 하더라도(민주노총이 주장하듯이) 비정규직의 고용사유를 제한할 수는 없다. 정규직 노동시장의 경직성이 비정규직 확대의 원인이기 때문이다. 탈정치적으로 비정규직 문제를 접근하는 것이 비정규직 문제를 해결하는 방법이다.13)

이명박 정부는 기간제 근로자 계속사용기간을 2년에서 4년으로 연장하는 법 개정 추진의사를 2008년 11월 밝혔다. 기간제 근로자의 보호는 비정규직 관련법이 재개정될 당시에 가장 논란이 많았던 부분이다. 그러나 정부의 법 개정 취지에는 공감하나 필자는 법 개정에 유보적인 입장을 가졌다. 정치적 폭발력이 상당한 사안을 관철시킬 역량이 없으면서 법 개정을 추진하면 오히려 혼란을 가져올 수 있기 때문이었다.14)

정부가 제안한 비정규직법 개정안을 한나라당이 의원입법으로 추진하고자 하였으나 2009년 3월 초 현재 대표 발의하겠다는 당 소속 국회의원조차 못 구하는 등 지지부진하자 정부가 다시 개정 작업을 주도하고 있다.15)

기간제 근로자의 계속사용기간을 제한하면 비정규직 근로자의 상

---

12) "〈시론〉 비정규직 3대 법안 통과 이후", 세계일보 2006년 12월 5일

13) "〈시론〉 노동시장 유연화가 제2의 이랜드사태 막는다", 세계일보 2007년 7월 24일)

14) "〈시론〉 비정규직법 개정 지금은 때가 아니다", 세계일보 2008년 11월 24일

15) "〈포럼〉 임박 '비정규직 대란', 정치권의 외면", 문화일보 2009년 3월 16일

황이나 역량에 따른 차별적인 결과를 가져 올수 밖에 없다. 비정규법 제정 당시 필자는 기간제 근로자의 계속사용기간을 제한하는 것이 대량 해고사태를 가져 올 것으로는 보지 않았다.[16)]

그러나 전 세계적 불황으로 우리나라 경제가 2009년 마이너스(-) 성장을 하는 것이 확실시 되면서 상황이 바뀌었다. 글로벌 금융위기로 촉발된 전 세계적 불황으로 정규직으로 전환되는 기간제 근로자가 소수에 불과하고 기간제 근로자의 사용기간제한이 오히려 기업의 구조조정을 용이하게 하는 수단으로 활용되는 현실을 고려하면 비정규직 가운데서도도 가장 취약한 처지에 있는 비정규직 근로자부터 우선적으로 배려하는 대안이 시급히 마련되어야 한다.[17)]

2. 노동시장 유연성을 위하여[18)]

비정규직 근로자 보호와 관련해 노무현 대통령당선자의 대통령직 인수위원회와 노동행정의 주무부서인 노동부와의 갈등이 노출되는 등 새 정부의 노동정책의 방향이 주요한 관심사로 부각되고 있다.

1980년대 후반 민주화와 함께 노동운동이 활성화된 이후 우리나라 노동운동은 양적으로나 질적으로 많은 발전을 해왔다. 법적으로는 현재 노정간에 교섭이 진행 중인 공무원을 제외하면 경제협력개발기

16) "〈시론〉 비정규직 3대 법안 통과 이후", 세계일보 2006년 12월 5일
17) "〈포럼〉 임박 '비정규직 대란', 정치권의 외면", 문화일보 2009년 3월 16일
18) 중앙일보 〈시론〉 (2003. 1.15)

구(OECD) 회원국의 수준에 걸맞은 노동권이 보장되게 됐다.

노조원 수나 노조 조직률은 90년대 초반을 기점으로 하락하는 추세에 있으나 대부분의 주요 제조업 대기업이 조직화 돼 있으므로 재벌 중심의 경제구조하에서 노동운동이 우리나라 경제사회에 미치는 영향은 막강하다.

노사문제가 우리나라에 진출해 있는 외국계 기업들이 경영상의 가장 큰 애로요인의 하나로 지적하고 있는 것에도 나타나듯이 그 책임의 소재 여부를 떠나 우리나라의 노사관계는 아직도 근본적으로 안정돼 있다고 보기는 어렵다.

지난 20여년 가까운 시행착오에도 불구하고 우리나라 노사관계가 근본적으로 안정화되지 못하고 있는 이유 중의 하나는 지금까지 정부나 재계의 경제정책이나 경영정책은 노동 참여적이기보다는 노동 배제적이었기 때문이다.

현 정부에 들어서 노사정위원회가 설립돼 운영되는 등 노동계를 주요 국가정책 결정과정에 참여시키기 위한 제도적인 진전이 있었던 것은 사실이나 현장에서 실질적인 힘을 갖고 있는 민주노총 계열의 노조는 참여하지 않는 등의 이유로 그 효과는 제한적이었다.

대부분의 기업에서도 경영진들은 노조의 경영참가 요구에 대해서 상당한 거부감을 보여 왔고 노동조합도 경영에 참가할 역량과 자세가 부족하므로 노사관계가 참여적이고 상호 호혜적이 되기보다는 대립적이고 소모적이었다.

새 정부의 노동정책은 보다 노동 참여적이 될 것으로 전망되고 있다. 특히 지금까지 정부의 정책 결정과정에 참여하지 않거나 참여할 기회가 주어지지 않았던 보다 혁신적이고 진보적인 노동계 인사들의 참여가 늘어날 전망이다.

제도권 밖에서 현장에서의 투쟁을 중심으로 노동운동을 하던 이들 인사의 정책결정에의 참여는 지금까지의 노정 및 노사갈등을 근원적으로 해결하는 기회가 될 수 있다.

현장 장악력 측면에서 우리나라 노사관계에 실질적인 힘을 갖고 있는 노동계 인사들의 목소리나 견해가 정부 정책으로 구체화될 수 있기 때문이다.

그러나 재계를 비롯한 일부 전문가들은 새 정부의 노동정책 방향에 대한 우려가 큰 것으로 알려져 있다. 민주노총으로 대표되는 혁신적 노동운동권이 그 힘이나 위치에 걸맞은 책임의식이나 역량이 부족하다는 것이 재계의 기본적인 시각인 듯하다.

비정규직의 보호를 둘러싼 인수위원회와 노동부간의 갈등을 보면서 재계의 이와 같은 우려는 현실로 되고 있다.

노동시장의 유연성에 대한 OECD의 분석에 의하면 우리나라 정규직 근로자의 고용보호에 대한 정부 규제는 OECD 회원국 27개국 중 두 번째로 높다. 계약직 활용의 용이성에 있어서 우리나라의 규제 순위는 OECD 국가 중 중간 정도다.

경제특구에서 파견근로 허용을 확대하는 것에 대해 노동계가 반대하고 있지만 파견근로와 관련해 우리나라는 현재 26개 직종에 한해 허용하고 파견근로의 기간을 최대 2년으로 제한하고 있는데 규제가 강한 편에 속한다.

인수위원회의 일부 위원 주장대로 비정규직에 대해 정규직과 동일한 수준의 보호를 해준다면 우리나라 노동시장은 유연성 측면에서 OECD 국가 중 가장 경직적이 될 것이다.

90년대 들어 OECD 국가들이 오히려 비정규직에 대한 정부 규제를 완화하는 추세인 것을 고려하면 비정규직과 정규직의 동일노동 동일임금 원칙을 강제하는 것은 국제화되고 개방화된 세계화시대에 맞지 않는 정책이다.

盧당선자의 향후 노동정책 방향에 상당한 영향력을 행사하리라 예상되는 민주노총으로 대변되는 혁신적 노동운동의 주도세력이 지금까지의 노동계 편향적 시각에서 벗어나 보다 국가 전체의 입장을 고려하는 방향으로 바뀔 때 재계의 향후 노동정책에 대한 우려도 불식되고 국민들이 기대하는 노사관계의 구조적인 안정화도 기대할 수 있을 것이다.

3. '비정규직' 풀려면[19)]

대통령직 인수위원회가 비정규직에 대한 차별 철폐를 주요 국정과제의 하나로 선정하고 비정규직에 대해서 동일노동 동일임금의 적용을 검토하겠다고 밝히면서 비정규직 근로자의 보호문제가 우리 사회의 주요 쟁점의 하나로 떠오르고 있다.

비정규직 근로자는 처우, 고용형태, 사회보험 적용 등에 있어서

19) 세계일보 〈시론〉 (2003. 1. 20)

정규직 근로자에 비해 열악한 위치에 있다. 한 연구에 의하면 비정규직은 고용의 안정성이 취약할 뿐 만 아니라 근로시간의 차이를 고려하더라도 정규직에 비해 임금이 20% 이상 낮다.

비정규직 근로자로 분류되는 계약기간이 1년 미만인 근로자는 전체 취업자의 30%이상, 전체 임금근로자의 50%를 차지하고 있어 비정규직에 대한 적절한 보호는 우리 사회가 시급히 해결하여야 할 과제인은 틀림이 없다.

비정규직에 대한 차별을 철폐하기 위하여 비정규직에 대해 정규직과 동일한 임금을 주도록 법에 규정하는 것은 인기가 있는 정책이 될 수는 있으나 실질적으로 적용하는 데 문제점이 있을 뿐 아니라 부작용이 우려되고 있다.

동일한 생산적 특성을 가진 개별근로자가 성이나 피부색 등 자기 자신이 통제할 수 없는 인구통계학적 요인으로 인하여 상이한 보수를 받게 되는 경우 국가가 나서서 노동시장에서 차별을 시정하여야 한다.

그러나 비정규직의 처우를 정규직과 같게 하라고 법에 규정하는 것은 다른 문제이다. 성이나 피부색은 개인의 노력으로 바꿀 수 없지만 비정규직에서 정규직으로의 전환은 가능하기 때문이다. 우리나라 노동시장의 이중구조로 인하여 일단 비정규직 근로자가 되면 정규직으로 되기 어려운 측면이 있다 하더라도 비정규직과 정규직의 임금을 같게 하다고 법에 강제하는 경우 득보다는 실이 크고 우리 경제의 성장잠재력을 크게 훼손하게 될 것이다.

외국의 경험에 비추어 보면 동일노동 동일임금을 법적으로 규정하는 것의 실질적인 효과를 확신할 수 없다. 남녀 차이에 따른 노동시장에서의 차별 시정에는 모든 국가가 적극적인데 미국의 경우 60년대 노동시장에서의 차별을 시정하기 위한 법적 기반을 마련하였다. 그러나 동일노동 동일임금을 강제하는 이와 같은 법적 조치가 남성과 여성의 임금격차 축소에 미친 영향이 그리 크지 않다는 것이 학자들의 공통된 연구결과이다.

직무급 임금구조를 가진 미국도 동일노동 동일임금 원칙을 실질적으로 적용하는데 어려움이 많았는데 연 공급 위주의 우리나라 임금체계하에서는 합리적인 적용방법을 찾는 것도 현실적으로 어려운 과제가 될 것이다.

비정규직 근로자에 대한 보호 강화는 비정규직에게도 정규직과 동일임금을 주도록 강제하는 것보다는 정규직과 비정규직 임금 격차가 상식적으로 수긍할 수 있는 정도로 합리적인 수준이 되도록 하고 기업들이 비정규직 고용형태에 대해 과도하게 의존하는 것을 방지하는 방향으로 이루어져야 한다. 지난 1년간 노사정위원회에서 비정규직 보호와 관련하여 심도 있는 논의가 이루어져 왔는데 논의 결과는 향후 법 개정이나 정책방향 결정에 좋은 참고자료가 될 것이다.

끝으로 우리나라에서 비정규직 근로자가 다른 나라에 비해 과도하게 확산되고 있는 이유 중의 하나는 대기업을 중심으로 하는 정규직 노동시장이 상당히 경직적이기 때문이다. 노대통령 당선자가 밝힌 대로 취업, 재취업이 쉬워져 해고를 좀 더 부드럽게 할 수 있도록 제도를 바꿔나간 다면 비정규직이 지나치게 많아지는 것이 방지되고 비정규직에 대한 적절한 처우도 보장되는 여건이 마련될 것이다.

4. 비정규직, 시장틀서 풀어야[20]

비정규직 문제가 올해 노사관계의 가장 민감하고 중요한 현안으로 부각되고 있다.

노동계는 '동일노동 동일임금' 원칙에 의거, 비정규직에 대한 차별 철폐를 주장하고 있고 민주노총 산하 단위 노조들은 올해 임금단체 협상에서 사용자들에게 비정규직 고용안정을 위한 기금에 개별 기업 이익의 일부를 출연할 것을 요구하고 있다.

특히 비정규직에 대한 철저한 법적 보호를 주장하는 민주노동당이 국회에 진출함에 따라 비정규직 문제를 둘러싼 정치권에서의 공방도 치열해질 것으로 전망된다.

전체 근로자의 3분의 1정도로 추산되는 우리나라의 비정규직은 다른 OECD(경제개발협력기구) 국가보다 숫자가 상대적으로 많을 뿐 아니라 외환위기 이후 급속도로 늘어났다. 정부조사에 의하면 비정규직의 월 평균임금은 정규직의 60%에 불과하고 사회보험 가입률도 저조하게 나타나는 등 사회안전망의 보호로부터 소외되어 있다.

그러나 비정규직 문제를 해결하는 데 있어서 우리는 차별 시정보다는 시장적 관점에서 접근하여야 한다. 개인적 편견에 의해 여성 근로자를 차별하는 사용자는 오히려 불필요하게 높은 노동비용을 지불함으로써 그렇지 않은 기업에 비해 경쟁력이 떨어지게 되고 시장에서 도태되지만, 우리나라에서 비정규직의 확대는 경영합리화 내

---

20) 조선일보 〈시론〉 (2004. 6.7)

지 수익 창출을 위해 기업들이 선택한 결과이다.

1990년대 이후 많은 기업들이 중국을 비롯한 해외로 공장을 이전하여 지난 5년간 중국에서 우리 기업들이 창출한 일자리가 100만개가 넘는다는 현실은 비정규직의 확대와 결코 무관하지 않다.

사람을 구하기 어렵고 정규직의 경우 인력 활용이 경직적인 상황에서 기업들이 해외로 공장을 이전하거나 비정규직 고용에 의존하는 것은 시장경제 체제에서 기업이 취할 수 있는 합리적인 선택이다.

현대중공업 비정규직 근로자 분신사망 이후 정부가 20%에 달하는 공공부문의 비정규직 문제를 우선 해결한다는 방침에서 몇 달간 공공부문 비정규직 근로자의 처우 개선을 위한 다각도의 노력을 강구하고 있지만 뚜렷한 대책을 아직 제시하지 못하고 있는 것도 같은 맥락이다. 공공부문 비정규직 처우 개선을 위해서는 막대한 예산이 소요되고 이는 국민의 세금부담으로 연결되기 때문이다.

비정규직에 대한 보호 강화나 처우 개선은 우리나라 전체 노동시장의 고용비용 증가가 최소한으로 되는 방향에서 이루어져야 한다. 지난 몇 년간 우리나라 노동시장은 비정규직이 늘어나면서 정규직과 비정규직의 근로조건의 차이는 더욱 벌어지는 등 이중구조가 심화되고 있다. 정규직 고용의 유연성이 제고되고 임금인상이 자제되지 않으면서 비정규직에 대한 보호 내지 활용에 대한 규제가 강화된다면 우리나라의 산업공동화 현상은 가속화될 것이고 우리 사회의 또 다른 현안인 청년실업의 문제의 해결도 그만큼 어려워진다.

기업별 교섭체계 아래서 단위 기업의 정규직 근로자 중심의 노동운동을 하여온 대기업 노조들이 세계화시대에 보다 열린 자세로 올해의 임단협에 임하여야 한다. 정규직 고용 안정이나 처우개선에 대한 요구는 자제하지 않으면서 국제적 기준에서 과도한 정규직에 기준하여 비정규직의 처우 개선을 요구하는 것은 기업의 존립기반 자체를 잠식하는 것이다.

노동조합이 고용안정협약 등을 통해 기업의 해외진출을 당장에 억제하고 제도적으로 일자리를 보존할 수는 있겠지만, 세계화시대에 시장의 흐름에 역행해서는 근로자, 기업 그리고 국가 모두가 살아남을 수 없다는 것이 지난 외환위기의 교훈인 것이다.

5. 비정규직 문제/ 근로자가 양보를[21]

모 대기업에 계약직 사원으로 몇 년째 근무하는 제자가 요즘 직장을 잃을 것을 염려해 밤잠을 설치고 있다.

계약직 사원을 재고용할 수 있는 횟수를 제한하는 정부조치가 가시화되면서 회사 측에서 일정기한 이상 근무한 계약직 사원과는 재계약하지 않을 방침이기 때문이다.

비정규직 문제는 뚜렷한 해결방안을 모색하기가 쉽지 않다. 정부가 얼마 전에 발표한 공공부문 비정규직 대책도 노동계의 기대수준에 크게 못 미치고 있다. 처우 개선을 위해서는 막대한 재원이 소요될 뿐 아니라 공공기관별로 비정규직의 형태와 경우가 달라 획일적인

---

21) 중앙일보 〈토론 마당〉 (2004. 6. 10)

기준을 적용하기가 어렵기 때문에 뚜렷한 대안이 제시되지 못하고 있는 것이다.

우리나라 노동시장의 특징 중 하나가 심각한 다중구조다. 정부 통계에 따르면 비정규직의 임금수준은 정규직에 비해 평균 60% 정도다. 그러나 경우에 따라서는 대기업에 근무하는 비정규직 처우가 중소기업의 정규직 처우보다 높은 것도 현실이다.

국제기준에서 과도한 보호로 특징지어지는 대기업 정규직 근로자의 자제나 양보 없이 비정규직의 처우가 개선되고 보호가 강화된다면 우리나라 노동시장의 다중구조는 더욱 심각해질 것이다. 비정규직 근로자 간에 차별화가 심화되고 대기업과 중소기업의 근로조건 격차는 더욱 벌어질 것이다.

청와대에서 열린 노사정대표자회의에서 기존 대기업 중심의 노사대표 외에 비정규직 대표와 중소기업의 대표가 참여하는 확대노사정대표자회의가 제안된 바 있다.

기업별 교섭체계하에서 전체 노동자에 대한 고려 없이 조직의 이익만을 우선시하는 우리나라 노사문화가 비정규직 문제를 해결하면서 더욱 진일보했으면 하는 것이 바람이다.

노동시장의 경직성이 강화되는 방향으로 비정규직 문제가 풀린다면 지구촌 경제 시대에 국제시장에서 우리나라의 위치는 취약해지고 우리 사회의 다른 과제인 청년실업 해소의 길은 더욱 멀어질 것이다.

6. 비정규직 법, 일단 시행되어야[22]

정부가 지난 9월 10일 발표한 비정규직 법안의 대부분 내용을 대부분을 유지한 채로 국회에 상정하기로 당정 간에 합의됨에 따라 비정규직 법안을 둘러싼 노사정간의 논쟁과 다툼이 점점 더 치열하여지고 있다.

노동계는 정부의 안은 비정규직을 양산하는 비정규직 양산법이고 기간제, 단시간 근로, 파견근로자에 대한 차별금지 규정이 실효성이 없으며 노동계와 협의 없이 일방적으로 입법을 추진하고 있다고 반발하고 있다.

특히 민주노총은 법의 통과를 저지하기 위한 파업을 계획하고 있고 한국노총과 민주노총은 지난 10월 10일 전국노동자대회를 열어 연대투쟁을 결의하였다.

경영계도 정부안에 대해 만족하고 있는 것은 아니다.

휴지기간의 설정, 해고 및 초과근로의 제한, 노동위원회를 통한 차별규제 등의 규정은 노동시장의 유연성을 저해하는 요소임으로 축소되어야 한다는 주장이다.

또한 정규직에 대한 과도한 보호가 기업으로 하여금 비정규직을 쓰도록 하고 비정규직 근로자의 상대적 박탈감을 불러일으키고 있어 정규직에 대한 과도한 고용보호를 완화하는 것이 비정규직 문제 해결의 근원이라고 주장하고 있다.

한국노총, 민주노총, 경영자총협회 등 각 노사단체의 주장은 각자

---

22) 한국경제 〈시론〉 (2004. 10. 31)

의 입장에서 보면 주장할 만한 내용이라고 할 수 있으나 각 단체들이 이익단체이면서 공익적 책무도 가지고 있다는 것을 고려하면 심각한 사회갈등의 요소가 되고 있는 비정규직 문제를 해결하는 바람직한 자세는 아니다.

비정규직 문제의 해법을 찾는데 있어서 우선 고려하여야 하는 것은 우리 사회에서 이미 비정규직은 중요한 고용형태로 자리 잡았으며 상당수의 비정규직 고용이 불법이라는 것이다.

가장 핵심적인 쟁점인 파견근로의 경우 노동부가 올해 실시한 점검에서 대기업사업장 여러 곳에서 불법파견이 적발되었다.

대기업 사업장에서 조차 불법파견 근로자를 사용하고 있는 현실은 파견근로가 지금보다는 대폭적으로 허용되어야 한다는 것을 시사하고 있다.

시장경제 체제하에서 법과 규제를 통해 시장의 힘을 억제할 수는 없다.

일부 노동계에서 주장하듯이 비정규직의 전원 정규직화를 통해 비정규직 문제를 해소할 수 없다면 불법인 상태로 파견근로를 묵인하기 보다는 법의 틀 안에서 비정규직 근로자들이 보호받도록 하는 것이 보다 타당하다.

법의 역할은 비정규직 근로자의 남용을 막고 이들에 대한 불합리한 처우를 개선하는 것이어야 한다.

다른 쟁점사항의 하나인 기간제 근로자의 사용기간을 3년으로 제한하는 규정이 비정규직을 양산하는 요인이 될지 아니면 무분별하게 기간제 근로자를 사용하는 것을 억제하는 장치가 될 지는 시장에 의해 결정될 것이다.

법의 통과를 우려하여 이미 일부 기업에서는 3년 시한이 되는 비정규직 근로자를 해고하고 있다고 한다.

기업들이 이와 같은 방법으로 법의 적용을 빠져나간다면 기간제 근로자는 양산되고 이들의 처우는 더욱 나빠질 것이다.

그러나 정부안의 의도대로 규정이 지켜진다면 과도한 기간제 근로자의 사용은 억제될 것이다.

지난 몇 년간 우리 사회는 노사정위원회 등을 통하여 비정규직 문제에 대해 다각적인 논의를 하여 왔지만 사회적 합의에는 이르지 못하였다.

비정규직 근로자들이 처한 현실은 매우 다양하고 이들의 상당수는 열악한 근로조건에 처하여 있는 것을 고려하면 더 이상의 논의와 다툼은 지양하고 이들의 처지를 개선하기 위한 구체적인 조치가 필요한 시점이다.

이 같은 관점에서 볼 때 정부가 이번에 제시한 비정규직 법은 비정규직 문제를 해결하는 첫 번째 단초가 될 수 있다는 측면에서 긍정적으로 볼 수 있다.

정부안은 지난 몇 년간의 노사정위원회의 논의사항을 바탕으로 한 것이다.

일단 법을 시행하여 보고 문제가 있다면 다시 고치는 것이 우리 사회의 중요한 고용형태로 자리 잡은 비정규직의 사용에 적절한 규제 장치 없이 남용되도록 방치하는 것보다는 바람직하다.

노사 모두 경직적 자세를 지양하고 국회의 논의과정에서 보다 합리적인 비정규직 법이 도출될 수 있도록 노력하여야 한다.

7. 비정규직 3대 법안 통과 이후[23)]

지난 11월 30일 비정규직법안이 마침내 국회를 통과하였다. 노사정위원회에서 논의를 시작한지 5년, 그리고 정부가 국회에 시안을 제출한지 2년이 지나서 법이 통과된 것이다. 그 만큼 비정규직 문제가 우리 사회가 해결하여야 하는 최우선과제의 하나이고 합의점을 도출하기가 쉽지 않다는 것을 보여주고 있다.

이번에 국회를 통과한 비정규직 보호법중 기간제 및 단시간근로자 보호법은 새로이 제정된 것이고, 파견근로자보호법, 노동위원회법은 기존의 법을 보완한 것이다.

내년 7월 1일부터 시행되는 비정규직법으로, 기간제, 단시간, 파견근로자 등 비정규직 근로자가 동일 또는 유사한 업무에 종사하는 정규직에 비해 임금, 기타 근로조건 등에서 합리적인 이유가 없이 불리하게 처우하는 것이 금지되며, 불리한 처우를 받은 근로자는 노동위원회에 설치될 예정인 차별시정위원회에 시정을 신청할 수 있게 된다. 또한 기간제, 단시간, 파견근로자 사용에 대해 사용기간 등의 제한을 둠으로써 이들의 과도한 사용을 억제하고 정규직 근로자로의 전환을 유도하고자 하는 것도 법의 중요한 취지 중의 하나이다.

---

23) 세계일보 〈시론〉 (2006. 12. 5)

비정규직법중 가장 논란이 되었던 부분은 기간제 근로자의 보호에 관한 것이다. 정부가 추계(사실 비정규직의 정확한 개념에 대해서 우리 사회의 합의가 없는 실정이다)에 따르면 현재 우리나라 전체 비정규직 490만 명 중 기간제 근로자가 전체의 74%인 363만 명이다.

이번 비정규직법의 통과를 끝까지 저지하려고 하였던 민주노동당의 기본 입장은 출산, 육아, 휴직, 파견 등 특별한 사유가 아니면 기간제 근로자의 사용을 금지하여야 한다는 것이었다. 법의 통과로 기간제 근로자를 2년 사용 후 사용자는 정규직으로 전환시켜 주지 않으면 더 이상 사용할 수 없다. 민주노동당은 비정규직법이 시행되면 2년 후 대량해고사태가 올 것이라고 주장하고 있다.

비정규직 법 시행 2년 후 대량해고 사태는 오지 않으리라 본다. 법의 시행으로 비정규직과 정규직을 동등한 대우를 하여주어야 하는 사용자들로서는 정규직이 될 만한 자격과 능력이 갖춘 경우 정규직으로 전환시켜주는 것이 보다 합리적이기 때문이다. 그러나 그러한 자격과 능력을 갖추지 못한 기간제 근로자는 새로운 곳에서 다른 일자리를 찾아야 하는 상황에 몰리게 될 것이다.

비정규직에 대한 불합리한 차별을 금지하는 이번 법의 통과로 우리나라 인사노무관리 관행에 상당한 변화가 오리라 전망된다. 차별을 하지 않았다는 것을 사용자가 입증하여야 하는 책임을 지게 되었기 때문이다.

지금까지와 같이 단지 임금이 낮다는 이유로 비정규직을 활용할 수는 없고 직무중심으로 급여 및 조직체계가 전환될 것으로 예상된다. 미국식의 직무중심의 인사노무관리 방식이 도입되면서 사용자들의 관리 비용도 그만큼 늘어날 것이다.

비정규직문제는 비정규직보호의 법적 장치로만 해결될 수 없다. 우리나라의 우리나라에 비정규직 문제가 심각해진 원인중의 하나는 정규직 노동시장이 동맥경화증에 걸려있기 때문이다. 정규직을 유연하게 활용할 수 없는 사용자들의 처지로서는 비정규직의 활용에 의존할 수밖에 없다.

비정규직에 대한 법적 보호 강화와 함께 정규직 노동시장의 유연화 조치가 같이 이루어져야 노동시장이 활성화되면서 비정규직을 위한 좋은 일자리가 많이 만들어진다. 이와 함께 직업훈련 등 비정규직의 노동시장 경쟁력을 강화시키기 위한 제도적 지원도 같이 이루어져야 한다.

요약하면, 이번 비정규직법은 우리나라 최초의 통합적 비정규직 보호법이라는 의미가 있다. 비정규직 입장에서 보면 다소 미흡한 점이 있지만 법이 제대로 시행되면 비정규직의 권익이 상당히 신장될 것이다. 그러나 노동시장 유연화 조치가 부수되어야만 실질적인 비정규직의 보호가 이루어질 수 있다. 일자리 없는 근로자 보호는 있을 수 없고 법으로 일자리는 만들 수 없기 때문이다.

8. 노동시장 유연화가 제2의 이랜드사태 막는다[24)]

이랜드사내로 대표되는 비정규직문제를 둘러싼 노사정간의 갈등으로 시행된 지 한 달도 되지 않은 소위 '비정규직법'을 개정하여야 한다는 주장이 제기되고 있다.

시장논리에 따르면 비정규직 법 시행으로 비정규직과 정규직의 처우차이에 관한 입증 책임을 지게 된 기업들은 정규직이 될 만한 자격과 능력을 갖춘 비정규직 근로자는 정규직으로 전환시켜 계속 고용할 것이나 그러한 자격과 능력을 갖추지 못한 비정규직 근로자는 새로운 곳에서 다른 일자리를 찾아야 하는 상황에 몰리게 된다.

이랜드측도 시장논리에 따라 비정규직 근로자중 일부는 정규직화 시키고 일부는 외주화 시키는 조치를 시행하고자 하였고 이에 대해 근로자들이 집단적으로 반발하면서 문제가 복잡하게 된 것인데, 어느 측면에서는 노동계는 전략적으로 이랜드사태를 촉발시켰다고 볼 수 있다.

이랜드는 평상시에도 노조에 대한 배타적인 입장으로 인해 종종 사회문제를 야기시켜 왔고 우리나라에서 철수한 외자기업인 카르프의 노조를 포함하는 이랜드노조는 민주노총 노조 중에서도 강성노조로 알려져 있다.

비정규직문제를 해결하는데 있어서 사용자들의 전향적 자세, 신뢰에 기초한 노사 간의 긴밀한 대화와 협의가 필요한데, 애초부터 이와

---

24) 세계일보 〈시론〉 (2007. 7. 24)

같은 조건이 갖추어지지 못한 이랜드는 노동계로 볼 때 비정규직법 구조적 모순을 극대화시켜 보여줄 수 있는 좋은 기회였던 것이고 노동계를 이를 잘 활용하였다고 본다. 특히 이랜드는 중저가품을 주로 취급하는 쇼핑몰임을 고려하면 은행권과 같이 비정규직이 대폭적으로 정규직으로 전환되는 것을 기대하는 것은 무리였다.

그러나 비정규직법이 민주노총이 주장하듯이 대량해고 사태를 가져 온 것은 아니다. 최초로 비정규직 근로자 전부를 정규직화한 우리은행을 비롯하여, 신세계, 외환은행, 현대자동차등 많은 기업에서 상당수의 비정규직 근로자를 정규직화 하였다.

제2의 이랜드사태를 예방할 대책은 무엇인가? 우선 법적 규제를 통해서는 제2의 이랜드사태를 예방할 수 없다는 것을 인식하여야 한다. 노동계가 주장하듯이 예외적인 경우에만 비정규직을 쓰도록 허용한다 해도 기업들이 근로자를 고용하도록 법으로 강제할 수 없음으로 비정규직 일자리도 줄어들고 궁극적으로는 우리나라의 일자리 자체가 많이 없어질 것이다. 우리나라 기업들도 우리나라 보다는 외국에 투자를 보다 많이 하려고 할 것이기 때문이다.

비정규직법의 개정에 대한 논의는 시작부터 하지 않는 것이 좋다. 이번 비정규직법의 제정에도 2001년도 노사정위원회에서 논의를 시작한 이후 5년여의 세월이 걸렸다. 법 개정에 대한 논의는 민주노총, 경총 그리고 정부 등 대리인간의 백해무익한 소모전으로 귀결될 것이다. 특히 법 개정에 대한 논의를 시작하는 자체가 법과 질서를 훼손하면서 비정규직법을 원천부터 무효화하려는 노동계의 전략에 우리 사회 전체가 휘둘리는 결과가 될 것이다.

제2의 이랜드사태를 막는 가장 근본적인 해결책은 동맥경화증에 걸린 우리나라 대기업 정규직 노동시장을 치료하는 것이다. 정규직 근로자를 유연하게 활용할 수 있도록 제도와 관행을 과감히 개혁하여야 한다. 물론 우리은행의 경우와 같이 정규직 근로자의 양보도 필요하다.

한때 노조 병으로 고전하였던 영국의 경우 비정규직에 대한 어떠한 법적 보호도 없으나 비정규직 근로자가 전체 근로자에 차지하는 비중은 6.7%에 불과하다. 정규직에 대한 고용조정이 용이하도록 노동시장 개혁이 이루어졌기 때문에 인력이 필요하면 기업들이 정규직으로 고용하고 결과적으로 소수의 근로자만이 비정규직이 되고 비정규직에 대한 차별도 없게 된다.

우리나라의 노사정도 정치논리에서 탈피하여 정규직 노동시장의 유연성 제고를 통해 비정규직 문제를 풀려고 하여야 한다.

9. 비정규직법 개정 지금은 때 아니다[25]

정부가 기간제 근로자의 계속 사용기간을 최장 2년에서 4년으로 연장하도록 법을 개정할 방침으로 알려지면서 '비정규직법'을 둘러싼 논란이 다시 격화되고 있다.

정부는 비정규직법이 시행된 지 2년이 되는 시점인 내년 7월이

25) 세계일보 〈시론〉 (2008. 11. 24)

되면 최대 100만 명에 달하는 대량해고 사태가 올 수 있으므로 경제가 가뜩이나 어려운 상황에서 비정규직의 일자리를 더욱 없애는 법을 개정해야 한다는 입장이다. 반면 노동계는 계속 사용기간 연장으로 정규직으로 전환될 수 있던 기간제 근로자가 비정규직의 상태로 2년을 더 남아 있게 하고 비정규직 활용을 더욱 조장한다는 이유로 정부안을 강력하게 반대하고 있다.

2008년 3월 현재 2년 이상 근속한 한시적 근로자는 106만 명인데, 100인 미만 소기업이 비정규직법의 적용대상이 되는 내년 7월이 오면 여력이 있는 중규모 이상 기업의 근로자들은 일부 정규직으로 전환될 수도 있지만 상당수는 직장을 잃고 다른 직장을 찾아야 하는 상황을 우려하는 정부 입장은 공감이 가는 측면이 있다. 그렇다고 정부 주장대로 100만 명이 장기간 실직 상태로 있는 상황은 오지 않을 것이다. 상당수는 일정 기간의 구직활동을 통해 다른 일자리를 찾을 것이기 때문이다.

필자는 2006년 국회에서 비정규직법 제정 논의 당시 2년보다는 원래의 정부안이었던 3년이 오히려 비정규직을 더 보호해 줄 것이라고 주장한 바 있다. 사용기간이 길어질수록 기업은 해고할 인센티브가 줄어들고, 기간제 근로자가 3년간 계속 고용되고 하던 업무가 유지되고 있다면 계약근로자라는 이유만으로 해고하는 것은 부당하다는 게 비정규직법 시행 전에 이미 확립된 법원의 일관된 판례였기 때문이다. 그러나 현 시점에서 계약직 근로자의 최장 고용기간을 2년에서 4년으로 연장하는 비정규직법의 개정은 바람직하지 않다. 비정규직법 개정 논의가 가질 수 있는 정치적 폭발력 때문이다.

정부가 일부 조항을 개정하고자 비정규직법 개정을 들고 나온다면, 각계각층의 비정규직법 개정 요구로 경제위기로 가뜩이나 어수선한 상황에서 오히려 혼란만 벌어질 것이다. 특히 비정규직 사용의 엄격한 제한을 지속적으로 요구해 온 민주노총은 경기 불황으로 비정규직의 피해가 더욱 가시화되는 상황에서 지난번 법 개정 시 성취하지 못한 목표— 계속사용 허용기간을 1년으로 단축하거나 기간제 근로자의 사용사유를 법에 명시— 를 쟁취하기 위해 적극 투쟁할 것이다.

비정규직법이 정부안대로 시행된다면 피해를 보는 비정규직 근로자가 발생할 것이다. 노동부가 비정규직법 시행 1년을 맞아 조사한 결과에 의하면, 기간제 근로자를 사용한 100인 이상 기업 중 기간제 근로자를 정규직으로 전환한 기업은 63%이고, 기간제 근로자 중 43.2%가 정규직으로 전환되었다. 정부안대로 4년으로 계속 사용기간이 연장되면 상당수 근로자가 정규직으로 전환되기 위해 2년을 더 기다려야 하는 결과가 온다.

거대 여당이지만 실질적 피해대상이 없고 상대적 박탈감만을 증폭시키는 종부세법 개정도 갈팡질팡하는 한나라당이 과연 실질적 피해계층이 명확한 비정규직법을 밀어붙일 수 있는 정치적 역량이 있는지도 의문이다. 또한 100인 이상 기업은 이미 법의 적용대상이 되면서 무기계약 근로자 전환, 하청 확대 등 각자의 방식으로 대응했고 그와 같은 대응방식이 자리를 잡아가고 있다. 사용자를 대표하는 한국 경총도 법 시행 1년을 맞이해 법 시행효과를 평가한 보고서에서 현시점에서의 비정규직법의 개정에 부정적 입장을 취하였다.

실물경제 침체가 장기간 지속될 것이 확실시되는 상황에서 영세기업에서의 비정규직의 고용불안을 해결하는 대안은 시행효과도 제한적인 계속 사용기간을 연장하는 것보다는 내년 7월로 예정돼 있는 100인 미만 소기업에 대한 적용시기를 몇 년 뒤로 늦추는 것이다. 우리 경제가 다시 활력을 찾으면 정규직 노동시장의 유연성 문제, 파견법, 저소득층에 대한 사회안전망 강화와 연계해 비정규직 보호의 틀을 재정비해야 한다.

10. 임박 '비정규직 대란', 정치권의 외면[26)]

정부·여당이 2월 국회에서 통과를 목표로 했던 비정규직법이 상임위원회에 상정조차 되지 못하고 회기가 종료됐다. 당초 정부가 제안한 비정규직법 개정안을 한나라당이 의원입법으로 추진한다고 할 때 과연 실질적 피해계층이 명확한 비정규직법을 밀어붙일 수 있을까 하는 의문이 들었지만, 대표 발의하겠다는 당 소속 의원조차 못 구할 정도일 줄은 몰랐다.

정부가 기간제 근로자의 계속사용기간을 최장 2년에서 4년으로 연장하는 방향으로 법 개정 방침을 정한 지난해 11월 이후 우리나라 고용 사정은 경제위기가 더욱 심화하면서 극도로 악화하고 있다. 지난해 12월부터 전년 동월 대비 취업자가 줄어들기 시작해 올 1월에는

26) 문화일보 〈포럼〉 (2009. 3. 16)

전년 동월 대비 취업자가 10만3000명 줄어들었다. 올 1월 현재 공식 실업자는 85만 명이지만 그 밖에도 일자리 찾기를 포기한 사람, 취업을 준비하는 사람, 그냥 쉬는 사람을 포함하면 실질적인 실업자는 300만 명으로 늘어난다. 공식적인 실업률은 3.6%지만 체감실업률은 12.6%로 3배 이상 높아진다. 특히 비정규직 근로자가 고용위기의 직격탄을 맞고 있다. 정규직의 숫자는 늘어나고 있으나 지난 1월 임시근로자와 일용근로자는 각각 전년 동월 대비 2.6%(13만4000명)와 6.3%(13만3000명) 줄었다.

기간제 근로자의 계속고용기간을 제한하는 비정규직법의 효과는 차별적이다. 법에서 허용하는 계속사용기간이 도래하면 일부 근로자는 정규직으로 전환되겠지만 나머지 근로자는 다른 일자리를 찾아 일하던 직장을 떠나야 한다. 그런데 지난해 9월 리먼브러더스 파산 이후 밀어닥친 1930년대의 세계 대공황과 유사하다는 글로벌 경제위기로 비정규직이 우선적인 구조조정 대상이 되고 정규직마저도 고용불안을 느끼고 있다.

이러한 현실에서 비정규직법이 제정된 지 2년이 되는 오는 7월1일부터 비정규직에서 정규직으로 전환되는 근로자는 극소수에 불과할 것이다. 실제로 지난 1월 실시한 여론조사 결과를 보면 비정규직의 90% 이상이 자신들이 다른 비정규직으로 교체되거나 일자리 자체가 없어질지도 모른다고 우려하고 있다.

고용대란 속에서 정부 주도로 시작했으나 민간부문으로 확산되고 있는 '일자리 나누기'라는 시대정신에 비춰볼 때 비정규직법으로 인해 소수의 비정규직이라도 실직하는 상황은 막아야 한다. 여야는 비정규직 문제를 당리당략의 차원에서 접근해서는 안 된다. 대기업의 비정규직은 중소기업의 정규직보다 오히려 처우가 좋고, 경제위기로 영세기업의 비정규직은 회사의 존립 자체도 불확실한 등 비정규직의 처우나 상황이 천차만별인 현실에서 비정규직 가운데서도 가장 취약한 처지에 있는 비정규직 근로자부터 우선적으로 배려하는 대안을 찾아야 한다. 정부가 제안한 최장 사용기간을 4년으로 연장하는 방안, 올해 7월 예정돼 있는 100인 미만 소기업에 대한 적용시기를 몇 년 늦추는 방안, 기간제 사용기간에 대한 제한을 철폐하는 방안 등을 놓고 진지하게 고민해야 한다.

특히 한나라당이 집권 여당으로서 보다 책임감이 있는 자세를 가져야 한다. 한나라당과 정책연대 관계에 있는 한국노총도 한국노총 조합원의 이익 보호보다는 노조조차 가입할 상황이 안 되는 취약한 비정규직 근로자의 고용 불안과 실직을 최소화하겠다는 의지를 보여주어야 한다. 민주노동당 등 야당도 기간제 근로자의 사용기간을 제한하는 법 조항이 오히려 기업의 구조조정을 쉽게 하는 수단으로 활용되기도 한다는 점을 인식해야 한다.

여야 정치권은 조속히 비정규직법을 개정해 많은 비정규직 근로자가 고용위기 속에서 새로운 직장을 찾아 거리로 내몰리는 일이 없도록 해야 할 것이다.

6장 주5일 근무제(근로시간 단축)

1. 근로시간 단축, 생산성의 증가 수반되어야

주5일 근무제의 도입은 김대중 대통령의 대선 공약사항이었으나 노사정간에 구체적인 합의에 실패하여 도입되지 못하였고 노무현정부(이회장 한나라당 후보의 공약사항이기도 하였다)하에서 도입되었다. 근로시간 단축시 가장 큰 쟁점은 근로시간 단축에 따른 임금상승분을 어떻게 보전하여 주는가 하는 것이다. 우리나라는 시행과정에서 정부가 공공기관들에 일정 시한을 정하고 근로시간 단축을 독려하는 바람에 임금삭감이 없는 근로시간 단축이 이루어졌다. 그러나 문제는 공공기관은 물론이고 민간부문에서도 이에 상응하는 생산성 제고에 대한 노사간의 구체적인 합의 없이 근로시간 단축이 되어 근로자들은 적게 일하고 급여는 같이 받아서 좋으나 기업은 비용부

담이 증가하였다는 것이다.

법정 기준근로시간이 감소하였음에도 불구하고 대규모 제조공장의 경우 주 6일 근무와 야간근무가 일상화된 경우가 많다. 최근 현대자동차와 기아자동차의 '주간2연속교대제' 도입을 둘러싼 노사협상에서도 근로시간 단축에 따른 임금보전 및 가동시간 감축에 따른 생산물량 보전을 위한 생산성 향상이 주요 쟁점이다. 주5일 근무제도 도입 시 급여 삭감 없는 근로시간 단축을 획득한 노조는 이번에도 쉽사리 양보를 하지 않고 있다.

1990년대 말 외환위기시 노사정위원회에서 일자리 창출의 한 방안으로 논의되었으나 결론을 맺지 못하다가 외환위기가 극복된 이후인 2000년 10월 법정 근로시간 단축에 관한 기본합의가 이루어졌다. 기본합의에는 민주노총을 노사정위원회에 복귀시키고 정부와 대화 채널을 유지하고 있는 한국노총의 입장을 강화시키고자 하는 의도가 있었다. 그러나 실근로시간이 당시의 법정 기준근로시간인 주 44시간을 초과하는 상황에서 기준근로시간의 단축으로 생산성의 향상을 기대하기 어렵고 고용창출을 기대하기도 어렵다는 이유에서 주5일 근무제의 도입은 시기상조였다.[1)]

16대 대선에서 주 5일 근무제의 도입은 노무현대통령이나 한나라당 이회창 후보 모두 공약사항으로 제시하였다.[2)] 참여정부의 출범과 함께 기존에 상정된 정부안을 토대로 2003년 9월 정기국회에서 확정

1) "〈시론〉 '주5일 근무제'가 이른 이유", 한국경제신문 2001년 8월 2일
2) 03장 "〈경제시평〉 일자리 250만개 창출?", 국민일보 2002년 12월 10일

된 주5일 근무제는 2004년 7월부터 1,000인 이상 기업에 우선 실시하고 단계적으로 2008년 7월 1일 까지 20인 이상 사업체에 확대하되, 20인 미만의 사업장에는 2011년까지 그 적용을 유예하는 것으로 되어 있다. 〈그림 6. 1〉에서 보듯이 주5일 근무제 도입이후 우리나라 총근로시간은 약 8. 5시간(2004년 1분기 월 195.6시간대비 2007년 2분기 187.1 시간) 줄어들었다.

〈그림 6. 1〉 주5일 근무제 도입이후 근로시간 변화 추이

(단위: 시간)

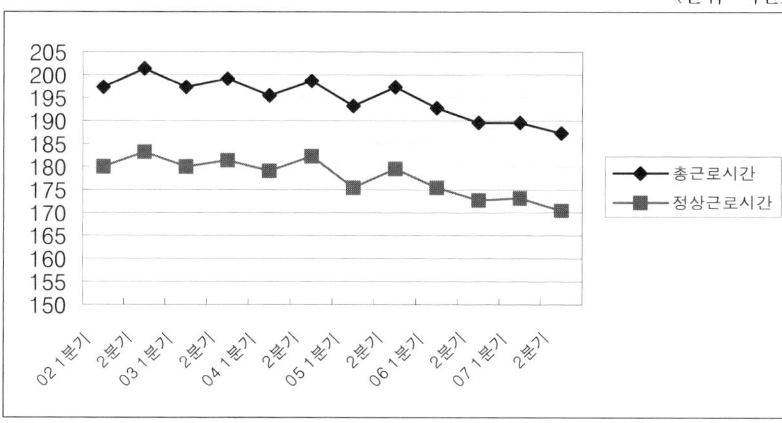

자료: 통계청, "국가통계포탈"

소규모 기업에 대한 적용을 2011년까지 유예한 주 5일 근무제는 50%이상의 임금근로자를 적용대상에서 제외시켜 사업체 규모별 근무조건의 격차를 심화시키고 근로시간 단축에 따른 임금삭감 여부를

노사 자율에 맡김으로써 생산성 증가의 효과는 없이 사업체의 비용 상승만을 가져오는 결과가 될 수 있음이 우려되었다.3)

2004년 7월부터 도입된 주5일 근무제는 근로시간의 단축으로 근로자들의 생활의 질이 향상된 효과는 있으나 주5일 근무제 도입을 주장하는 측의 논거로 제시된 고용창출 효과, 생산성의 증가는 없는 것으로 판단된다. 〈표 6. 1〉에서 보듯이 주 5일제 도입이후 고용상황은 오히려 악화되었다. 2004년과 2005년에는 취업자 수 증가폭은(2005년의 경제성장률이 4.0%였음에도 불구하고) 2001년과 2002년에 비하여 오히려 감소하였다.

〈표 6. 1〉 주 5일제 도입전후의 고용상황 변화

	2000	2001	2002	2003	2004	2005
■ 경제성장률(%)	8.5	3.8	7.0	3.1	4.7	4.0
■ 생산가능인구증감수(천명)	-	393	384	377	377	583
■ 취업자증가율(%)	4.3	2.0	2.8	-0.1	1.9	1.3
■ 취업자 증감수(천명)	865	417	597	-30	418	299
■ 고용률(%)	58.5	59.0	60.0	59.3	59.8	59.7
■ 여성 경활참가율(%)	48.8	49.3	49.8	49.0	49.9	50.1
■ 실업률(%)	4.4	4.0	3.3	3.6	3.7	3.7
■ 청년 실업률(%)	8.1	7.9	7.0	8.0	8.3	8.0

자료: 통계청, '국가통계포탈'

3) "〈포럼〉 주5일 근무제의 정착조건", 문화일보 2002년 5월 24일; "〈시론〉 주5일 근무안 더 보완해야, 세계일보 2002년 5월 9일; "〈경제시평〉 주5일 근무제의 허와 실", 국민일보 2002년 9월 10일

생산성의 증가도 크지 않은 것으로 조사되었다. 노동부가 2008년 하반기 조사한 한 조사결과에 의하면 〈그림 6. 2〉에서 보듯이 주 5일 근무제의 도입으로 노동생산성이 증가하였다는 기업이 19.3%, 감소하였다는 기업이 12.1%, 증감의 변화가 없다는 기업이 64.4%, 기타가 4.2%로 나타났다.

〈그림 6. 2〉 주5일 근무제 도입이후 생산성의 변화

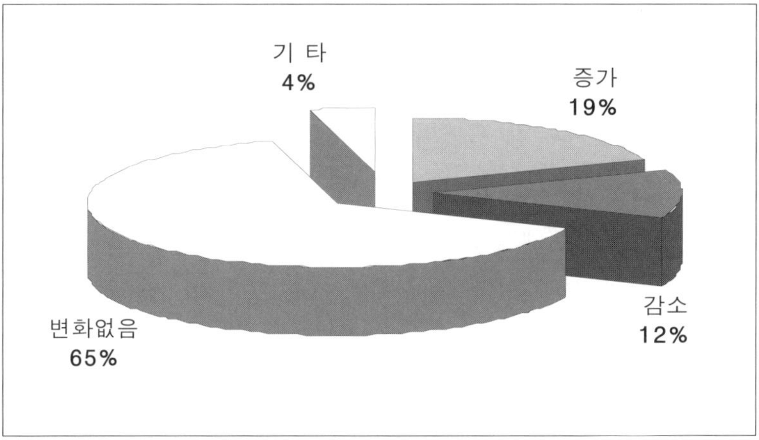

자료: 국제노동연구원, "근로기준법제 개정효과 분석 및 향후 개선방안 연구", 2008 (노동부 연구용역 과제 중간보고서)

정부가 공기업에 대해 주5일 근무제 도입에 따른 세부사항에 대한 합의를 정해진 기한 내에 할 것을 강요하여 대기업 민간부분까지 임금삭감이 없는 기준근로시간 단축이 이루어진 것을 고려하면 상당히 실망스러운 결과이다. 같은 노동부의 조사결과에 의하면 기준근

로시간이 줄어들었음에도 불구하고 근로자의 90%이상이 소득이 늘거나(30.3%), 유지되어(62.0%) 근로자에게 유리한 주40시간제가 도입되었다. 주 40시간제도 도입으로 소득이 늘어나거나 유지된 근로자가 90%이상이나 노동강도 강화나 근무시간관리 강화를 느끼는 근로자는 각각 24.7%에 22.1%에 그쳤다.

그러나 주 40시간제도 도입으로 여가시간 증대 등으로 삶의 질이 향상되었다고 느끼는 근로자는 68.2%로 주40시간제가 근로자의 삶의 질 향상에 기여한 것으로 평가된다.

현대자동차와 기아자동차 노사가 2005년 임단협에서 주간 2연속 교대제를 2009년 1월 1일부터 도입하기로 합의함에 따라 주간2연속 교대제 도입이 자동차 산업의 주요 쟁점이 되었다.

주간 2연속 교대제는 주야간조로 나누어 잔업 2시간 포함해 하루 10시간 근무하는 현재의 근무형태를 잔업 및 야간작업시간을 줄이는 근무형태로 바꾸는 것을 의미한다. 현대자동차가 2008년 교섭에서 2009년 9월로 그 시행 시기를 연장하기로 합의하면서 기아자동차도 유사한 합의를 하였으나 그 구체적인 시행방안에 대해서는 현대자동차와 기아자동차 모두(2009년 6월 현재) 고민을 하고 있는 상황이다.

주간 2연속 교대제의 핵심쟁점은 교대제 형태(2005년 교섭에서 주간 2연속 교대제의 의미에 대한 구체적인 합의가 없어 2008년 교섭에서 현대자동차 노사는 일단 주간조 8시간, 야간조는 잔업 1시간을 포함하는 9시간의 근무형태로 잠정 합의함), 근로시간 단축에 따른 월급보전 및 생산 물량 보전이다.

현대자동차는 2009년 1월부터 전주공장에 대해 시범운영하기로 합의한바 있는데, 글로벌 경제위기로 생산물량 확보가 어려운 상황에서 회사에서 시행을 연기하자 파업결의를 하는 등 현대자동차와 기아자동차의 2009년 노사협상의 핵심쟁점사항이다.

자동차 노조는 근로시간 단축에 따른 임금보전(근무형태를 잔업 없이 주간 8시간, 야간 8시간으로 가는 경우 임금이 20% 인상되는 효과가 있음)과 생산물량 확보는 설비투자 및 추가 인원 충원을 통해 할 것을 요구하고 있다. 일은 적게 하면서 임금은 그대로 유지되는 것을 요구하는 것은 2004년 법정 기준 근로시간 단축시와 유사한 상황이라고 하겠다. 2004년과의 차이는 현재는 경제 환경이 매우 좋지 않다는 것이다. 자동차 노사가 상생의 길을 찾기를 간절히 바라는 마음이다.[4]

2. '주5일 근무제'가 이른 이유[5]

정부는 최근 법정근로시간을 주44시간에서 주40시간으로 단축하겠다는 방침을 밝힌 바 있다. 한 여론조사에 의하면 국민의 70%가 법정근로시간의 단축을 찬성하고 있다. 여가시간이 늘어나고 근로자들 삶의 질이 향상될 수 있으니 근로시간 단축은 장기적으로 우리나라가 나가야 하는 방향인 것은 틀림없다. 그러나 현 시점에서 법정근로시간의 단축에는 신중해야 한다.

노동절의 기원이 근로시간 단축을 위한 미국노동자 투쟁의 역사에

---

4) 〈시론〉 자동차 노사, 상생의 길을 찾아야, 서울경제 (2009년 2월 11일)
5) 한국경제 〈시론〉 (2001. 8.2)

있듯이 노동계가 근로시간 단축을 위해 노력하고 투쟁하는 것을 부정적으로 볼 수는 없다. 그러나 정부가 주도적으로 법정근로시간 단축을 추진하는 경우에는 국민경제 차원에서 납득할 만한 구체적 명분이 있어야 한다.

일본은 1980년대 후반 늘어나는 무역흑자에 대한 국제적인 비난을 무마하기 위해 내수를 진작하기 위한 목적으로 법정근로시간 단축을 단계적으로 시행했고, 유럽의 몇몇 나라에서는 실업문제 해소를 위해 일자리 나누기 차원에서 근로시간 단축이 정부주도로 이루어졌다.

IMF 위기이후 우리나라에서도 실업대란을 맞아 일자리 창출의 한 방안으로 법정근로시간 단축이 노사정위원회에서 본격적으로 논의됐으나 결론을 맺지 못했다. OECD 보고서가 지적하듯이 선진국의 경험에 비추어 볼 때 임금억제 조치를 동반하지 않은 근로시간 단축은 고용창출에 미미한 효과밖에 없다.

지난해 10월 노사정위에서 법정근로시간 단축에 관한 기본합의가 이루어진 것은 실업대란의 극복에도 불구하고 우리 경제의 지속적인 구조개혁이 필요한 상황에서 노 · 사 · 정간의 협조체계를 굳건히 하기 위한 정부의 정책의지가 반영된 것이다. 강경노선을 걷고 있던 민주노총을 노사정위원회에 복귀시키고, 정부와 대화채널을 유지하고 있는 한국노총의 입장을 강화시켜 주기 위한 것이었다.

대형사업장에 조직기반을 둔 민주노총에는 임금 삭감 없는 근로시간 단축은 조직원의 임금인상을 의미하므로 법정근로시간 단축은 한국노총보다 민주노총이 더 관심을 갖는 사안이다.

현시점에서 정부주도로 근로시간을 단축하는 가장 큰 명분은 휴일이 늘어남에 따라 문화 관광 레저관련 소비가 늘어나서 경제성장의 새로운 동인이 될 수 있다는 것이다. 근로시간 단축이 내수 진작 효과가 있다는 것은 부인할 수 없으나, 우리 경제의 근간인 제조업에 대한 영향을 고려하면 그와 같은 긍정적 효과는 미미하다.

근로시간의 단축이 구조조정을 촉진시키고, 노동력의 사용에 있어서 양보다 질을 위주로 하는 기업혁신에 기여할 것이라는 주장을 할 수 있다. 그러나 이는 법정근로시간의 단축이 생산성 증대를 수반하는 경우에만 가능할 것이며, 외국의 예는 그렇지 못할 경우 노동비용의 증가만을 초래한다는 것을 보여주고 있다.

복잡한 휴일제도 등 핵심 쟁점사항에 대한 노사 간의 이견이 자율적으로 조정되지 않은 상황에서 법정근로시간 단축을 개별사업장에 강제할 때 과연 정부가 의도했던 효과가 나타날 수 있을 것인지 의심스럽다.

혹자는 지난 89년 법정근로시간의 단축이 고용창출 등 긍정적 효과가 있었다고 주장하나, 지금의 상황은 그때와 매우 다르다. 당시 우리나라는 3저(低)등 대외경제 여건이 좋은 상황이었으나, IMF위기의 파고를 막 넘은 현재 미국 등 선진국의 경기불안으로 우리 경제는 미래를 예측하기 어려운 실정이다.

또 주48시간에서 주44시간으로 단축하는 것(89년의 경우)과 주44시간에서 주40시간으로 단축하는 것은 근본적인 차이가 있다. 주40시간으로의 단축은 주5일 근무제를 의미하므로 경제뿐만 아니라 사회전반에 미치는 영향은 비교할 수 없이 크다.

결론적으로 현시점에서 정부주도로 법정근로시간의 단축을 추진하는 것은 바람직하지 않다. 도입에 따른 경제 및 사회적 효과를 분석하고, 이를 토대로 충분한 논의를 거쳐 노·사·정간의 합의를 통해 점진적으로 시행해야 한다.

3. 주5일근무안 더 보완해야[6)]

정부가 노사정위원회에서 논의를 바탕으로 정부단독의 근로시간 단축 근로기준법 개정안을 확정함에 따라 주5일 근무제 도입을 둘러싼 논란이 다시 본격화되고 있다.

노사 간 쟁점사항에 대한 정부의 근로기준법 개정안을 보면 시행시기는 2003년 7월부터 1,000인 이상 사업장부터 4년에 걸쳐 단계적으로 시행하되 30인 이상 사업장에 대해서는 장기간 유예하였고 초과근로시간과 초과근로시간 할증율도 각각 3년 간 한시적으로 주16시간과 정상임금의 25%로 변경함으로써 경영계의 입장을 많이 반영하였다. 노동계의 요구를 반영한 부분은 일요일주휴는 현행대로 유급으로 유지하고 탄력적 근로시간제의 단위기간을 3개월로 변경한 부분이다. 연간휴가일수를 1년 근속시 15일을 시작으로 25일을 상한으로 하여 2년마다 1일씩 증가하도록 한 것은 노사의 입장을 절충한 듯하다.

그러나 주5일 근무제 쟁점사항들 대해 노사 입장의 중간자적 입장을 취한 듯 한 정부의 근로기준법 개정안은 우리나라에 앞서 근로시

---

6) 세계일보 〈시론〉 (2002. 5. 9)

간 단축을 시행한 서유럽의 여러 나라의 예나 우리나라의 노동시장 현실을 고려할 때 몇 가지 문제점이 있다.

첫째, 정부가 실시시기를 사업장 규모별로 단계적으로 한 것은 긍정적으로 평가할 만하다. 그러나 30인 미만 사업장에 대해 실시시기를 정하지 않는 것은 중소업계를 반발을 고려한 조치로 이해될 수 있으나 우리나라 노동시장의 구조적인 문제점의 하나인 기업별 근로조건의 격차를 더욱 확대시킬 것이다. 민주노총의 주장에 의하면 30인 미만 사업장 근로자에 대해 장기간 유예조치를 취함으로써 전체 1,300만 임금근로자의 58.6%가 근로시간 단축의 혜택을 받지 못한다. 중소기업과 대기업간의 근로조건의 격차는 지금도 심각한 중소기업의 인력난을 더욱 심화시켜 중소기업 경영의 큰 애로사항이 될 것이다.

주5일 근무제를 정부입법으로 하기로 결정하였다면 중소기업에 대한 실시시기를 정하고 보완책으로 지원 대책을 강구하는 것이 정도이며 우리에 앞서 근로시간 단축을 실시한 프랑스나 일본도 그와 같이 하였다.

둘째, 경영계가 현행의 유급주휴제를 무급화하고 기준근로시간 단축에 따른 임금하락분을 수당으로 보전할 것을 주장한 것은 토요일의 유급주유화 여부가 노사협상의 새로운 쟁점사항으로 되고 이로 인한 임금인상의 가능성을 사전에 방지하고자 한 것이다.

서구의 근로시간 단축 효과에 대한 실증적 연구 결과들을 보면 근로시간 단축의 순효과가 극대화되기 위해서는 근로시간 단축이 실 근로시간 단축으로 이어지고 임금인상 효과가 최소화되어야 한다. 현재 실근로시간이 기준근로시간인 주 44시간보다 긴 현실에서

주5일 근무제의 도입으로 임금인상은 피할 수 없다. 임금인상 효과를 더욱 크게 하고 노사 간의 쟁점화 소지가 있는 주휴유급 유지는 주5일 근무제 도입의 근본취지와 맞지 않는다.

셋째, 정부주도로 근로시간을 단축한 일본이나 프랑스의 경우를 보면 근로시간을 단축하면서 1년 단위의 탄력적 근로시간제가 도입되었다. '노사정위원회 근로시간특위' 공익위원안을 보면 1년 탄력적 근로시간안을 권고하고 있으나 정부가 탄력적 시간제를 3개월로 확대하기로 한 것은 노동시장의 유연성 제고라는 시대적 추세를 반영하고 있지 못하다.

이번 정기국회에서 정부안을 토대로 주5일 근무제에 대한 논란이 가열될 것이다. 정부안대로 주5일 근무제 도입할 경우 실질적으로 주 5일을 근무하게 될 근로자는 우리나라 전체 근로자의 20%를 넘는 정도이고 이들이 우리나라 근로자중 상위계층에 속한다는 것을 고려하면 근로시간 단축 협상에 참여한 노사의 입장이 아닌 국민경제 전체 시각에서 주5일 근무제를 도입하고자 하는 자세가 필요하다.

4. 주5일 근무제의 정착조건[7)]

지난 22일 금융 산업 노사가 7월 1일부터 토요일에 휴무하기로 합의함으로써 우리나라에도 주5일근무제가 확산될 전망이다.

---

7) 문화일보 〈포럼〉 (2002. 5. 24)

금융권의 토요일 휴무 합의는 교착 상태에 빠져 있는 노사정위원회에서의 주5일근무제 논의에 적지 않은 영향을 미칠 전망이다. 당장 오늘(24일)로 예정돼 있던 근로시간 단축에 관한 노사정위원회의 최종 회의가 연기됐다. 당초 오늘 노사정위원회의 회의에서 근로시간 단축을 노사정위원회에서 추진할 것인지 여부를 결론을 내기로 돼 있었다.

금융 산업 노사의 합의 내용을 보면 현재의 근로기준법 아래에서 토요휴무에 따라 부족하게 되는 26일의 휴일은 월차휴가 12일, 연차휴가 8일 그리고 특별휴가 6일로 충당하도록 돼 있다.

월차휴가는 보상되지 않고 특별휴가는 일부 보상하므로 평균적인 근로자 입장에서 보면 근로시간 단축의 쟁점중 하나인 연간 유급휴가 일수는 노동계(22~32일)보다는 경영계(15일)의 입장에 가깝다. 장기 근속자의 경우 현행 근로기준법에서 연간 휴가일수는 제한 없이 금전 보상되므로 경영 측의 입장과는 괴리된다.

근로시간 단축일정과 관련해서도, 금융권부터 토요휴무를 우선적으로 실시하는 것은 주5일근무제를 도입하되 점진적으로 시행할 것을 주장해 온 경영 측의 입장과 부합되는 측면이 있다. 금융 산업은 지금까지 실질적으로 산별교섭이 이뤄져 왔으며, 절대적인 임금수준도 높고 각 금융기관 간에 근로조건의 차이가 크지 않으므로 노사간에 주5일근무제에 관한 산업 수준의 합의가 이뤄질 수 있었다.

그러나 기업별 노조가 근간인 우리나라의 현 노사 관계 구조에서는 다른 산업에서 이와 같은 산별 수준의 합의가 이루어지기 어렵다. 그리고 주5일근무제를 수용할 여건이 되어 있는 기업부터 순차적으로 도입될 것이다.

금융권의 토요휴무 합의에 따라 다른 산업의 노사 간에도 주5일근무제 협상이 활발해질 전망이다. 금융 산업의 경우 주5일근무제가 도입될 경우 연간 약 1200억 원의 경비절감이 예상되며 이와 같은 경비절감 효과로 인해 금융 산업의 사용자는 주5일근무제에 따른 비용인상분은 감수할 수 있을 것이다.

하지만 제조업을 비롯한 다른 산업에서는 주5일근무제에 따른 비용절감 효과는 크게 기대할 수 없다. 따라서 금융 산업에서와 같은 조건의 주5일근무제 시행은 무리이다. 다른 부문에서의 주5일근무제 협상에서 노사가 유의해야 할 사항이다.

주5일근무제가 시행되면 경제 전체에 미치는 긍정적인 효과는 휴일이 늘어나면서 문화, 관광, 레저산업 관련 소비가 늘어나서 경제성장의 새로운 동이 될 수 있는 것이다.

근로시간 단축의 내수 진작 효과에도 불구하고 우리 경제의 근간인 제조업의 생산현장에 대한 파급효과는 긍정적일 수만은 없다. 365일 연중 가동해야 하는 장치산업의 경우 공장을 현재 일반화돼 있는 3조3교대에서 4조3교대로 운영해야 하므로 인건비 부담의 증가는 피할 수 없다.

주5일 근무제 시행과 함께 근로시간 단축에 따른 인건비 증가가 생산성 향상으로 상쇄될 수 있도록 노사가 노력해야 한다. 경영측은 시간당 노동비용의 인상에 적극적으로 대응해야 한다. 작업조직을 재배치하고 새로운 생산기술이나 선진경영시스템을 도입함으로써 생산성 향상을 도모해야 한다.

주5일 근무제로 생활의 중심이 가정과 여가로 바뀌면서 근무분위기가 이완돼 생산성이나 품질의 저하가 있을 수 있다. 특히 선진국과 비교해 근로 관행이 느슨한 우리의 경우 더더욱 그러하다. 같은 임금을 받고 짧은 시간을 일한다면 근무의욕도 높아지고 근무도 집중적으로 할 수 있으므로 이와 같은 긍정적인 효과가 나타나도록 근로자 개개인이 노력해야 한다.

현 단계에서 노사정위원회에서의 최종 합의에 대한 전망은 할 수 없다. 만약 근로시간 단축에 관한 노사정의 합의가 이뤄지지 않는다면 여건이 허락하는 부분부터 주5일근무제가 도입될 것이고 부분간 근로조건의 격차는 더욱 벌어질 것이다. 주5일근무제가 어느 정도 정착되는 시점에서 정부가 노사정 합의와는 별개로 근로시간 단축을 법제화, 부문간 근로조건이 지나치게 크게 벌어지는 것을 방지해야 한다.

5. 주5일 근무제의 허와 실[8)]

지난 몇 년 간을 끌어온 노사 간의 주5일 근무제 관련 근로기준법 개정안에 대한 합의가 최종 결렬되고 정부가 단독 입법을 추진함에 따라 주5일 근무제 도입을 둘러싼 노사 간의 공방이 다시 가열되고 있다.

---

8) 국민일보 〈경제시평〉 (2002. 9 10)

정부의 입법안을 보면 그간 핵심 쟁점사항이었던 시행시기와 관련, 30인 미만 사업장은 추후 정하되 2003년 7월 1000명 이상 대기업 및 공공부문을 시작으로 2006년 7월까지 단계적으로 실시한다는 것이다. 유급 주휴제도는 현행대로, 연월차 휴가는 통합하여 근속 1년시 15일을 시작으로 연 25일 상한선으로 하고 2년마다 1일씩 늘리기로 하는 등 사안에 따라 노사 간의 중간적 입장을 취한 듯하다.

그러나 정부시안에 대해 노사 양측 모두 강력히 반발하고 있으므로 국회처리 과정에서 상당한 논란이 있을 것으로 전망된다. 경총 등 경영계는 유급 주휴제가 유지되는 등 정부안이 기업의 현실을 외면하고 있다고 비난하고 경제 5단체를 중심으로 정부안 통과저지를 위해 공동대책을 마련하고 있다.

노사정위원회 협상에 참여하지 않았던 민주노총은 전체 임금노동자의 절반이 넘는 30인 미만 영세사업장의 근로자에 대한 장기적인 유예조치의 즉각적인 철회를 주장하며 연대파업을 벌일 것을 천명하고 있다.

주5일 근무제 도입을 둘러싼 노사 간의 공방의 본질을 이해하기 위해서는 정부안대로 근로기준법이 통과된다 할지라도 초과수당 산정의 근거가 되는 기준근로시간이 주 44시간에서 40시간으로 변화할 뿐이고 실질적으로 주 5일 근무할 근로자는 전체 근로자의 20%미만에 불과하다는 것을 인식하여야 한다.

지난 7월 현재 우리나라의 취업자는 2200만 명인데 이중 30%에 해당되는 660만 명은 자영업자 및 무급 가족종사자로 상당수가 서비스업이나 영세 제조업체에 종사하고 있으므로 기준근로시간 단축에도 불구하고 이들이 주5일 근무를 할 상황은 아니다. 1300만 임금근로자의 60%에 달하는 30인 미만 사업장의 근로자들은 2006년 7월 이후로 그 시행이 유보된 상황이다. 또한 250만 명에 달하는 일용직 근로자의 경우 수입의 감소를 뜻하는 주5일 근무제는 의미가 없다.

30인 이상 사업장에 주5일 근무제가 도입될 경우 고용주 170만명을 제외한 2050만 명의 우리나라 근로자 중(30인 이상 사업장의 일용직을 포함하여도) 22%만이 기준근로시간이 주 44시간에서 40시간으로 단축될 것이다.

뿐만 아니라 제조업체의 경우 장치산업에 기반을 둔 우리나라의 산업구조 특성상 생산직은 기준 근로시간의 단축에도 불구하고 주5일 근부체제로 전환되기까지 상당한 시일이 소요되리라 예상된다. 여러 조사에서도 나타난 것처럼 이미 상당수의 기업이 주5일 근무를 하고 있고 금융권은 자체 노사의 합의로 이미 주5일 근무제를 시행하는 것을 고려하면 정부안대로 주5일 근무제가 도입되면 추가적으로 주5일 근무를 하게 될 근로자는 전체의 10%를 넘는 정도가 되리라 전망된다.

70년대 이후 실업난 해소, 즉 고용창출을 위해 근로시간을 단축한 서유럽의 예를 보면 실근로시간이 기준근로시간에 근접하여 있었으므로 기준근로시간은 실근로시간의 단축으로 이어졌다. 그러나 우리나라의 실근로시간은 현 기준근로시간인 주44시간을 넘고 있다. 지난 7월 현재 주당 평균근로시간은 48.4시간이다. 기업규모로 볼 때 대기업, 직종별로 볼 때 생산직의 초과근로시간이 긴 특성을 가지고 있다.

실 근로시간을 일시에 주 8시간 이상 줄일 수는 없으므로 대기업 생산직 중심의 우리나라 노사관계 구조에서 주5일 근무제 도입 현상의 최대쟁점사항은 근로시간 단축에 따른 임금보전에 있다. 따라서 주5일 근무제를 둘러싼 노사 간의 공방은 근로시간 단축보다 제도변경을 통한 임금인상을 둘러싼 다툼으로 이해할 수도 있다. 특히 우리나라 근로자들이 연월차휴가를 모두 사용하지 않아 상당부분 고정임금화되어 있는 현실에서 제도도입에 따른 종전 임금보전원칙 및 내용을 법에 명기하는 문제로 노사가 첨예하게 대립하는 것은 피할 수 없는 상황이었다.

대통령 공약사항의 실천이라는 정치적 성격을 가지고 있는 정부의 주5일 근무제 도입 의지가 금년 정기 국회에서 관철될지 여부는 불확실하다. 그러나 정부의 이번 단독입법추진으로 입법화 여부와는 별개로 각 단위사업장에서 주5일 근무제를 둘러싼 노사 간의 공방은 더욱 치열해질 전망이다. 우리 현실에서 주5일 근무제 도입(즉 기준근로시간의 단축)의 1차적인 효과는 임금인상이다. 단위사업장의 노사가 근로시간 단축의 순효과가 극대화되도록 지혜를 발휘할 것을 당부하고 싶다.

6. 자동차노사, 상생의 길 찾아야[9)]

세계 자동차산업이 휘청거리고 있다. 가장 큰 시장인 미국의 지난 2008년 전체 자동차 판매대수는 1,324만대로 2007년보다 18% 줄어 1992년 이후 16년 만에 최악을 기록했다. 지난해 미국의 차 판매 감소율은 1차 오일쇼크 시기인 1970년대 초반 이후 최대다. 특히 미국 자동차회사의 판매는 20% 이상 감소한 것으로 나타났다.

세계 최강의 경쟁력을 자랑하는 도요타도 7년 연속 흑자행진을 마감하고 적자로 돌아서면서 올해 2~3월에 모든 공장의 가동을 11일 동안 중단할 계획이다.

중소형 차가 강점인 우리나라 자동차산업은 세계 자동차산업의 위기를 기회로 삼아 한 단계 더 도약할 수 있다.

국내 판매는 20% 이상 감소했지만 우리나라 자동차회사만이 글로벌 위기에도 불구하고 세계시장에서는 나 홀로 질주하고 있다.

올 1월 미국 전체의 신차 판매량이 37% 급감한 가운데 현대자동차의 경우 오히려 판매량이 지난해 동기 대비 14.3% 늘어났다. 시장점유율도 두 배 가까이 뛰어올랐다. 중형 세단 '쏘나타'는 무려 85.5%나 판매량이 늘었다.

현대자동차와 기아자동차는 중국 전체의 수요가 13% 줄어드는 상황에서도 지난 1월 각각 4만3,000대와 1만8,000대를 팔아 월별 실적으로 사상 최대를 기록했다. 현대차는 1월 인도에서도 지난해 12월보다

9) 서울경제 〈시론〉 (2009. 2.11)

34.7% 늘어난 2만1,000대를 판매했다.

우리나라 자동차산업의 도약은 자동차산업의 노사가 장기전인 비전과 전략의 부재 하에 노사 간에 나눠먹기에 골몰했던 미국의 빅3의 도산위기를 교훈 삼아 노사 간 상호신뢰의 기반 위에 100년 기업 GM을 제치고 세계 1위의 자동차기업으로 부상한 도요타의 길을 배우고자 할 때 가능하다.

그러나 금속노조는 현대차와 기아차의 해외생산 비중이 높아지면서 협상력이 악화되는 것을 우려해 해외공장 노조와 연대를 추진하고 있다. 현대차와 기아차의 국내외 공장이 연대파업이라도 한다면 현대차・기아차의 글로벌 국제경쟁력은 심각하게 훼손될 것이다.

특히 현대차 노조가 당초 올 1월 예정된 전주공장 '주간연속2교대(주야간조로 나누어 잔업 2시간 포함해 하루 10시간 근무하는 현재의 근무형태를 주간조는 8시간, 야간조는 잔업 1시간을 포함해 9시간으로 변경하는 것을 의미하며 올 하반기에 현대차와 기아차에 전면적인 도입이 예정돼 있음)'의 도입 약속이 이행되지 않았다는 것을 이유로 파업을 결의했다는 안타까운 소식이 들린다.

주간연속2교대제에 합의한 지난해 7월 이후 모든 상황이 바뀌었다. 현대차 공장 중에서 현재 주야 10시간 근무를 하는 곳은 소형차인 '아반떼'를 생산하는 울산3공장뿐이다. 대형차 공장은 4시간 물량을 8시간에 생산하고 있다.

전주공장이 극심한 내수 부진으로 하루 8시간 공장가동에 필요한 생산물량조차 확보하지 못하고 있는 상황에서(가장 인원이 많은 대형버스 생산라인은 현재 주간 4시간, 야간 4시간 근무) 주간조・야간조 각각 하루

8시간 근무하고 현재의 하루 10시간 임금을 받는 월급제로 전환된다면 임금이 20% 인상되는 효과가 발생한다. 오히려 전주공장은 상시 주간 근무형태로 개편돼야 하는 상황이다.

상대적으로 고임금 계층인 자동차산업의 근로자가 위기상황에서 임금삭감을 통한 일자리 나누기에 동참하기보다는 오히려 일을 적게 하면서도 임금은 유지되는 것을 제도적으로 보장해달라는 것은 너무 이기적이며 궁극적으로는 경쟁력 하락으로 고용불안이라는 부메랑이 돼 되돌아올 것이다.

국제통화기금(IMF)이 올해 우리나라 경제성장률을 G20 국가 중 최하위인 4%를 전망하는 가운데 자동차산업 노사가 대립보다는 상생의 길을 찾아 국가위기 극복을 선도하기를 기대한다.

전환기, 한국노동시장의 길을 묻다

7장 외국인력

1. 외국인력, 통합적 관리가 시급하다

2008년 말 현재 90일 이상 장기체류하는 외국인은 85만 명이다. 이중 취업자격 체류 외국인 55만 명이고 취업자격 체류외국인중 단순기능인력이 51만 2천명이다. 아직 우리나라 노동시장 개방율은 1%대이지만 20년 전에 0.1%의 수준이었던 것을 고려하면 노동시장이 급속도로 개방되고 있다고 볼 수 있다.

우리나라는 노동시장개방 여부를 놓고 관계 부처 간에 합의를 이끌어 내는데(본질적으로 같은 제도인 산업연수생제도를 고용허가제로 바꾸는데) 10년 이상 소요되면서 외국인력이 비합법적인 방법으로 우리나라에 취업하는 것을 사실상 용인하였다. 2000년대 초에는 불법체류자 비율이 80%에 근접하기도 하였다. 현재에도 불법체류자가 20만 명을 넘고 있어 단순기능 외국 인력대비 40%가 불법체류자이다. 일반고용허가제와 외국국적 동포를 대상으로 하는 방문취업제로 이원화되어 운영되고 있는 외국인력 관리 제도를 통합적으로 운영하는 시스템을 구축하는 것이 필요하다. 또한 장기 체류 외국인력의 정주문제를 심각하게 고민하여야 할 시점이다.

2008년도 말 현재 우리나라에 90일 이상 장기체류하는 외국인은 〈그림 7. 1〉과 〈표 7. 1〉에서 보듯이 854,007명으로 전체 인구의 1.76% (다른 나라에 비해 상대적으로 낮음)이지만 1990년(49, 507명)에 대비하여 17배 이상 증가하였다. 등록 외국인의 60.9% (방문취업 (특례고용허가) 297,427명; 비전문취업 (대부분 일반고용허가) 185,348명; 연수취업 16,826명; 산업연수 15,463명 등)는 취업을 목적으로 하는 단순기능 외국인력이다. 〈그림 7. 2〉는 체류자격별 외국인을 보여주고 있다.

〈그림 7. 1〉 등록 외국인 추이

(단위: 명)

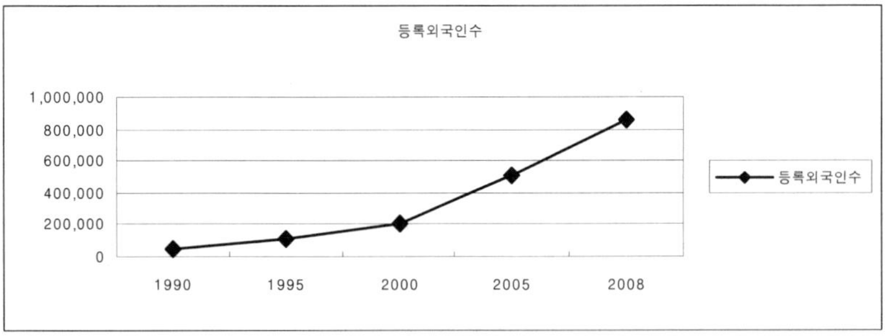

자료: 법무부, 『출입국관리통계연보』, 각년도

〈표 7. 1〉 인구대비 외국인력 추이

(단위: 명)

	1990	1995	2000	2005	2008
등록 외국인 =A	49, 507	110,028	210,249	510,509	854,007
연도말체류 외국인 전체	-	269,641	491,324	747,467	1,158,866
우리나라인구 = B	44,553,000	44,553,000	45,985,000	48,294,000	48,456,000
A/B(%)	0.11	0.24	0.45	1.06	1.76

자료: 법무부, 『출입국관리통계연보』, 각년도법무부 출입국 · 외국인정책본부, 『출입국 · 외국인정책 통계월보』, 2008. 12

〈그림 7. 2〉 체류자격별 등록외국인 현황 (2008년도 말 기준)

(단위: 명)

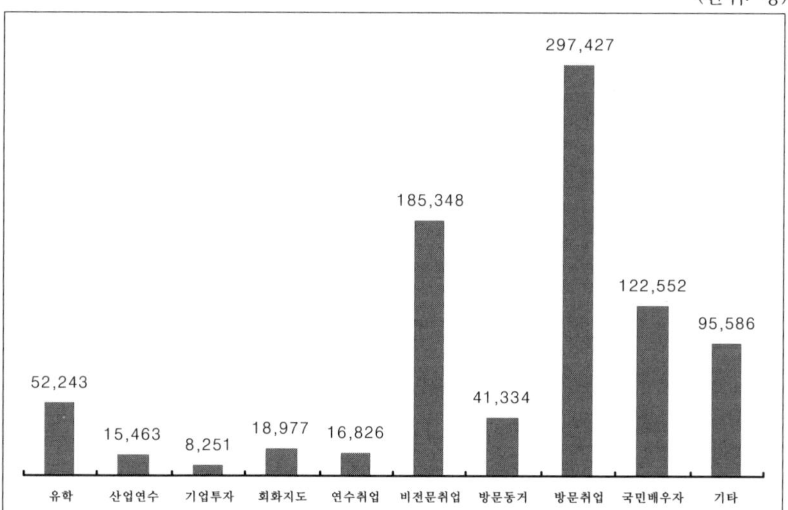

자료: 법무부 출입국 · 외국인정책본부, 『출입국 · 외국인정책 통계월보』, 2008. 12

1980년대 말 3저 호황으로 우리나라 경제가 급성장하고 인력난이 심각해지면서 우리나라에도 단순기능 외국인력을 수입하자는 논의가 본격화되었다.

필자는 정부출연기관인 한국노동연구원 재직시절인 1991년 전면 전인 노동시장의 개방은 불필요하나 구조적인 인력수급이 문제가 되는 부분에 대해서는 제한된 외국인력 수입을 고려하는 것이 바람직하며 국내 노동시장을 개방하지 않을 경우 비합법적인 경로에 의한 불법취업이 크게 증가할 것이 예상됨으로 대책이 필요하다는 요지의 주장을 하였다.[1)]

저숙련 외국인력 수입에 관한 사회적 합의를 이룰 수 없는 상황에서 외국인력은 1993년 산업연수생의 신분으로 한시적으로 1년간 중소제조업부분에 취업하는 것을 전제로 도입되었다. 그러나 당시 심각한 중소제조업의 심각한 인력난을 외면할 수 없다는 여론에 밀려 도입된 1년 시한의 한시적인 제도는 15년 이상 지속되었다.

산업연수생제도는 외국인력을 연수생이 아니라 근로자로 활용하고 있음에도 불구하고 근로자로서 정당한 대우를 하여 주지 않는다는 대내외 비판으로[2)] 제도 개선에 대한 요구가 많아지고 연수생의 사업장 이탈이 심각하여 지자 2000년에 연수 2년 후에 취업을 1년 허용하는 연수취업제로 전환되었다가 2002년에는 연수 1년 후에 취

1) "노동시장 전면 개방은 아직은 시기 상조", 한국경제신문 1991년 11월 6일 〈기사〉
2) "인간적 대우 불신 없앤다; 연수기업 모범 사례", 조선일보 1995년 1월 22일 〈기사〉; "외국인 근로자 직장 이탈 (세계를 친구로 만듭시다 5)", 조선일보 1995년 1월 8일 〈기사〉

업을 2년 허용하는 제도로 변화되었다.(2010년 이후에는 외국인력을 연수생의 신분으로 도입하는 연수취업제는 폐지된다.)

산업연수생제도(그리고 연수취업제도)는 우리나라 외국인력 정책이 비정상적인 방향으로 진행되게 한 단초를 제공하였다. 국내인력으로는 필요인력을 구조적으로 충당할 수 없는 부분이 존재하고 있음[3]을 의도적으로 외면하고 공식적으로는 외국인력을 연수생으로 활용할 수 있는 길만을 열어 놓음으로써 저숙련 외국인력이 비합법적으로 국내에 체류하는 것을 사실상 용인하였다. 2000년대 초 우리나라의 저숙련 외국인력대비 불법체류자의 비중은 80% 가까이 된 적이 있는데 명목상 연수생을 대폭적으로 들여 올수 없었기 때문에 비합법적으로 우리나라에 외국인력이 들어오는 것을 눈감아 줄 수밖에 없었다. 우리나라와 비슷한 시기에 저숙련 노동시장을 외국인력에 개방한 대만의 경우 처음부터 근로자로 외국인력을 도입하고 외국인력 노동시장을 정부의 정책 틀 안에서 운영함으로써 현재까지도 불법취업자의 비중은 10% 미만이다.[4]

수년간의 논의를 거쳐(참여정부의 출범과 함께 도입된) 도입된 저숙련 외국인력을 근로자로 받아들이는 고용허가제는 우리나라 노동시장을 제한적이나마 공식적으로 외국인력에 대해 개방하였다는 것을 의미한다. 우리나라가 2003년 고용허가제를 도입하고 2007년에 2010년부터는 연수취업제를 폐지하기로 한 것은 획기적인 제도 개선이

---

3) "3D업종 30인 미만 기업, 4명중 1명꼴 외국인 고용", 한국경제신문 1994년 9월 14일〈기사〉

4) "정부 부처, 외국인 노동자 대책에 이견", 중앙일보 2002년 2월 23일 〈기사〉

다.[5)6)] 합법적인 틀 내에서 시장수요가 충족되지 않아 불법체류자가 늘어나고 정부도 이를 방관할 수밖에 없는 상황을 시정할 수 있게 되었기 때문이다.[7)]

고용허가제의 도입으로 일부에서는 인건비가 최고 40% 오를 것이라고 우려하였으나 기우에 불과하였다.[8)] 고용허가제와 병행 운영되던 연수취업제를 2007년부터 단계적으로 폐지하기로 결정한 것은 운영기조 및 처우 수준이 다른 제도 하에 도입된 인력들을 같은 사업장에서 근무하게 함으로써 상당한 부작용이 있어 왔기 때문이다.

우리나라 단순기능 외국인력제도는 아직도 개선하여야 할 부분이 많다. 가장 시급히 개선되어야 하는 부분이 일반고용허가제(E-9 체류자격)와 특례고용허가제(혹은 '방문취업제') (H-2 체류자격)로 이원화되어 있는 것이다. 필자는 단순기능인력을 활용하는데 있어서 재외동포와 다른 외국국적 인력을 차별화하여 하여서는 안 된다는 점을 강조하여 왔다.[9)]

특례고용허가제(방문취업제)는 2002년 도입된 일부 서비스 분야에 국내에 호적 또는 친척이 있는 외국국적 동포를 대상으로 3년간 취업활동을 허용하는 취업관리사증제도가 그 전형이다. 2004년 고용허가제의 특례제도로 고용허가제의 일부로 통합되었다가 2007년에는 국내에 연고가 없는 외국국적 동포에게도 취업을 허용하는 방문취업사

---

5) "〈시론〉 '고용허가제 성공조건", 세계일보, 2003년 3월 31일
6) 고용허가제의 도입은 노무현대통령의 대선 공약중의 하나였다 (03장의 ("〈경제시평〉 일자리 250만개 창출?", 국민일보 2002년 12월 10일) 참조).
7) "〈토론광장-고용허가제 도입〉 이래서 찬성", 국민일보 2002년 5월 30일); "〈논단〉 고용허가제 이후의 과제", 세계일보 2003년 8월 9일)
8) "[외국인 근로자 제도 내용]", 중앙일보 2002년 1월 31일 〈기사〉
9) "〈포럼〉 반대-재중 동포에만 서비스업 취업 허용", 문화일보 2002년 7월 25일

증제도로 개편되었다. 일반고용허가제와 특례고용허가제로 이원화된 외국인력 도입제도의 문제는 두 제도의 운영기조가 다르고 주관기관인 법무부와 노동부 간에 업무 공조는 물론이고 협조조차 제대로 이루어지지 않는다는 것이다.

특례고용허가제는 재외동포관리 차원에서 외국인력 문제를 접근함으로써 본래의 고용허가제의 취지를 근본적으로 훼손시키고 있다.[10] 하나의 예로 2008년 3월부터 2009년 1월까지 일반고용허가제로 4만 명, 특례고용허가제로 6만 명을 도입하기로 계획하였는데, 일반고용허가제로는 38,518명이 도입되어 계획대로 운영되었으나 특례고용허가제하의 동포는 98,999명이 입국하여 65%가 초과하였다. 연고동포의 입국을 통제할 수 있는 수단이 없기 때문이다. 고용위기 하에 정부가 뒤 늦게 건설업에 동포 취업을 제한하는 등의 조치를 취하고 있으나 사후약방문의 대안이라고 할 수 있다. 외국 국적의 동포를 받아들이는 경우 일본과 같이 정주형태로 받아들여야 한다. 그렇지 않으면 일반고용허가제의 근본적인 틀이 흔들리게 된다.

일반고용허가제와 방문취업제로 이원화되어 운영되는 단순기능 외국인력 제도를 통합적으로 운영하는 제도 개선이 시급이 이루어져야 한다. 특히 최근 헌법재판소가 체류자격에 상관없이 합법적으로 체류한 외국인은 귀화요건의 거주기준을 충족시키면 귀화가 가능하다는 판결을 함에 따라 방문취업제의 전면적인 개편이 필요하게 된 것을 계기로 현재와 같이 외국인력의 정주 가능성을 배제한 외국인

10) "〈시론〉 외국인 100만 명 시대", 국민일보 2007년 9월 4일

력 정책을 계속하여야 하는지를 심각하게 고민하여야 한다.

고용허가제가 도입된 지 5년이 경과하였음에도 불구하고 불법취업자 문제는 여전히 해결되어야 할 과제이다. 2008년 말 현재 불법체류자의 수가 20만 명을 넘고 있다. 산업연수 및 연수취업 체류자격자의 불법 체류자 비율은 각각 86.9%, 95.6%이다. 불법체류자 문제는 단속만으로 해결될 수 없다.[11] 특히 우리나라와 같이 잘못된 정책방향으로 정부가 불법체류자의 발생을 사실상 방조한 경우에는 더욱 더 그렇다. 현재에 국내에 체류하고 있는 불법체류자의 존재를 어느 정도 인정하고 추가적인 발생을 억제할 수 있는 근본적인 대책이 요구된다.[12]

2. 고령화 사회 대안은 외국인력[13]

세계보건기구(WHO)가 지난 20일 발표한 세계 보건 통계에 따르면 우리나라 여성의 출산율은 1990년 1.6명, 2000년 1.4명으로 감소하다 2006년 1.2명, 세계 최저치로 떨어졌다. 그나마 통계청이 2월 발표한 자료에 따르면 2005년 최저치인 1.08명을 기록한 후 상승세로 돌아서 2007년 1.26명으로 높아진 것은 매우 고무적인 일이나 '쌍춘년(2006년)

11) "〈시론〉 외국인력 강제출국 재고를", 세계일보 2002년 11월 7일

12) "[합법과 불법사이, 외국인 노동자], 한국말밖에 모르는 2세들 추방되면 그 곳에서도 '이방인'", 조선일보 2008년 7월 10일

13) 서울경제 〈시론〉 (2008. 5. 29)

·황금돼지해(2007년)' 효과에 따른 일시적인 현상이라는 분석이 있어 '베이비붐'이 시작됐는지는 아직 좀 더 기다려봐야 할 것 같다.

출산율 부진으로 고민하고 있는 다른 나라의 대처방안은 다양하다. 싱가포르는 셋째 아이를 낳으면 약 1,500만원의 출산장려금을 준다. 또 대학에는 정부 지원으로 '사랑의 관계'라는 강의가 개설돼 젊은이들에게 남녀관계를 지속시키는 방법을 가르치고 있고 정부가 운영하는 연애상담 웹사이트도 있다. 또 정부가 중매알선 업체에 지원금을 줘 중매를 통해 혼인이 활성화되도록 하고 있다.

우리나라가 싱가포르와 같은 획기적이고 다양한 출산장려 정책을 시행해 한때 유럽에서 인구감소율이 가장 높은 나라에서 출산율이 가장 높은 나라가 된 프랑스 같이 되지 말라는 법은 없으나 우리나라의 주택·교육비 문제를 고려할 때 정부의 출산장려 대책은 고령화 사회의 도래를 지연시키기에는 한계가 있어 보인다.

우리나라가 급속히 진행되고 있는 고령화 사회에 대처하는 가장 현실적인 대안은 외국인력을 잘 활용하는 것이다. 우리나라 65세 이상 인구 비중이 2005년 9.1%, 오는 2018년 1.43%, 2026년 20.08%가 예상되는 상황에서 외국인력의 적극적인 활용은 경제 활력을 유지할 수 있는 유일한 대안이다.

많은 선진국이 우리와 같은 문제를 경험하고 이민국가로 이행했다. 총 고용에서 외국인이 차지하는 비중이 우리나라는 2% 미만이나 경제협력개발기구(OECD) 국가의 평균은 2005년 기준 12.7%인데 이는 10년 전 9.3%에 비해 3.4%포인트 급증한 것이다.

신혼부부 8쌍 중 1쌍이 국제결혼이고 국내체류 외국인 수가 이미

100만명을 넘어섰으나 우리나라가 외국인력을 보다 적극적이고 효과적으로 활용하기 위해서는 해결해야 하는 과제가 많다.

우선 순혈주의에 기반을 둔 쇄국주의를 극복해야 한다. 스위스 국제경영개발연구원(IMD)이 최근 발표한 세계경쟁력 보고서에 따르면 '한국은 외국문화 흡수에 소극적이고 기업들은 필요한 외국인력을 고용하는 데 어려움을 겪는다. 우리나라는 외국문화에 대한 개방수준에서 조사대상 55개국 중 최하위였다.

우리나라의 순혈주의를 나타내는 또 다른 지표는 미국에 입양되는 우리나라 아동의 수가 세계에서 4번째라는 것이다. 세계 10위권의 경제대국이며 출산율이 세계 최저치인 나라에서 해외입양아의 숫자가 1,000명이 넘는다는 것은 외국인이 보기에 기이한 현상이다. 지난해 처음으로 전체 입양에서 국내입양이 차지하는 비중이 50%를 넘어섰으나 이는 국내입양이 늘어나서가 아니라 해외입양을 정책적으로 억제했기 때문이다.

세계화시대에 우리는 이제 다양한 국가, 다양한 인종, 다양한 문화를 받아들여 다문화 공동체를 이룩할 준비를 해야 한다.

법제도도 정비돼야 한다. 정책 당국은 국민의 정서를 고려해 외국인력의 정주가능성을 배제한 이민정책을 펼치고 있다. 특히 법적으로는 엄연히 외국인인 재외국민 외국인력의 경우 실질적으로 우리나라에 정주할 가능성이 매우 크나 관련된 법제도 정비는 미비한 실정이다.

국민의식과 법제도를 개혁해 모자이크 사회에 대응하는 통합적 외국인력 활용방안을 마련해야 한다. 이것이 저출산시대에 우리나라 경제 및 사회 활력을 유지하는 대안이다.

3. 외국인력 강제출국 재고를[14]

최근 정부는 관계부처 차관회의에서 내년 3월말까지 전원 강제출국시키기로 하였던 외국인 불법체류자의 체류기간을 중소기업의 인력난을 고려하여 더 연장시키기로 결정하였다.

정부가 외국인 불법체류자에 대한 강제출국 방침을 정하였다가 체류기간을 반복하여 연장시켜주고 결국은 용두사미가 되어 버린 경우는 이번이 처음이 아니다. 90년대 중반 외국인 불법체류자에 대한 자진신고기간을 설정하고 불법체류자에 대한 근절대책을 발표하였을 때도 정부는 실효성 있는 단속은 하지 못하고 결국은 불법체류자만 늘어났다.

그동안 우리 정부의 외국 인력정책은 내국인 근로자의 취업기회 보호 차원에서 국내 노동시장을 개방할 수 없으며 대안으로 근로자가 아닌 연수생의 신분으로 단순 외국인력을 수입하여 사용한다는 것이었는데, 진일보하여 취업관리제 도입을 통해(실질적으로는 노동부가 지난 몇 년간 도입을 추진하여 온 고용허가제와 같은) 외국국적 동포에 한하여 국내의 서비스 노동시장을 개방하기로 결정하였다.

이와 함께 지난 5월에 마감한 불법체류자 자진신고기간에 신고한

14) 세계일보 〈시론〉 (2002. 11. 20)

약 25만 명의 불법체류자 외국인력을 내년 3월까지 귀국시킨다는 방침을 발표하였다.

그러나 25만 명을 내년 3월말까지 출국시키려면 지난 7월부터 매일 1,000명이상을 출신 국가로 돌려보내야 하니 강제출국의 행정비용등을 고려할 때 현실적으로 가능하지도 않을 뿐 아니라 지난 번 정부의 외국인력정책 개선방안은 문제의 본질을 간과하고 있었으므로 전문가들은 이와 같은 정부의 방침번복을 예측했었다.

현재 불법체류 외국인력을 사용하고 있는 상당수의 고용주들에게 대체인력을 제공하여 줄 수 없는 상황에서 정부가 불법체류 외국인력에 대한 강제 귀국조치를 강행할 수 없기 때문이다.

당초 정부가 제시한대로 산업연수생제도 등 을 통해 약 12만 명의 대체인력을 제조업체 등에 공급할 계획이 그대로 실현되다 해도 전체적으로 외국인력이 13만 명이 줄어들게 돼서 불법취업자 고용여부를 떠나 현재 외국인력을 쓰고 있는 상당수의 업체는 외국인력을 사용할 수 없게 된다. 그러나 대체할 국내인력을 구할 수 없는 것이 현실에서 합법적으로 외국인력이 취업할 수 있게 된 서비스업종뿐만 아니라 제조업에서도 불법체류자는 여전히 상당수 발생하는 것은 당연한 결과이다.

또한 불법체류자와의 보수의 차이 등에 의해 오는 산업연수생의 연수장소 이탈, 외국인력(특히 불법체류 외국인력)에 대한 인권침해 문제 등도 정부의 외국인력정책 개선대책의 문제점으로 지적되었었다.

정부는 지난 7월 도입한 취업관리제를 서비스 업종뿐 아니라 제조업 등으로 확대하고 외국국적 동포와 다른 외국인력의 대우를 동등하게 하여야 한다. 외국국적 동포의 한국어 구사능력이나 우리와의 문화습관의 유사성으로 시장기능에 맡겨 놓아도 외국국적 동포들은 경쟁력이 있으며 노동시장에서 이에 상응하는 처우를 받을 수 있다.

급격한 제도 변화에 따라 현재 연수생을 고용하고 있는 업체들의 추가적인 고용비용 상승을 우려하여 산업연수생제도를 당분간 유지한다 할지라도 한시적으로 운영한다는 원칙을 정립하여야 한다.

지금처럼 단순 외국인력의 상당수를 합법적인 틀밖에 방치할 경우 단순외국인력 도입의 중장기적 사회비용은 증가한다. 취업관리제가 전면적으로 도입되면 위험부담 감소에 따른 불법체류자의 고용비용이 하락하므로 우리나라 전체의 외국인력 고용비용의 상승여부도 불확실하다.

끝으로 취업관리제의 전면적인 도입과 함께 현재의 불법체류자 문제에 대한 현실적인 대안이 강구되어야 한다. 불법체류자의 수를 고려할 때 불법체류자 전원출국과 같은 대책은 실효성이 전혀 없으므로 관계 정부부처의 발상의 전환이 필요하다.

4. '고용허가제' 성공조건[15]

정부가 7월부터 단순기능 외국 인력에 대해 고용허가제를 도입하기로 방침을 확정하였다. 정부안에 따르면 사업주는 국가의 직업 안

---

15) 세계일보 〈시론〉 (2003. 3. 31)

정기관에 구인신청을 한 후 1개월 이상 내국인을 고용하고자 하였으나 실패한 경우 외국인 근로자를 고용할 수 있다. 단순기능 외국인 근로자의 도입과 알선, 관리 업무는 우리나라 정부와 송출국가의 정부가 맡아서 하게 된다. 정부는 또한 16만여 명에 이르는 불법체류자들에게 오는 8월말까지 출국기한을 일괄 유예하기로 하였다.

정부가 고용허가제를 도입하기로 한 것은 지금까지 비정상적으로 운영되어 왔던 단순기능 외국인 근로자 정책을 올바른 궤도에 올려놓는 출발점이 될 수 있다는 측면에서 매우 긍정적으로 평가된다. 단순인력난이 심각해진 1990년대 초부터 국내에 들어오기 시작한 외국 인력에 대해 우리 정부는 그 필요성을 공식적으로 외면한 채 소극적으로 대응함으로써 불법체류자가 전체 외국 인력의 70% 가까이 되고, 외국인 근로자에 대한 인권침해 시비가 그치지 않아 국내외에서 비난의 목소리가 높았다.

그러나 고용허가제가 외국 인력이 들어오기 시작한 후 10여년이 지난 시점에서 도입됨으로써 이 제도가 성공적으로 정착하는 데는 많은 난관이 있으리라 예상된다. 우선 합법적인 지위를 가진 연수생보다 많은 불법체류자 문제가 합리적으로 해결되어야 한다. 정부는 불법체류자중 3년 이하 체류자에 대해서는 출국유예 조치를 취할 것으로 알려져 있다. 산업현장의 일시적인 인력공동화를 방지하고 불법체류자들이 우리 정부의 부적절한 정책의 희생자였다는 측면을 고려하면 합당한 조치라 생각된다. 다만 향후 적정 수준에서 합법적인 외국 인력의 도입 규모를 결정한 후 불법체류자가 발생하지 않도록 정부가 적극 노력하여야 한다.

현재 외국인 연수생을 쓰고 있는 업체에 대한 배려도 있어야 한다. 고용허가제가 도입되는 경우 현재 외국인 연수생을 사용하고 있는 사업체의 경우 어느 정도의 비용증가가 예상된다. 일정기간 이들 업체에 대해 정부가 비용 상승분에 대해 재정적 지원을 함으로써 제도 도입에 따른 부정적 충격을 흡수 할 수 있도록 도와주어야 한다.

외국인 근로자에 대해 노동3권을 허용하는 경우 파업 가능성이 있으므로 노동권을 제한하자는 주장이 일부에서 제기되고 있으나 우리나라 헌법은 외국인을 근로자로 대우하는 경우 노동권을 국내 근로자와 동일하게 보호할 것을 규정하고 있으므로 예외가 있을 수 없다. 다만 지난 10여 년간의 고용허가제 도입 논란 과정에서 일부 외국인 근로자들이 조직화되어 있으므로 이들이 과격화하지 않도록 행정당국이 각별히 관심을 기울이는 노력이 필요하다.

정부의 고용허가제 도입 내용 중 가장 우려되는 부분은 사업자에게 단지 1개월만의 내국인 근로자 구인노력을 의무화한 것이다. 단순기능인력 도입의 부정적인 효과중의 하나가 우리 산업의 구조조정을 더디게 하고 내국인의 일자리를 빼앗아 가는 것임을 고려하면 사업주의 내국인 구인노력 요건을 강화하여야 한다. 이와 함께 외국 인력이 취업할 수 있는 업종에 대해서도 보다 세부화된 기준을 제시하여야 한다.

단순기능 외국 인력의 체류기간을 3년으로 한정하는 것을 일부 사업주들이 반대하고 있는 것으로 알려져 있다. 만약 외국 인력의 체류기간을 제한하지 않는 경우 외국인력 정주화에 따른 막대한 사회적 비용을 지불하여야 하므로 외국 인력은 정부의 현재 방침과 같이 일정기간만 체류하는 원칙이 지속적으로 지켜져야 한다.

정부가 고용허가제 도입에 따라 우려되는 이 같은 부작용을 최소화할 수 있는 방안을 적극적으로 강구하여 빠른 시일 내에 고용허가제 관련입법이 국회를 통화하기를 기대한다.

5. 고용허가제 이후의 과제16)

90년대 초 인력난이 심화되고 단순기능 외국인력이 국내에 유입되면서 시작된 고용허가제 도입 논쟁이 지난 7월 31일 국회를 통과하면서 일단 마무리되었다.

산업연수생제도로 대표되는 우리나라의 지금까지 정책은 단순기능 외국인력을 근로자로 받아들일 수 없다는 것이었다. 1993년 한시적으로 도입된 산업연수생제도를 연장하면서 그 규모를 늘려 국내의 외국인력 수요를 충당하고자 하였으나 10년이 경과한 현시점에서 30만 명에 근접한 불법체류자가 전체 외국인력의 80%에 이르는 심각한 상황으로 발전하였다.

외국인력 불법체류자 문제는 어느 나라가 다 가지고 있는 문제이나 우리나라의 경우 그 정도가 지나치다는데 심각성이 있다.

우리나라와 비슷한 시기에 인력난으로 외국인력을 도입하기 시작하였으나 초기부터 고용허가제를 도입한 대만의 경우 전체 외국인력

16) 세계일보 〈논단〉(2003. 8. 9)

중 불법취업자는 5%미만이다. 흔히 우리나라와 유사한 외국인력 정책을 가지고 있다고 인식되는 일본의 경우 전체 외국인력 중 불법취업자의 비중은 30%정도이다. 니케진 등 일본인 재외동포를 적극적으로 유치하고 외국인어학연수생 들에게 일정시간의 취업을 허용하는 등 다각적으로 외국인력을 합법적인 틀 안에서 활용하고자 노력하고 있기 때문이다. 우리나라도 지난해 해외동포를 대상으로 한 취업관리제를 도입하였으나 요건이 지나치게 엄격하고 비현실적이어서 유명무실한 제도로 전락하였다.

고용허가제 도입으로 불법체류자가 합법적인 근로자보다 훨씬 많은 비정상적인 상황이 개선될 수 있는 계기가 마련되었다는데 큰 의의가 있다.

정부가 현재의 불법체류자에 대해 요건을 정하여 일정기간 체류허용, 출국조치 후 재입국 허용, 강제추방 등의 조치를 선별적으로 적용하기로 한 것은 불법체류자의 일시 추방이 현실적으로 어렵고 이를 강행하는 경우 산업공동화 현상이 우려되고 외국인 불법체류자들도 어느 측면에서는 피해자인 것을 고려하면 적절한 조치라 생각된다.

고용허가제가 10여년의 논란 속에 어렵게 도입되었으나 우리나라의 외국인력 정책이 올바른 방향으로 정착되기 위해서는 아직도 많은 과제가 남아 있다.

우선 기존의 산업연수생제도와 병행하여 실시하기로 되어 있는데 현장에서 상당한 부작용이 예상된다. 고용허가제는 국내인력의 대체채용 가능성이 외국인력 채용 허용 여부를 판단하는 기준이나 산업연수생제도는 인력난을 겪고 있는 중소제조업체에 대한 지원대책의 성격도 포함하고 있다. 정부는 동일 회사에 산업연수생과 고용허가제로 도입된 근로자가 같이 일하는 것을 불허할 방침으로 알려져 있으나 현재 상당수의 업체에서 산업연수생과 불법 체류자를 같이 고용하고 있는 현실을 고려할 때 과연 실효성이 있는 대책이냐는 의문이 있다.

중소업체의 비용 상승에 대한 우려 등을 고려하여 산업연수생제도와 병행하도록 정부 방침이 결정된 것은 이해하나 향후 해결하여야 할 과제임은 분명하다.

지금까지 고용허가제의 도입 여부에 대한 논란은 많았으나 바람직한 고용허가제의 모습에 대한 심도 있고 진지한 논의가 부족하였다.

산업구조 조정의 필요성과 외국인력 도입을 통한 중소업체에 대한 지원을 어느 방식으로 조정할 것인가, 외국인력을 도입하는 업종에 대한 제한을 둘 것인가, 불법체류자 문제를 단속할 수 있는 행정적 기반은 구축되어 있는가, 외국인력의 채용과정에 있어서 공공부문과 민간취업알선기관과의 바람직한 관계는 무엇인가, 외국인력 채용에 있어서 재외동포에 우선순위를 주어야 하는 가 등 고용허가제를 제대로 정착시키기 위해서는 풀어야 할 숙제가 많다.

무엇보다도 우리나라의 사업주나 근로자가 외국인 근로자를 이방인으로 보지 않고 우리가 필요하여 활용하고 있으므로 정당한 대우를 하여 주어야 한다는 의식을 가질 때 고용허가제는 정착될 수 있다.

6. 반대 : 在中동포에만 서비스업 취업 허용[17)]

정부는 최근 외국 국적 동포에 한하여 국내의 서비스 노동시장을 개방하기로 결정했다.

국내 서비스 노동시장을 취업관리제 도입을 통해 외국 국적 동포(중국의 조선족도 법적으로는 외국인임)에 한해 개방키로 한 정부의 결정은 국내 노동시장을 개방하는 방향으로 정부의 이국인력 정책이 진환됐다는 측면에서는 긍정적으로 평가된다. 지금까지 우리 정부의 입장은 내국인 근로자의 취업 기회 보호 차원에서 국내 노동시장을 개방할 수 없으며 대안으로 근로자가 아닌 연수생의 신분으로 단순 외국인력을 수입, 사용하는 것이었다.

그러나 외국 국적 동포에 한정, 서비스 업종에만 근로자 신분으로 취업을 허용한 정부의 이번 조치는 문제의 본질을 간과하고 있으며 실효성이 있는 외국인력 대책이라고 볼 수 없다.

산업연수생의 수를 늘리면서 서비스 노동시장을 외국 국적 동포에 한해 제한적으로 개방한 이번 정부의 결정으로 국내의 단순인력난은 어느 정도 완화될 것이나, 25만 명이 넘는 불법 체류 외국인 근로자 문제는 해결되지 않을 것이다.

정부는 지난 5월에 마감한 불법 체류자 자진신고 기간에 신고한 약 25만 명의 불법 체류 외국인력을 내년 3월까지 귀국시킨다는 방침이다. 하지만 현재 불법 체류 외국인력을 사용하고 있는 상당수의 고용주

---

17) 문화일보 〈포럼〉 (2002. 7.25)

들에게 대체인력을 제공해 줄 수 없는 상황에서 정부가 불법 체류 외국인력에 대한 강제 귀국 조치를 강행할 수 있을지는 의문이다.

정부는 산업연수생 제도 등을 통해 약 12만 명의 대체인력을 제조업체 등에 공급할 계획이나 정부의 계획대로 되면 전체적으로 외국인력이 13만 명이 줄어들게 된다. 또, 현재 불법 취업자를 고용하고 있는 제조업체 가운데는 연수생을 배정받지 못하는 업체도 생길 것이다.

현재 외국인력을 고용하고 있는 상당수의 업체는 외국인력을 대체할 국내 인력을 구할 수 없는 것이 현실이다. 결과적으로 서비스 업종에서의 합법적인 외국인력 취업자는 생기지만 불법 체류자는 서비스 업종뿐만 아니라 제조업에서도 여전히 상당수 존재할 것이다.

불법 체류자가 합법적인 자격을 가진 산업연수생보다 많아도 방관할 수밖에 없는 게 현실이다. 이런 상황에서 이번 조치를 통해 합법적인 근로자 신분인 외국 국적 동포를 추가시킨다고 해도 불법 체류자와의 보수 등의 차이로 인해 발생할 산업연수생의 연수장소 이탈, 외국인력(특히 불법 체류 외국인력)에 대한 인권 침해 문제 등은 개선되지 않을 것이다.

정부는 취업관리제를 서비스 업종뿐만 아니라 제조업 등으로 확대하고 외국 국적 동포도 다른 외국인력과 똑같이 대우해야 한다. 외국 국적 동포는 한국어 구사 능력이나 우리와의 문화 습관의 유사성 등으로 인해 시장 기능에 맡겨 놓아도 경쟁력이 있으며, 노동시장에서 이에 상응하는 처우를 받을 수 있다.

급격한 제도 변화에 따라 현재 연수생을 고용하고 있는 업체들의 추가적인 고용비용 상승을 우려, 산업연수생 제도를 당분간 유지하더라도 한시적으로 운영한다는 원칙을 세워야 한다.

지금처럼 단순 외국인력의 상당수를 합법적인 틀 밖에 방치할 경우 단순 외국인력 도입의 중장기적 사회비용은 증가한다. 취업관리제가 전면적으로 도입되면 위험 부담 감소에 따른 불법 체류자의 고용비용이 줄어드는 만큼 우리나라 전체의 외국인력 고용비용 상승 여부도 불확실하다.

끝으로, 취업관리제의 전면적인 도입과 함께 현재의 불법 체류자 문제에 대한 현실적인 대안이 강구돼야 한다. 불법 체류자 25만 명을 내년 3월말까지 출국시키려면 매일 1000명 이상을 출신 국가로 돌려보내야 한다. 강제 출국의 행정비용 등을 고려할 때 현실적으로 불가능한 일이다.

7. 외국인 100만 명 시대[18)]

우리나라가 외국인 100만명 시대를 열었다. 이제 단일민족 국가라는 정체성을 글로벌 시대에 맞게 통합적으로 극복해야 하는 과제를 안게 됐다. 가장 중요한 문제는 절반 이상이 불법 체류하고 있는 저숙련 이주근로자다.

체류 외국인 중 관광 등 목적의 단기 체류자를 제외한 외국인 체류

18) 국민일보 〈시론〉 (2007. 9. 4)

자는 지난해 말 기준으로 약 55만 명이고, 이 가운데 저숙련 근로자가 약 40만 명이다. 이들 중 18만7000명이 불법체류자다.

정부는 불법체류자에 대해 여러 차례 사면도 하고 단속도 강화했지만 불법체류 문제는 해결되지 않고 있다. 불법체류 근로자는 어느 나라에나 있으나 저숙련 외국인 근로자 중 절반이 불법체류자인 나라는 우리나라뿐이다. 우리나라의 불법체류자 수는 몇 년 전 약 30만 명으로 늘어나 전체 저숙련 외국 인력의 80%가 불법체류자인 때도 있었다.

문제가 이렇게 심각하게 된 것은 저숙련 외국 인력에 대한 초기 정책 대응을 잘못했기 때문이다. 실질적으로는 근로자이면서 근로자로 인정하지 않는 외국인 산업연수생 제도가 불법체류자를 양산하는 단초를 제공했다. 국내 기업들은 노동법 등의 규제를 덜 받으면서 저숙련 외국 인력을 합법적으로 활용할 수 있는 유일한 통로인 산업연수생 제도에 집착했다. 2004년 8월 고용허가제가 도입되기 전까지 10여 년간 다른 길은 차단됐다.

그러는 동안 외국 인력을 사실상 노무에 종사케 하면서도 근로자가 아닌 연수생으로 대우하는 산업연수생 제도는 편법적이라는 비판을 국내외 인권단체로부터 받아왔다. 이에 따라 우리나라 정부는 연수생 도입 규모를 매우 제한적으로 운용할 수밖에 없었고 결과적으로 합법적 경로를 통한 저숙련 외국 인력 공급은 수요에 못 미칠 수밖에 없었다.

일본의 제도를 모방해 1993년 1년간 한시적으로 도입된 산업연수생 제도는 중소기업들의 요구에 떠밀려 여러 형태로 연장돼 오다 올해부터 중단됐다. 저숙련 외국인 근로자 도입 창구가 고용허가제로 일원화된 것이다.

지난 8월로 시행 3년을 맞은 고용허가제는 국내외로부터 상당히 긍정적인 평가를 받고 있다. 산업연수생 제도로 도입된 외국 인력들이 도입 초기 대거 사업장을 이탈한 것과 대비하면 상당한 발전이다. 그러나 정책 부재로 발생하게 된 20만 명 가까운 불법체류자가 향후 고용허가제의 정착을 가로막을 수 있는 가장 큰 장애요인이다. 범칙금 면제나 재입국 허용 같은 소극적 조치를 통해서는 해결될 수 없다는 것이 지금까지의 경험이다.

또 다른 문제는 불법체류자를 양산할 수 있는 제도가 법무부 주도로 막 시행되었다는 것이다. 외국 국적 동포에 대해 자유로운 왕래 및 취업을 허용하는 특례고용허가제는 그 대상을 올해부터 무연고 동포에게도 확대하고, 3만 명의 연간 도입 한도를 설정하고 있다. 특례고용허가제는 순환 원칙에 의해 저숙련 외국 인력을 활용하는 고용허가제의 기본 원칙에 반하는 제도다. 특례고용허가제로 유입된 동포 외국인 근로자가 장기 체류를 원하는 경우 실질적으로 정주를 허용하거나 불법체류자로 남을 경우 단속을 강제하는 것이 국민 정서상 쉽지 않을 것이기 때문이다.

특례고용허가제는 제도의 또 다른 편법 운용이라고 볼 수 있다. 이 제도가 고용허가제의 일환으로 도입될 경우 일반고용허가제와 같은 원칙을 적용하든가 아니면 정주를 전제로 해 새로운 틀을 짜 외국 국적 동포를 받아들여야 한다. 이웃나라 일본은 정주 형태로 외국 국적 동포를 받아들였다.

결론적으로, 고용허가제로 새로운 틀을 막 갖추게 된 저숙련 외국인력 정책이 목적을 달성하기 위해서는 불법체류자 문제가 시급히 해결돼야 하고, 불법체류자 신규 발생을 막을 제도적 보완이 필요하다.

8. 재외동포법과 노동시장[19)]

지난 11월29일 헌법재판소는 중국과 옛 소련의 동포 및 그 자손들이 재외동포법의 혜택을 받지 못하도록 규정한 것은 헌법에 어긋난다고 결정했다. 따라서 현행 재외동포법은 오는 2003년 말까지만 인정되고, 정부가 이를 개정하지 않으면 2004년부터는 효력이 상실된다.

1999년 제정된 재외동포법이 중국동포 등을 제외시킨 것은 중국측이 중국동포를 외국국적 동포에 포함시키는 것에 반발했기 때문인 것으로 알려져 있다. 만약 헌재의 결정취지대로 관련법이 개정되면 중국동포 등도 거소신고증(주민등록증 대행)을 발급받게 돼 취업, 부동산 취득 및 보유 등 경제활동에서 내국인과 동등한 권리를 갖게 된다.

2백50만 명으로 추정되는 중국 및 옛 소련의 동포들이 들어 와 활동하게 되면국내 노동시장은 엄청난 충격이 예상된다.

외국인력은 90년대 초반 이후 제조업부문, 특히 3D업종의 인력난이 심화되면서 유입되기 시작해 현재 33만여 명이 국내에 체류하고 있다. 이 가운데 74%인 24만여 명이 불법체류자다. 외환위기 발생

---

19) 한국경제 〈시론〉(2001. 12. 4)

직후 불법체류 외국 인력이 한때 줄어들기도 했으나, 경기회복과 함께 다시 증가하기 시작해 최근 들어서는 월 7천 명씩 늘어나고 있는 것으로 파악되고 있다. 불법체류자중 절반이 중국출신이고, 이중 중국동포가 절반 이상을 차지하고 있다.

우리나라는 단순기능 외국 인력의 취업을 허용하지 않고 있다. 다만 중소제조업체의 심각한 인력난 해소를 위해 산업연수생 자격으로 8만 명 한도에서 외국인력 도입을 허용하고 있다. 그러나 절반가량이 이탈, 현재는 4만3천명의 산업연수생이 있다.

헌재의 결정에 따라 관련법 개정을 검토하는 경우 국내 노동시장에 미치는 영향이 최우선적으로 고려돼야 한다.

지난 번 재외동포법 제정 때 중국정부의 반발 때문에 중국동포 등을 제외시켰으므로, 이번 법 개정에서도 정부가 중국 러시아 동포들에 대해 재미 재일동포 수준까지는 개방하지 않으리라는 전망이 나오고 있다. 비자 발급이나 출입국 과정에서 헌법에 위배되지 않을 정도의 제한을 둘 가능성이 크다는 것이다.

그러나 외교적 고려에 의한 이 같은 편법적인 접근보다는 국내 노동시장 상황, 해외 동포의 경제활동이 우리 경제에 미치는 영향, 국민정서 등을 포괄적으로 고려해야 한다. 우리나라가 중국동포 등에 대해 국내인과 동등한 경제활동을 허용한다는 것은 우리나라의 단순인력 노동시장을 해외동포에게 완전 개방한다는 것을 의미한다.

지난 몇 년간 고용허가제의 도입을 둘러싼 논쟁이 격렬했는데, 헌재의 결정에 맞추어 재외동포법을 개정하면, 고용허가제보다 한 단계 높은 노동허가제를 도입하는 것과 같다. 지금까지 정부의 단순기능 외국인력 정책의 기조는 순환원칙에 의해 그들이 국내에 장기체류하지 못하도록 하는 것이었다.

독일이나 프랑스 등 서유럽 국가들은 지난 50, 60년대 개발도상국으로부터 외국인력을 도입해 장기체류를 허용했다. 그런데 70년대 이후 경기침체에도 불구하고 이들이 계속 체류함에 따라 상당한 사회적 비용을 지불하고 있다. 이로 미루어 볼 때 중국동포 등에 취업의 자유를 보장하는 것은 순환원칙을 포기하는 것과 같은 결과를 가져올 것으로 예상된다.

일본은 90년대 이후 인력난 해소를 위해 원주민 이주정책을 도입, 남미로 이주한 일본인 2, 3세의 국내 활동에 내국인과 동일한 권리를 주었다. 그러나 니켄진이라 불리는 이들 일본인 후손들은 언어나 문화적 차이로 일본 생활에 잘 적응하지 못해 기대한 만큼 많은 니켄진들이 입국하지는 않았다.

그러나 우리나라의 경우 중국이나 옛 소련에는 기회만 되면 입국해 취업하려고 하는 한국어를 구사하는 몇 십만 명의 동포들이 있다. 국내에 취업하기 위해 이들이 알선업자에 지불하는 비용은 수백만 원 내지 수천만 원씩 되는 것으로 알려져 있다.

정부가 헌재의 결정에 따라 관련법을 개정할 때, 이 같은 점을 면밀히 검토해 신중하게 결정해야 할 것이다.

9. 노동시장의 외국인 끌어안기[20)]

우리나라 외국인 노동자 정책의 일대 전환이 필요하게 되었다.

서울행정법원이 방문취업사증(H-2) 체류를 이유로 간이귀화를 불허한 법무부를 상대로 중국인 박 모 씨가 낸 행정재판에서 체류자격의 종류와는 상관없이 적법하게 체류자격을 부여받아 국내에 3년 이상 생활 근거지를 두고 있는 자는 간이귀화 요건이 범위에 해당된다는 취지에서 박 씨의 손을 들어줬다.

서울행정법원의 판결로 논란이 많은 비숙련 외국 인력의 정주문제를 의도적으로(?) 회피한 채 운영되어 온 외국인 노동자 정책의 운영 기조를 근본적으로 바꿀 수밖에 없게 되었다.

비숙련 외국인 노동자가 우리나라에서 일을 하기 위해서는 고용허가를 받은 사업주와의 근로계약을 근거로 발급하는 비전문취업사증(E-9)을 취득하거나 만 25세 이상 동포이면 방문취업사증 (H-2)을 받아야 한다.

우리나라의 비숙련 외국인 노동자 정책은 내국인의 고용기회가 침해되는 것을 방지하고 투명한 도입절차로 송출비리를 방지하는 제도적 장치를 가진 고용허가제로 대변되고 있지만 실질적으로는 방문취업사증을 가진 외국인 노동자가 고용허가를 받은 비전문취업사증 소지자보다 2배 이상 많다.

2009년 1월 현재 국내에 체류 중인 외국인은 비숙련 외국인 노동자

---

20) 한국경제 〈시론〉 (2009. 5. 11)

45만 명(불법체류자 20만명 제외) 중 비숙련 외국 인력의 66%인 30만 명이 방문취업자이다.

방문취업제는 국내에 호적 또는 친척이 있는 외국국적 동포에게 일부 서비스업종에 3년간 취업활동을 허용한 2002년에 취업관리제에서 출발하였다. 취업관리제는 그 후 2004년에 고용허가제도가 도입되면서 고용허가제의 특례제도의 하나로 고용허가제에 흡수 통합되었고 건설업에도 취업이 허용되었다. 2006년에는 제조업, 농축산업, 연근해어업에도 취업이 허용되어 비전문취업(E-9)자격으로 외국 인력을 도입하는 일반고용허가제와 별다른 차이가 없어졌다가 2007년에 국내에 연고가 없는 외국동포에게도 최장 3년간의 체류를 허용하는 방문취업제로 변경된 것이다.

방문취업제도는 외국인 노동자 문제를 재외동포관리 차원에서 접근함으로써 고용허가제의 근본취지를 근본적으로 훼손하고 있다는 비판을 받아 왔다. 국내의 고용주와 근로계약을 체결하기 전에는 입국할 수 없는 일반고용허가제와는 달리 일단 국내에 입국한 후 구직활동을 하여 일자리를 찾을 수 있고 일단 직장을 얻은 후에는 일선 노동관서에 신고하도록 되어 있으나 신고율이 극히 저조하여 실태 파악도 제대로 되어 있지 않은 상황이다. 또한 도입인력 규모를 사전적으로 통제하기 어렵다. 2008년에는 원래 6만 명을 도입할 계획이었으나 재외 영사관들의 공조가 이루어지지 않아 65%가 초과된 10만 명이 들어 왔다.

출산율 저조로 OECD국가 중 가장 빠르게 고령화가 진행되고 있는 우리나라로서는 비숙련 외국인 노동자에 대한 의존은 불가피하며 향후 그 의존도가 더욱 심화될 것이다.

그러나 정부는 비숙련 외국인 노동자의 정주화는 원칙적으로 허용하지 않는다는 원칙론을 내세우면서 실제적으로 정주가능성이(커지고 있는) 외국인 노동자의 문제를 애써 외면하여 왔다.

서울행정법원의 판결을 계기로 외국인 노동자의 정주화 문제를 공론화하고 심도 있게 논의하여 외국인 노동자정책을 재정립하여야 한다.

해외동포는 외국인 노동자로 받아들이는 경우 정주화를 전제로 받아들여야 한다. 남미로 이민간 일본인3세를 외국인 노동자로 받아들인 일본은 처음부터 이민자로 받아들였다.

일반고용허가제로 도입되는 외국인 노동자에 대해서도 최장 4년 6개월의 체류를 허용하고 재입국도 자유로이 허용하는 방향으로 법이 개정될 것으로 알려져 있다. 우리나라 국적법상 외국인이 5년 이상 합법적으로 체류하면 영주자격을 신청할 수 있으니 고용허가제가 도입된 지 5년이 경과한 현시점에서 동포뿐 아니라 고용허가제로 도입된 외국인 노동자의 정주화 문제에 대해서도 논의가 필요하다.

비숙련 외국인 노동자의 필요성에 대한 10여 년간의 공허한 논란으로 불법체류 외국인 노동자 문제를 키워 온 어리석은 전철을 밟아서는 안 된다.

8장 노동과 통상

1. 글로벌(global) 노동기준은 지켜야

우리나라는 ILO에 가입한 후 노동기준을 국제기준에 부합되도록 개정하라는 권고를 여러 차례 받았고 OECD에도 국내 노동 상황 진전에 관한 모니터링(monitoring)을 조건으로 가입되었다. 한편 현재의 사업장 단위 복수노조 불허도 ILO의 핵심노동기준을 위반하는 것이다.

사업장단위 복수노조가 예정대로 2010년 예정대로 허용되고 노사관계가 개혁되어 노정간의 충돌이 해소될 때 국제 노동 분야에서 코리아디스카운트(Korea Discount)가 없어지고 우리나라도 국력에 걸 맞는 대우를 받을 것이다.

1980년대 후반 민주화이후 노조활동이 자유로이 허용되고 노조가 우리 사회의 전반에 강력한 제도(institution)로 자리 잡아 가고 있었음에도 불구하고 우리나라는 1991년 국제노동기구에 가입한 이후 ILO 회원국이면 의무적으로 지켜야 하는 결사의 자유를 준수하지 않았다고 이의 시정을 요구하는 권고를 10여 차례 받았다. 특히 노동조합법상의 복수노조 불허, 노조의 정치활동 금지 및 제3자 개입 금지 조항이 문제되었다. 한국노총을 배척하는 새로운 노동운동 세력(후에 민주노총으로 발전한)이 노동조합으로 인정받지 못하고 노조활동을 이유로 형사처벌을 받았기 때문이었다.

이와 같은 이유로 UR 타결에 따른 WTO체제의 출범, 1994년 미국에서의 인권을 중시하는 민주당정권 탄생 등 국제환경 변화 속에서 각국의 근로조건에 관한 블루라운드(BR)의 필요성이 일부 서유럽국가에서 제기되고 ILO총회에서도 노동과 통상을 연계시키는 문제가 제기되자 우리 정부는 상당히 긴장하였다.[1] BR논의는 ILO를 중심으로 논의되었는데[2] 선진국 간에도 BR에 관련되어 이해관계가 다르기 때문에 BR이 구체화되지는 않았지만 우리나라 노동관계법이 국제기준에 부합되도록 개정되어야 한다는 것을 노동정책 당사자뿐만 아니라 일반 경제 정책당국자들도 인식하는 계기가 되었다.

우리나라는 OECD 가입을 추진하면서 노동관계법을 개정하고 핵심 국제기준을 대부분 충족하게 되었다. 그러나 복수노조 불허 및

---

1) "ILO 총회/"노동-통상 연계" BR 쟁점", 조선일보 1994년 6월 7일 〈기사〉: "〈오피니언〉 BR논의 불리하지만은 않다", 한국경제 1994년 4월 9일

2) ILO의 설립목적중의 하나가 부당한 노동착취를 통해 국제교역에서 비교우위를 가지는 것을 방지하는 것이다. ILO협약도 그와 같은 측면에서 이해되어야 한다.

공무원 단결권 불인정은 국제기준에 미흡한 것으로 우리나라는 노동상황 진전에 대해 OECD가 감시(Monitoring) 하는 것을 조건으로 OECD에 가입하였다. OECD의 우리나라에 대한 굴욕적인 노동상황 감시는 (2010년부터 우리나라가 복수노조를 허용하는 것을 확신하면서) 11년만인 2007년에 종료되었지만 여전히 우리나라의 노동관계법의 일부조항은 핵심 국제노동기준을 지키지 못하고 있다.

미국과 FTA를 추진하면서 미국 측은 우리나라의 노사관계 상황 및 노동관계법의 개정에 대해 각별한 관심을 가졌다. 한미 FTA에도 노동관련 조항이 포함되어 있으며 양국 정부뿐 아니라 일반 시민도 이 조항이 위배되었다고 생각되면 양국 정부에 문제를 제기하여 조사 및 시정을 요구할 수 있다.[3)]

무역자유화는 하나의 국민들 간에도 서로 차별적인 결과를 가져온다. 우리나라도 농업분야에 심각한 피해가 예상됨으로 이에 대한 대책이 요구된다.[4)] 미국의 오마바대통령이 한미 FTA의 현재 내용에 대해 불만을 가지는 것도 미국 제조업 노동자들의 피해에 관한 우려 때문이다.[5)]

우리나라는 국제 노동사회에서 국력에 걸 맞는 대우를 받지 못하

---

3) "한미 FTA, 약가책정 진통… 의약협상 중단", 매일경제 2006년 7월 13일 〈기사〉: "[한미 FTA 공청회] '車수입 늘려야 관세 인하' 美요구 말도 안돼", 한국경제 2006년 6월 27일 〈기사〉

4) "[한미FTA 공청회… 찬반 공방]", 매일경제 2006년 6월 28일 〈기사〉; "한 · 미 FTA 공청회 시민단체 반대로 또 파행", 문화일보 2006년 6월 27일 〈기사〉

5) "美 FTA 재협상 이번 주 공식요구 전망… 복수노조 허용, 최대쟁점 될 듯", 한국경제 2007년 5월 28일 〈기사〉

고 있는데, 일부 핵심 국제노동기준을 준수하지 못하고 적대적 노사관계로 노정간의 충돌이 잦기 때문이다. 적어도 법적으로 국제노동기준을 준수하여야만 코리아디스카운트(Korea Discount)가 없어지고 국제협상에서도 당당하여 질 수 있다. 이와 같은 측면에서 사업장 단위 복수노조는 예정대로 2010년부터 허용되는 것이 바람직하다.[6)]

2. BR논의 불리하지만은 않다[7)]

국가 간 무역거래의 공정성을 확립하기 위해서는 개도국을 포함한 모든 국가가 최소한의 근로조건이나 노동권을 보장하도록 제도화하는 것이 필요하다는 주장이 80년대부터 서구 유럽국가의 노동조합을 중심으로 제기되어 왔다. 이는 개도국의 빠른 성장에 따른 선진산업국가의 제조업 등 전통산업의 붕괴, 그에 따른 이들 국가의 고용위기에 그 근본적인 배경이 있다.

최근에 들어 일본을 제외한 G7국가의 고용상황이 위험수위를 넘어섰고, UR 타결에 따라 국제간 거래의 새로운 질서가 형성되는 과정에서 미국의 집권당으로 인권이나 노동권을 강조하는 민주당이 등장하는 등 국제환경변화에 따라 각국 근로자의 근로조건에 관한 다자간 협약인 블루라운드(BR)의 필요성이 일부 서유럽국가에 의해서 제

6) "노사 생산성 '만년 꼴찌'인데 노조는 또 대규모 파업 준비", 중앙일보, 2009년 5월 18일 〈기사〉

7) 한국경제 〈오피니언〉 (1994. 4.9)

기되고 있다.

또한 미국 민주당의 게파트 하원의원은 교역상대국의 열악한 근로조건을 공정무역관행을 저해하는 요소로 보고 기본적인 노동권을 보호하지 않는 국가에 대하여는 무역제재를 취할 수 있는 법안을 준비 중에 있어 국내근로자의 근로조건 수준 및 노동권 보장정도가 우리 수출상품에 직접적으로 연관돼 타격을 입지 않을까 우려되고 있다.

물론 각국의 근로조건에 관한 다자간 협약인 BR가 빠른 시일 내에 가시화돼 본격 추진되리라고는 보지 않는다. 그 이유는 BR를 주장하고 있는 선진국의 경우도 두개의 상반된 이해관계를 가지고 있어서다. 즉 선진국 내에 잔류하여 생산 활동을 하고 있는 제조업체들은 BR를 통하여 어느 정도의 경쟁력을 유지할 수 있는 반면 해외에 수많은 현지공장을 가지고 있는 다국적 기업의 경우 개발도상국의 싼 임금이나 부족한 노동권의 보장으로 상당한 이득을 취하고 있다. 실제로 이들 선진국의 다국적 기업들은 개도국에 대한 투자조건으로 자국기업에 대한 특례적인 노사관계조건(우리나라의 경우도 입법조치를 통하여 70년대에 외국인 투자기업 종사근로자의 노동3권을 제한한바 있음)을 요구하고 있다.

선진국의 산업구조로 볼 때 그들 다국적 기업의 정치적 영향력은 사양 산업으로 분류되는 국내 잔류기업보다는 훨씬 큰 것은 두말할 필요가 없다.

선진국 간에도 BR에 대하여서는 입장차이가 클 수밖에 없다. 대만을 포함한대부분의 동남아제국을 일본산업의 부품기지화한 일본의 경우 이들 국가의 낮은 근로조건이 산업경쟁력의 근간의 하나이다.

따라서 선진국 간에도 BR에 대한 합의점을 찾기는 쉽지 않을 것이다.

선진국의 고용위기가 더욱 심각하여지면 이 위기를 극복하기 위한 정치적방편의 하나로 BR의 필요성이 강력히 제기될 수는 있지만 개도국의 노동권제한을 과거 선진국 기업들이 투자의 전제조건으로 요구한 경험 등에 비추어볼 때 이 주장이 과연 설득력이 있을지는 의문시된다.

만약 BR이 성사되는 경우 우리나라의 영향은 어떠할 것인가. 전반적으로 긍정적이라고 전망된다. 저임이나 노동권의 제한에 의존하는 경제발전의 단계를 이미 지난 우리나라로서는 죄수의 노동력을 이용한다는 비난까지 받은바 있는 중국이나 아직도 상대적으로 우리나라에 비하여 노동권이 제한되어 있는 말레이시아, 태국 등 후발개도국의 추격을 상당기간 지연시키는 효과가 있을 것이기 때문이다.

물론 우리나라의 경우 ILO(국제노동기구)의 기준에 위배되는 집단적 노사관계법의 일부조항의 개정은 필요하다. 그러나 현재 BR논의와는 별개로 집단적 노사관계법을 포함한 노동관계법의 개정을 위한 검토가 이루어지고 있으며 BR이 타결되는 시점(보통다자간 협약은 그 성립까지 5~10년 정도 걸림) 에서는 이 부분에 대한 합리적인 개정작업이 이루어지리라 전망된다.

다만 BR논의와는 별개로 미국의 게파드의원의 경우와 같이 쌍무적 관계에서 우리나라의 노동권 보장 미흡을 이유로 무역제재를 취하고자 하는 시도는 있을 수 있다. 실제로 미국의 민간해외투자단은 우리나라의 노동권보장 미흡을 이유로 투자를 제한하고 있다.

이는 BR과 관련하여 특별한 대책이 필요하다기 보다는 국제사회에서의 한국의 위치나 ILO관계 등을 고려하여 현재 진행 중인 노동관계법검토작업이 빠른 시일 내에 이루어져 노동관계법이 우리나라 실정에도 맞고, 국제기준에도 부합되도록 개정되어야 한다는 것을 시사하고 있다.

이를 위해서는 단순히 정부차원의 노력뿐만 아니라 관련 관계자들이 노사관계를 생산적이고 건전한 관계로 발전시키고자 하는 의지가 있어야한다고 본다. 또한 관계법의 개정이 이루어지기 전까지는 노동관계법을 국제기준에맞도록 개정하고자 하는 우리의 노력을 국제사회에 과시하는 외교적 노력도 필요하다.

끝으로 BR관련 논의는 세계가 보다 국제화되고 개방화되는 추세 속에서 근로조건을 포함한 사회적조건(Social Standards) 의 각국 간 동일화 내지 격차 축소하는 방향에서 계속될 것이므로 이에 관련된 전문가의 양성이 노동외교 차원에서 시급하다고 본다.

전환기, 한국노동시장의 길을 묻다

9장 공기업 개혁과 노조

1. 공기업 개혁, 핵심은 노사관계 선진화

정권이 바뀔 때마다 공기업 개혁은 단골로 등장하는 메뉴이다. 이명박 정부에서도 '공공부문 선진화'라는 슬로건(slogan) 하에 추진되고 있다. 그러나 외환위기 기간인 김대중 정부 초기를 제외하면(대폭적인 구조조정이 꼭 개혁은 아니지만 공공기관의 특성의 하나가 과다인력 보유이기 때문에 구조조정은 개혁으로 볼 수 있다) 공공부문에 대한 대폭적인 개혁은 이루어지지 않았다.

공기업 개혁의 가장 큰 걸림돌은 노조(와 관료조직)에 의해 보호받는 공공기간 근로자들의 조직적인 저항과 소위 '낙하산 인사'로 대변되는 정치권의 공기업 운영에 대한 개입이다. 이 두 문제를 해결하지 않고는 공공부분 개혁은 단지 구호에 그칠 뿐이다.

공공기관의 혁신은 정권적 차원에서 추진하기 전에는 상당히 어려운 과제이다. 지난 20년을 보면 외환위기 직후인 김대중 정부 초기를 제외하면 근본적인 공공기관의 혁신을 위한 시도도 없었다. 특히 〈그림 9. 1〉에서 보듯이 노무현정부하에서는 오히려 공공부분이 확대되었는데 노무현 정부는 양적 구조조정보다는 시스템 혁신을 통한 공공기관 질의 제고를 공공기관 관리의 목표로 하였다. 이명박 정부는 공공기관 선진화를 핵심공약의 하나로 집권하였지만 정권 초기 촛불시위 등 이런 저런 이유로 지지부진한 상황이다.[1)]

〈그림 9. 1〉 참여정부하의 공공기관 추이
(공공기관은 305개 공기업, 준 정부기관, 기타 공공기관을 포함함)

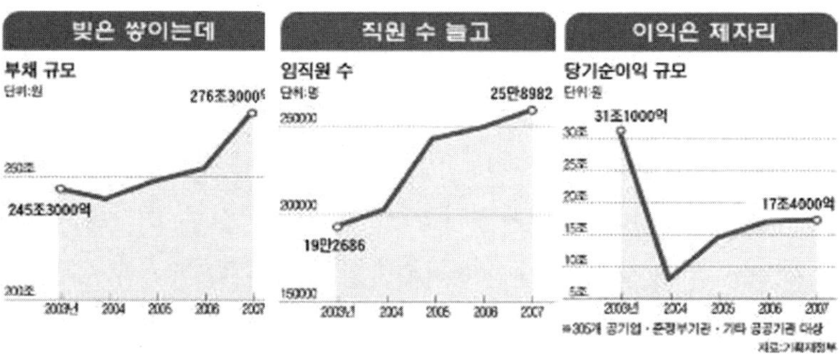

자료: 촛불'에 기댄 공기업 노조 "좀 더 버티면 민영화 무산", 중앙일보 2008년 6월 13일 〈기사〉에서 재인용

---

1) "쇠고기 전쟁 두달--- 국정 올 스톱", 중앙일보 2008년 7월 1일 〈기사〉; "'촛불'에 기댄 공기업 노조, 좀 더 버티면 민영화 무산", 중앙일보 2008년 6월 13일 〈기사〉)

진정한 공공부분 개혁이 이루어지지 위해서는 밀어붙이기식 일회성 개혁이 아니라 설득과 참여에 기반을 둔 정당성에 근거한 개혁이 추진되어야한다.[2] 어느 정부를 불문하고 공기업 개혁의 가장 큰 암초는 노조(그리고 관료조직)에 의해 보호되는 공공기관의 조직이기주의와 '낙하산 인사'로 대변되는 공기업에 대한 정치권의 개입이다.[3]

정권교체시에는 늘 그러하듯이 이명박 정부 들어서도 노무현 정부 시절 임명된 공공기관의 기관장 및 감사의 교체를 둘러싸고 시끄러웠다. 정치적으로 임명되었으면 정권이 바뀌면 물러나는 것이 순리이나 조직적인 저항이 있으면서 능력과 성과에 의거하여 전임정부에 의해 임명된 기관장들에게까지도 불똥이 튀었다.[4] 그러나 정권이 바뀌었다고 절차를 무시하고 일방적으로 자리를 뺏으려는 새로운 집권 세력의 행태도 국민의 눈에는 그렇게 좋게 보이지 않은 것도 사실이다.

정치적 고려에 의한 기관장의 임명이 국민의 관점에서 최악의 결과를 가져오게 되는 것은 역량은 모자라나 정치적으로 임명된 기관장과 노조가 공생관계를 형성하기 때문이다. 이명박 정부 들어서 공

---

2) "〈포럼〉 공기업 개혁의 올바른 방향", 문화일보 2007년 10월 10일; "〈시론〉 공기업 타율개혁의 한계", 한국경제 2000년 11월 7일; "포퓰리즘에 밀려 공기업 개혁 뒷걸음", 중앙일보 2008년 8월 12일 〈기사〉

3) "이명박 어젠다 7 공기업 개혁 1년 안에", 중앙일보 2월 25일 〈기사〉: "〈포럼〉 공기업 개혁의 올바른 방향", 문화일보 2007년 10월 10일; "〈시론〉 공기업 타율개혁의 한계", 한국경제 2000년 11월 7일

4) "CEO 305명 전부 이달 사표 받는다", 중앙일보 2008년 4월 25일 〈기사〉; "장관까지 나서 나가라" 요구----- 공기업 낙하산 인사 바늘방석, 중앙일보 2008년 3월 13일 〈기사〉

공기관의 단체협약의 적정성을 공기업 기관장의 평가의 기준으로 삼은 것은 그와 같은 이유이다.

최근에 들어 경기침체에 따라 공공기관의 간부들의 보수가 동결되고 직원들이 임금인상분을 반납하는 공공기관들이 늘어나고 있다. 그러나 국민의 눈에는 아직 많은 공공기관들이 스스로의 개혁의지가 있는가 하는 의심이 드는 것이 사실이다.[5)]

2. 공기업 개혁의 올바른 방향[6)]

'신이 내린 직장' 또는 '신이 감춰둔 직장' 공기업에 대한 사회적 비난의 목소리가 매우 높다. 노무현 정부 들어서 공기업 등 공공기관(이하 공기업)의 빚은 38%인 41조원이 늘어났는데 정부 지원금은 45조여원으로 증가해 공기업의 부실을 국민 혈세로 메우고 있는 현실을 고려하면 공룡화한 공기업의 개혁이 최우선 국정과제의 하나임은 이론의 여지가 없다.

공기업 개혁을 위해서는, 첫째 정부의 정책 기조가 작지만 강한 정부를 지향해야 한다. 김대중 정부 시절 통·폐합 대상이었던 토지공사와 주택공사의 경우 인원이 노 정부 들어서 50%나 늘어나 비대해진 공기업의 전형으로 여론의 도마 위에 있다. 그러나 노 정부와 같은

5) "〈포럼〉 공기업의 거품을 더 걷어내라", 문화일보 2008년 12월 26일; "〈포럼〉 공무원 보수정원 주목한다", 문화일보 2008년 9월 17일

6) 문화일보 〈포럼〉 (2007. 10. 10)

정책 기조 아래서는 토지공사와 주택공사의 역할은 확대될 수밖에 없다. 주공과 토공은 노 정부의 지역균형개발, 부동산시장 안정화 대책의 최전방에 서서 정부의 주요 정책과제를 실무적으로 집행했기 때문이다. 정부는 시장의 실패를 보완하는 차원에서는 시장에 개입한다는 원칙이 확고히 정립돼야만 공기업 개혁의 기반이 구축될 수 있다.

둘째, '낙하산 인사'로 대변되는 정치권의 공기업 경영 개입이 근절돼야 한다. 현재와 같이 공기업 감사 모임인 공공혁신포럼의 상임감사 60여명 가운데 정치권 출신이 70%이고 공기업의 자율적인 책임경영을 감시하도록 하기 위해 임명된 비상임이사의 상당수도 역시 비전문가인 정치권 출신인 상황에서 공기업 개혁은 소리만 요란할 뿐 실효성이 없을 수밖에 없다.

셋째, 밀어붙이기식 일회성 개혁보다는 설득과 참여에 기반을 둔 공기업 개혁이 지속적으로 추진돼야 한다. 공기업 개혁의 가장 큰 장애 요인 가운데 하나는 노조로 대표되는 공기업 내부 세력의 집단이기주의다. 외환위기 직후 시행된 김대중 정부의 공기업 개혁을 제외하고는 역대 정부의 공기업 개혁이 실패로 규정된다는 사실은 우리 사회에서 공기업 개혁이 매우 어려운 과제임을 보여준다. 민주사회에서 노조의 정당한 파업권 행사를 용인할 수밖에 없는 현실에서는 정당성을 가진 주도세력이 확신할 논거를 가지고 내부 구성원이 개혁에 동참하도록 설득해야 한다. 낙하산 인사가 아닌 전문가적 식견과 능력을 가진 개혁 세력이 국민적 여론을 기반으로 개혁을 주도할 때 공기업 내부 직원이나 노조도 동참할 수밖에 없을 것이다.

넷째, 공기업의 성격에 따라 개혁의 방향성이 차별화돼야 한다. 시대적 소명을 다한 공기업은 퇴출시키고, 기업적 성격을 가진 공기업에 대해서는 자율적 경영권을 주며, 사후적인 성과에 대해 책임을 묻는 방향으로, 그리고 공익적 성격이 강한 공공기관에 대해서는 수익성 제고보다는 내부 효율성 제고를 기관 운영의 목표로 삼도록 유도해야 한다. 공기업의 사업 성격, 우리가 처한 특유의 상황 등을 무시하고 민영화만이 대안이라는 식의 개혁이 추진된다면 영국의 철도 민영화 실패 사례와 같이 예기치 않은 결과를 초래할 수 있다.

끝으로, 공기업 개혁뿐만 아니라 정부부문을 포함한 공공부문 전체의 개혁을 추진해야 공기업 개혁이 탄력을 받을 수 있다. 노 정부 출범 이후부터 지난 9월까지 국가 전체 공무원은 6만6000명, 공공기관 인원은 1만1000명이 늘었다. 그러나 철도청이 공사화 하여 3만여 명이 공무원에서 공공기관 직원으로 전환된 것을 고려하면 공공부문의 전체 인원은 7.6% 늘었으나 기존의 공기업 등 공공기관 직원은 오히려 줄었다고 볼 수 있다.

최근 '무능 · 태만 공무원'으로 서울시 현장시정추진단에 배속됐던 102명 가운데 24명이 퇴출된 것이 장안의 화제라는 사실은 공무원이 이제까지 개혁의 무풍지대에 있었음을 역설적으로 말해준다. 공기업 개혁을 주도할 수밖에 없는 공무원이 스스로의 개혁으로 선도하지 않고서는 공기업 개혁은 설득력이 떨어지고 실효성도 없을 것이다.

3. 공기업 타율개혁의 한계[7)]

정부발표에 의하면 그동안 문어발식 확장을 해 온 대다수 공기업 조직이 고유·핵심 사업을 중심으로 축소됐다. 인원도 20% 이상 감축되어 향후 5년간 약 6조5천억 원의 경비절감효과가 있으며 민영화계획도 차질 없이 추진, 약 11조원의 매각수입이 발생했다.

그러나 정부가 주장하는 이 같은 성과에도 불구하고 공기업 경영혁신은 아직 국민들 기대수준에 못 미치고 있다.

민영화는 공기업이 갖고 있는 본질적 한계인 대리인문제(agent problem)를 해결할 수 있는 가장 확실한 대안이다. 그러나 우리나라 공기업 민영화의 대부분은 정부소유 주식의 민간매각에도 불구하고 실질적 소유권은 정부가 계속 갖고 있는 형태로 진행돼 왔으며 국민의 정부 민영화도 예외는 아니다.

따라서 공기업의 형태로 존속될 기관은 물론 민영화되는 기업들에 대한 집권세력이나 정부의 영향력은 여전할 것이다.

이는 우리나라 공기업 구조개혁의 핵심은 운영시스템 혁신을 통한 자율과 책임에 기초한 경영체제의 확립에 있다는 것을 의미한다. 그러나 공채를 통한 사장선임, 사장경영계약제 및 예산편성지침의 임의규정화 등 국민의 정부 출범 이후 도입된 자율과 책임경영체제 구축을 위한 많은 제도에도 불구하고, 제도도입의 실질적 성과에 대한 국민의 평가는 부정적이다.

---

7) 한국경제 〈시론〉 (2000. 11. 7)

특히 경영의 핵심요체인 사장 임명과 관련, 선임절차 공정성이나 사장의 최고경영자로서의 자격에 의문이 제기되는 경우가 적지 않았기 때문이다. 공개적인 선임절차에도 불구하고 사전내정자로 알려진 인물이 사장으로 선임되고 또 지난 4월 총선을 전후해 경영의 문외한이라 할 수 있는 정치권인사가 공기업 경영진에 대거 임명됨으로써 경영혁신을 위해 새로 도입된 여러 제도들의 도입취지를 무색하게 했다.

공기업 구조조정이 부진하다는 것은 1백41개 공기업의 구조조정 및 경영혁신 추진실태에 대한 금년도 상반기 감사원의 감사결과에서 잘 확인되고 있다. 이 결과에 의하면 국민의 정부 출범 이후 추진된 지속적이고 강도 높은 구조조정에도 불구하고 조직이나 인력관리, 특히 임금이나 복리비 등과 관련한 추진실적이 저조하다. 경영손실을 무시한 채 보수를 인상하고 또 노조를 무마하기 위해 과다한 복리후생 개선요구를 여과 없이 수용한 사례가 많았다.

민간부문에 비해 과다한 퇴직금누진율 등 복리후생제도의 적정화는 공기업 노조의 반발 및 이를 강제할 수 있는 법적 장치의 미비로 인해 그 진척이 미미할 수밖에 없는 한계가 있다. 현행 근로기준법상 기존 근로조건의 저하에는 해당 근로자의 동의가 필요하기 때문이다.

우리나라 경제의 주요 부분을 차지하는 공기업부문 경영의 진정한 개혁은 자율과 책임에 바탕을 둔 경영체제를 구축할 수 있는 공기업 지배구조를 정립할 수 있느냐에 달려 있다. 이의 성취여부는 국민의 정부 공기업 개혁 추진과정에서도 알 수 있듯이 새로운 제도의 도입이나 제도개선보다는 집권세력의 의지에 달려 있다.

공기업부문의 진정한 개혁을 위해 대통령의 결단이 지금 무엇보다도 필요한 것이 이와 같은 이유에서다.

이와 함께 자율적인 경영혁신 추진체계가 구축돼야 한다. 구조조정의 당위성과 시급성을 고려할 때 불가피한 측면은 있었지만, 지금까지의 공기업 개혁은 구체적인 지침까지도 정부에 의해 정해져 시달되는 "위로부터의 타율적인 개혁"이었다.

외환위기라는 절박한 상황을 벗어난 이 시점에서 공기업 개혁의 완성을 위해서는, 개혁에 공기업 하부 구성원의 적극적인 참여를 이끌어내기 위한 정부와 공기업 경영층의 노력이 있어야 한다.

끝으로 전력 가스 등 주요 기간산업에 효율적인 경쟁체제를 도입하기 위해 추진되고 있는 독점적 공기업의 민영화에 대한 논란이 끊이지 않고 있다. 이들 산업의 규제완화와 민영화가 정치적 논리에 휘말리지 않고, 당초 의도한 목적을 달성하기 위해선 여건 변화나 당위성에 대한 충분한 검토를 통해 국민적 공감대가 강화돼야 한다.

4. 공기업의 거품 더 걷어내라[8)]

정부가 제4차 공기업 선진화 방안을 발표했다. 기획재정부에 따르면 비핵심 기능을 폐지하거나 민간에 위탁하는 방식으로 69개 공공기관들은 정원 15만 명 중 13%인 1만9000명을 향후 3~4년간 감축하는

8) 문화일보 〈포럼〉 (2008. 12. 26)

등의 노력으로 기관별로 10%의 경영 효율을 달성할 것을 목표로 하고 있다. 하지만 인력 감축을 통한 경영 효율화가 핵심인 이번 공기업 선진화 방안도 공공기관의 거품이 확 빠지기를 바라는 국민의 기대에는 미치지 못한다.

우선, 상당수의 공공기관이 정원과 현원의 차이가 나게 인력을 운용하고 있으므로 현재 재직하고 있는 인원을 기준으로 하면 선진화 방안이 계획대로 이행된다 하더라도 이들 기관에서는 이번 조치로 기관을 떠나는 사람이 많지 않을 것이다. 이명박 정부가 공기업 선진화를 취임 초부터 지속적으로 추진해 왔지만 많은 공기업이 스스로의 개혁 의지가 있는가 하는 의심이 든다. 정부의 제4차 공기업 선진화 방안이 발표된 그날도 한 지자체 산하 공기업 임원들이 만성적 재정적자나 무리한 사업 운영으로 사회적으로 물의를 일으켰음에도 불구하고 올 연말 300%가 넘는 성과급을 받았다. 금융 공기업들은 여전히 직원들의 연봉이 평균 1억 원에 가깝고, 한 국책은행은 국장급 연봉이 최근 2~3년 새 50% 가까이 올라서 1억5000만원이나 된다는 국정감사의 지적도 있었다.

정부가 최근에 들어 금융 공기업 최고경영자(CEO)의 연봉을 삭감했지만 간부들의 과도한 연봉에 대해서는 아무런 조치도 취하지 않았다. 민간부문 금융 공기업과의 형평 및 경쟁을 위해서라지만 우리나라 금융 공기업은 민간과 경쟁하는 상황에 있지도 않다. 그리고 많은 민간 금융기관들도 국민의 혈세로 기사회생한 만큼 금융 공기업 간부들의 과도한 급여에 대한 조정이 필요하다.

공공기관의 직원이 2만 명 가까이 감축된다는 사실로 인해 이번 공기업 선진화 방안은 이 정부 들어서 시행된 공기업 개혁 방안 중 가장 많은 여론의 지지를 받고 있다. 국민이 원하는 것은 단순히 수치에 기준한 공공부문의 인원 조정이 아니다. 공공부문이 할 필요가 없는 부분은 과감하게 민간에 이양하고 공공부문 스스로 뼈를 깎는 혁신을 통해 국민의 세금이 아깝지 않은 공공기관으로 거듭나는 것이다.

1930년대 대공황에 비금가는 전 세계적 금융위기로 우리 경제는 생존의 기로에 있다. 정부가 내년에 3%의 경제성장을 목표로 잡고 있지만 많은 국민은 마이너스 성장을 우려하고 있다. 그런 만큼 정부에 등이 떼밀려서 하는 개혁이 아니라 공공부문이 선두에 서서 체질 개선을 하여 경제위기 극복을 선도해야 한다. 농촌공사 간부들이 급여를 30% 삭감하는 등 고통 분담으로 앞장서서 노사 합의의 기반 위에 선진화를 주도하듯이 여타 공기업들도 이를 배워 실천해야 한다.

대상 공기업의 인원이 10% 이상 감축되는 이번 선진화 조치로 가장 큰 사회 문제인 청년 실업이 더욱 심해지지 않을까 우려하는 목소리가 높다. 국민은 보수가 높은 임원 등 간부 직원들의 숫자를 자발적으로 줄이는 등의 적극적인 노력으로 청년들에게 일자리를 주기를 바라는 것이다. 즉, 간부 직원의 수를 줄이거나 급여 삭감 등을 통해 젊은 직원들이 들어올 수 있도록 하여 청년 실업 문제 해소에도 기여하고 조직에도 활력을 불어넣으라는 것이다.

이 정부는 공기업의 과감한 개혁을 약속하고 집권했다. 그러나 지난 1년간 돌아보면 이런저런 이유로 공기업 선진화는 국민의 기대에 크게 미치지 못하고 있다. 공공기관들이 여론이나 정부의 재촉 때문에 하는 선진화가 아니라 스스로 하는 과감한 개혁을 통해 국민의 사랑을 받는 공기업으로 거듭나기를 기대한다.

5. 공공기관 단체협약 과감히 수술해야[9)]

기획재정부가 공공기관 경영정보시스템 알리오(www.alio.go.kr)에 따르면 많은 공공기관의 단체협약이 과도하게 노조활동을 보호하고 인사경영권을 침해하는 조항을 포함하고 있는 것으로 나타났다.

민간 기업에서는 일반적으로 노조가입대상에서 제외되는 인사, 노무, 감사 담당 직원들까지 노조에 가입할 수 있는 기관이 다수 있다. 조합임원의 배치전환은 노조와 합의하여야 하고 단체협약의 유효기간이 만료되더라도 갱신체결 시까지 단체협약의 효력이 유지되는 기관도 있다.

인사위원회 및 징계위원회는 노사 동수로 구성되어 노조의 동의가 없이는 해임, 파면, 면직을 할 수 없는 기관도 다수 있다.

감원은 노조와 합의를 통해서만 가능하고 정리해고는 2년 전에 합의를 해야 가능한 공공기관도 있다. 특정 직급의 채용 시에는 노조와 합의하여야 하고 불법쟁의가 있어도 노조 전임자에게는 민형사상의 책임을 묻지 못하는 기관도 있다.

금융공기업중에는 해외 유학중인 자녀 학자금까지 100% 지원해

9) 문화일보 〈포름〉 (2009. 5. 16)

주고 의료비도 연간 100%까지 지원해 주는 기관도 있다. 업무상 질병이나 재해가 아닌 경우에도 유급휴직을 할 수 있는 기관도 있다.

뿐만 아니라 공공기관의 경영정보시스템을 통해도 공공기관의 노사관계 실태를 잘 알 수 없다는 비판도 제기되고 있다.

대부분의 공공기관이 사내복지기금, 주택자금, 학자금 대출 등 3가지만을 복리후생관련 항목으로 고시함으로써 실제로 지원되는 의료비, 경조휴가비, 기타 복리후생관련 각종 비용을 사실상 은폐하고 있다는 것이다.

현 정부의 공공기관 노사관계 선진화의 성패여부는 향후 1년여에 달려 있다. 단협의 유효기간이 일반적으로 2년인 것을 고려하면 향후 1년 동안 대부분 지난해 중반 취임한 공공기관의 기관장들은 새로운 단협을 노조와 체결하여야 한다.

공공기관의 기관장들은 올해 단체교섭에서 불합리하고 과도한 편법적 노사관계 관행을 과감하게 개선하여야 할 책무가 있다. 그러나 교섭은 상대가 있으니 그렇게 쉽지만은 않은 과제가 될 것이다. 이대통령이 얼마 전 공공기관 워크샵에서 노조와 담합하는 공공기관의 장은 책임을 물을 것이라는 질책을 하였으나 대통령의 발언이 일회성 엄포가 그치지 않기 위해서는 선행되어야 하는 몇 가지가 있다.

우선 공공기관 노사관계의 선진화의 이행을 지속적으로 점검할 (한시적이라도) 감시시스템이 마련하여야 한다. 지금이 시작인 점을 고려하여 노사관계 선진화 수준뿐 아니라 이행의 정도도 기관의 이행실적의 주요 요소가 되어야 한다. 노사관계의 특성을 고려하여 정부가 직접 하는 것보다는 전문가의 지원을 받는 것이 바람직하다.

공공기관의 노사관계 관리 역량이 제고되어야 한다. 공공기관의 경우 인사노무부서는 소위 3-D 부서로 직원들이 일하고 싶어 하지 않는다. 노사갈등이 불거지면 책임이 따르고 노사관계가 원만하면 기관장도 관심을 가지지 않기 때문에 역량이 있는 직원들은 근무를 꺼리고 자기계발도 소홀히 하여 노사문제에 전문가 수준인 노조 간부들에 비해 노무담당 회사 직원들의 역량이 크게 떨어진다. 노사협상에서 회사 측이 밀리는 주요 이유 중의 하나이다.

일반 관리자들의 노사관계 역량도 강화되어야 한다. 노사관계가 선진화된 기업을 보면 노무관리 전담부서가 아니라 일선 부서의 관리자가 중심이 되어 노사관계 관리가 이루어지기고 관리자들의 노무관리 역량 제고에 많은 투자를 한다.

끝으로 국가공공기관과 지방정부의 공공기관의 노사관계가 통합적으로 관리되어야 한다. 노조는 중앙정부 공공기관, 지방 정부 공공기관 관계없이 한 목소리를 내는데, 정부는 중앙정부냐, 지방정부냐에 따라 정책기조가 다르다면 그만큼 불합리한 노사관계 관행이 선진화되기는 어렵다. 지방공기업도 기획재정부가 운영하는 공공기관 경영정부시스템을 운영하는 것이 우선적으로 하여야 할 과제이다.

6. 공무원 보수 · 정원 동결 주목한다[10)]

정부가 내년도 예산 · 기금 안을 확정하면서 공무원의 보수와 정원

10) 문화일보 〈포럼〉 (2008. 9.17)

을 동결한다는 방침을 세운 것으로 알려졌다. 일부 공무원들이 왜 공무원들을 희생양으로 삼느냐 하는 불만의 목소리가 나오고 공무원 노조의 반발도 우려되지만 경제 상황이 좋지 않고 미국발 신용 위기로 경제의 불확실성이 커진 시점에서 정부의 이 같은 조치는 상당히 긍정적으로 평가된다.

원유를 비롯한 원자재 가격 상승 등 해외 경제 여건 악화로 경제 실적이 기대치에 못 치는 상황에서 미국 리번브러너스의 파산으로 경제의 불확실성이 더욱 커지고 있다. 지난 주 금융시장의 '9월 위기설'이 진정되는 듯 하더니 리먼브러더스의 파산과 뱅크오브아메리카(BOA)의 메릴린치 합병 소식으로 추석 연휴가 끝난 16일의 코스피지수는 전일 대비 6.1%인 90.17포인트 내린 1387.75, 코스닥지수는 연중 최대 낙폭인 37포인트 하락한 429.29포인트로 장을 마감했다.

미국발 금융위기는 리먼브러더스의 파산으로 끝날 것 같지가 않다. 신용위기가 끝나기 전에 많게는 1000여개의 미국 금융기관이 도산할 것이라는 전망이 나오고 있다. 미국발 신용위기로 우리 경제가 다시 한 번 휘청거리고 있다. 앨런 그린스펀 전 연방준비제도이사회 의장이 "100년 만에 발생할 만한 사건"이라고 평한 이번 미국의 신용위기가 우리 경제의 기초 여건(펀더멘털)을 붕괴시키지 못하도록 전 국민이 합심하여 적극적으로 대처해야 하는 시점에 솔선수범할 위치에 있는 공무원의 보수 동결은 매우 적절한 조치다.

우리는 이미 1980년 초와 1990년대 말 외환위기 상황에서 공무원들의 보수 동결·삭감을 통해 물가 안정의 기틀을 잡고 경제 위기를 극복한 경험이 있다. 일시적인 보수 동결로 인한 상대적인 피해는 경제가 좋아지면 사후적으로 보상받을 수 있으며 과거의 예도 그래왔다.

정부의 공무원 보수 동결 조치에 공무원 노조도 동참한다면 공공부문에 대한 국민의 불신도 상당 부분 해소될 것이다. 공무원 보수 동결 조치는 민간 부문과 대기업 노조의 지나친 임금 인상 요구를 자제시켜 물가 상승 압력을 완화시키는 데도 긍정적으로 작용할 것이다.

원유와 국제 곡물 가격 등 원자재 가격 상승으로 지난 8월 생산자물가가 전년 대비 12.3% 올랐고, 대통령이 특별 관리를 지시한 이른바 'MB물가지수'가 큰 폭으로 올라도 정부로서는 금리 조정 등 간접적 정책 수단밖에는 별다른 대책을 세울 수 없는 것이 현실이다.

물가 상승 압력이 있는 상황에서 과도한 임금 인상이 현실화하면 결국은 높은 물가 상승으로 이어져 모두에게 손해가 된다는 것이 시장경제의 기본 원칙이다. 공무원의 보수 동결 조치가 현재 난항을 겪고 있는 현대자동차, 기아자동차 등 국내 대표적인 기업들의 근로자나 노동조합도 우리 경제의 어려운 상황을 고려해 과도한 임금 인상 요구를 자제하는 계기가 됐으면 한다.

공무원의 정원 동결은 인위적인 인력 감축이 현실적으로 어려운 상황에서 공공부문의 효율성을 제고시킬 수 있는 대안의 하나다. 부문별로 남아도는 인력의 적절한 재배치를 통해 인력 운용의 효율성을 제고해 공무원 부문의 생산성을 제고시킬 수 있는 구체적인 방안도 같이 추진돼야 한다.

끝으로 공무원 보수 동결 조치와 함께 추진돼야 하는 것이 실적과 성과에 따라 지급되는 성과급의 비중을 확대하는 것이다. 올해 고위직 공무원의 성과 연봉 비중을 5%에서 8.5%로 확대하는 조치가 있었으나 고위직뿐 아니라 일반직도 성과급의 비중을 더욱 확대해 공직 사회에서도 성과와 실적에 따라 보상받는 시스템을 정착시켜 나가야 할 것이다.

전환기, 한국노동시장의 길을 묻다

10장 끝맺는 말 : 평가와 과제

지금까지의 논의를 바탕으로 〈표 10.1〉에 노조활동 자유화, 특히 외환위기를 전후한 시점에서 현재까지의 분야별 노동시장 전개에 대한 평가와 향후 과제가 정리되어 있다.

노사관계에서는 법외노조였던 민주노총이 합법화됨으로 재야노동운동이 제도권내로 들어오는 발전이 있었고 노사정위원회라는 사회적 합의방식을 통해 노정협력 관계를 구축하려는 시도가 있었으나 여전히 우리나라 노사관계는 근원적으로 안정화되지 않고 있다. 오히려 이명박 정부에 들어서는 민주노총과 정부의 갈등의 골은 더욱 깊어졌다.

특히 노동운동의 위기 속에서 민주노총이 산별노조로의 전환을 가속화하면서 교섭체계를 둘러싼 노사 간의 갈등이 증폭되고 있다.

2010년 사업장단위 복수노조가 허용되면 산업현장이 다시 한 번 큰 소용돌이에 휘말리게 될 것이다. 그러나 복수노조 허용을 무기한 연기하는 것은 글로벌 노동기준을 준수하지 않는 것이다.

노사관계의 근원적 안정을 위해서는 정부는 노사 구분 없이 법을 엄정히 집행하고 단기적인 대응을 자제하여야 한다. 노동계는 민주노총, 한국노총 모두 자기혁신이 필요하다. 특히 민주노총은 무조건적인 강경노선을 폐기하고 합리성을 추구하여야 한다. 산업현장에서의 사용자들의 노력도 중요하다. 근로자들의 신뢰를 얻기 위한 지속적인 노력과 가시적인 조치가 필요하다.

일자리 문제는 우리 경제가 풀 수 없는 숙제가 되고 있다. 기대수준의 절반정도의 일자리밖에 만들어지지 않고 있고 새로이 만들어지는 일자리도 상당수가 임시직, 일용직이다. 청년실업은 구조적으로 더욱 심각하여 지고 있고 이제는 40대까지 일하던 직장에서 밀려나고 있다.

비공식부문의 근로자 보호와 관련되어 보면 노무현정부들어서 최저임금제는 그 부작용을 극대화하는 방향으로 운영되어 오히려 단속적 고령근로자 등 저임근로자들의 일자리를 빼앗고 있다. 또한 기간제 근로자, 파견근로자에 대한 차별을 금지하고 기간제 근로자의 계속 사용기간을 제한하는 등 비정규직관련 3개의 법이 2006년 통과되어 비정규직에 대한 권익보호를 위한 제도적 장치가 마련되었다. 그러나 글로벌 금융위기로 인한 고용위기로 인해 기간제 근로자의 사용기간 제한이 오히려 기간제 근로자의 일자리를 빼앗아 버리는 결과를 가져옴에 따라 이명박 정부에 들어 4년으로 연장을 추진하고 있으나 2009년 6월 현재 노정간에 합의점을 찾지 못하고 있다.

최저임금제 운영, 비정규직법 등 취약계층의 보호를 위한 제도는 도입 및 운영에 있어서 취약계층의 일자리 보호 및 처우 개선이 최우선 고려 사항이 되어야 하나 그렇지 못한 것이 우리의 현실이다. 또한 파견근로자의 활용이 제한되어 있어 오히려 불법적인 파견근로를 조장하는 결과가 되고 있다.

참여정부 때 주5일 근무제도 도입되었으나 정부의 개입으로 근로자들의 요구를 사용자들이 일방적으로 수용할 수밖에 없었다. 결과적으로 근로시간은 짧아졌으나 임금은 그대로 받아 근로자들에게는 신나는 일이었으나, 생산성 증가나 고용창출의 효과는 미흡하였다.

외국인력 관리에 있어서는 2003년 고용허가제가 도입되고 2010년부터는 산업연수생제도가 폐지되어 단순기능 외국인력의 관리체계의 발전이 있었다. 그러나 불법체류자 문제가 여전히 있으며 고용허가제도는 일반고용허가제와 방문취업제로 이원화되어 운영되는 등 통합적 관리체제는 아직 구축되고 있지 않다. 특히 외국인력의 정주화 문제도 진지하게 고민하여야 할 시점이나 정책당국이 문제를 회피하거나 해결을 미루고 있다.

노정의 대립, 일부 글로벌 노동기준의 미준수 등이 국제노동외교 및 통상에 있어서 우리가 코리아디스카운트 (Korea Discount)를 감내할 수밖에 없는 이유이다. 지난 10년간 민주노총 합법화, 교원 및 공무원 노조 인정으로 상당한 진전이 있었으나 복수노조가 허용되어야 글로벌 핵심노동기준을 준수하게 된다. 또한 협력적 노사관계 구축으로 노정갈등이 해소될 때 국내노동문제로 국제기구나 국제무대에서 망신을 당하는 일이 없어질 것이다.

공공기관 개혁은 정권이 바뀔 때 마다 빠지지 않는 공약사항이다. 김대중 정부는 경제위기로 민영화 등 대폭적인 공공기관의 구조조정을 단행하였으나 노무현 정부 시절에는 양적으로는 오히려 공공부문이 확대되었고 시스템의 개혁을 시도하였다. 이명박 정부가 들어서면서 대대적인 공공기관의 구조혁신을 전망하였으나 작은 규모의 선진화 조치가 예정되어 있다. 진보성향의 김대중 정부에서 대폭적인 공공기관의 구조조정이 이루어지고 보수성향의 이명박 정부에서 대부분의 공공기관이 시늉만의 선진화를 하는 것은 아이러니라고 할 수 있다.

'낙하산 인사'로 대변되는 정치권의 개입과 노조와 관료에 의해 보호되는 공공기관의 저항을 극복하는 조치가 없으면 공공기관 혁신은 기대할 수 없는데, 특히 어느 정도의 낙하산 인사가 우리 현실에서 피할 수 없다면, 관리능력과 전문성이 있는 기관장이 임명되는 것이 중요하다.

〈표 10. 1〉 노조활동 자유화, 특히 외환위기 이후의 노동시장 전개에 대한 평가와 과제

	평가 및 전망	과제
노사관계	- 노사관계 근원적 안정화 및 사회적합의 방식을 통한 노정협력체계 구축 실패	- 산별교섭를 둘러싼 노사갈등 해소 - 사업장단위 복수노조 인정 시 전망되는 산업현장 혼란 조기 극복 - 협력적 노사관계 구축
고용	- 일자리 창출은 기대수준 이하 - 새로운 일자리는 비정규직 중심	- 대기업 노동시장 경직, 고학력을 지향하는 사회풍토 (이에 편승하는 교

	으로 창출하고 경기 침체시에도 비정규직 일자리 먼저 소멸 - 청년실업의 고착화 - 세계 경제 위기로 일자리 문제 더욱 심각하여 질 전망	육정해), 연공서열 중심의 기업문화 타파
최저임금제	- 최저임금수준 상승으로 저임근로자 일자리 감소	- 조직노동자가 아니라 저임근로자 보호 우선하는 제도 운영
비정규직	- 비정규직법관련 3개 법 제정으로 일부 근로자는 처우 개선 및 고용안정, 일부 근로자는 일자리 상실되는 결과	- 비정규직중 취약계층 보호 우선하는 방향으로의 법개정
근로시간 단축: 주 5일 근무제	- 정부의 조기 도입 강요로 생산성 증가나 고용창출 효과 없는 근로시간 난축	
외국인력	- 고용허가제 도입으로 단순기능 외국인력 합리적 관리체계 구축	- 통합적 외국인력 관리체계 구축 - 외국인력의 정주화에 대한 정책방향 수립
노동과 통상	- 민주노총 및 교원 및 공무원 단결권 인정으로 코리아디스카운트(Korea Discount)상당부분 해소	- 사업장 단위 복수노조 인정 - 협력적 노사관계 구축으로 노정갈등 해소
공공기관	- 새 정부 출범 시 마다 반복되는 개혁에도 불구하고 성과 미진	- 노조 및 관료조직에 의해 보호되는 조직이기주의 극복 - 능력과 전문성이 있는 기관장의 임명

요약하면 IMF위기 이후 지난 10년간 사회적합의 방식을 통한 노정협력체계 구축, 노동우호적 진보정권의 집권에도 불구하고 우리나라 노사관계는 여전히 근원적으로 안정화되지 않았으며 보수정권 출범으로 단기적으로는 노정간에 갈등관계는 더욱 악화되었다. 고용측면에서도 일자리 창출도 기대수준 이하이고 새로운 일자리도 임시, 일용직이 상당수이다. 경기가 악화되면 그 일차적인 피해가 비정규직

에 집중되는 노동시장의 이중구조가 심화되고 있으며 청년실업은 이미 고착화되었다.

노무현 정부는 대선시에도 노동우호적 공약을 내걸었고[1)] 집권이후에도(김대중 정부하에서 도입에 실패한) '주5일 근무제'를 시행하고 고용허가제를 도입하여 외국 인력제도를 합리화하였으며 비정규직 보호법을 제정하였다

노무현정부의 친노동적 법들이 과연 근로계층, 특히 취약계층 근로자들을 보호하는 결과를 가져 왔는지는 의문이다. 비정규직 법으로 비정규직중 상대적으로 역량이 떨어지는 취약 비정규직은 상당수가 계약기간이 만료되면 새로운 일자리를 찾아야 하였으며, 생산성 증가를 수반하지 않은 주5일 근무제는 비용증가를 초래하여 기업들이 장기적으로는 비용절약적 설비투자를 하는 유인을 제공하였다. 고용허가제는 상당히 혁신적인 조치였으나 외국적 동포들의 무제한적인 국내노동시장 진입을 허용하여 건설 및 서비스업의 국내 노동자들의 일자리를 빼앗고 있다.

우리나라 노동시장이 선진화되어 노사관계가 안정화되고 양질의 일자리가 많이 만들어지기 위해서는 무엇보다도 노동시장의 거품이 확 줄어야 한다. 대기업 부문이나 공공기관의 노동시장에서 노동자들은 노조에 의해 과도하게 보호되어 특혜적 혜택을 누리고 있으나 본인들은 특혜인지 모르고 있다. 과도한 임금인상으로 경쟁력이 저하되어 회사가 어려워질 때 그와 같은 처우가 거품이었다는 것을

---

1) "['4.13 총선' 공약 평가] (3) '복지/노동부문', '낙제 수준'", 한국경제 2000년 3월 24일; "〈경제시평〉 일자리 250만개 창출?", 국민일보 2002년 12월 10일.

인식하게 될 것이다. 또한 대기업의 과도한 임금 및 근로조건, 그리고 고용보상때문에 대기업들이 인력충원시 가급적 정규직 일자리를 줄이고 비정규직에 의존하도록 하게 만들어 비정규직을 양산하는 결과가 되었다. 대기업이나 공공기관의 노조는 노조원들에게 과도한 혜택을 보장하면서 노조간부로서의 지위와 특혜를 즐기고 있다.

고학력을 지향하는 사회풍토에 편승하여 4년간의 교육을 받고 졸업 후에도 취업이 어려운 상황을 잘 알면서도 무소신적으로 양적 팽창을 지향하는 우리나라 대학이나 교육당국도 마찬가지이다. 고등학교를 졸업하면 적절한 일자리를 찾고 사회에도 기여할 수 있는 많은 청소년들을 대학교육을 시킨 후 눈높이를 높여 일자리가 절대적으로 부족한 대졸취업시장에 내보냄으로써 노동시장의 거품을 만들어내고 있다. 청년실업의 문제는 취업맞춤 대학교육이 아니라 대대적인 대학의 구조조정이 없이는 해결이 난망하다.

최저임금제도 운영에 있어서 최저임금 수준을 결정하는 데 참여하는 조직근로자 노조들은 결과적으로 비정규직의 희생위에서 조직노동자들의 이익을 보호하여 왔다고 할 수 있다. 최저임금 인상률이 과도하게 높아서 저임근로자들의 일자리가 없어져도 조직근로자들은 높은 최저임금 인상률을 자신들의 높은 인상률을 요구하는 준거로 활용할 수 있다.

고용허가제가 정착된 현 시점에서 사업주들은 고용허가제와 기존의 산업연수생제도는 큰 차이가 없다는 것이 일반적인 평가이다. 산업연수생제도에서 고용허가제로 전환되는데 10여년의 기간이 걸린 것은 산업연수생제도 하에서 소개비 및 관리비린 명복으로 연수생

노동시장의 지대의 일부를 가져가던 민간취업알선기관들의 조직적인 저항이 있었기 때문이다. 그러나 고용허가제의 도입에도 불구하고 통합적 외국인력 관리체계는 구축되지 못하고 있다.

높은 수준의 과도한 임금으로 사회적으로 비난의 대상이 되고 있는 금융공기업이나 금융기관도 노동시장의 거품을 만들어내는 대표적인 조직이다. 이들의 높은 임금수준은 다른 공공부문 근로자의 과도한 처우의 준거로 활용되고 있다. 그러나 노조에 의해 보호되어 대졸 초임은 삭감할 수 있으나 기존 직원들은 임금인상분 반납이나 임금동결을 유도할 수 있을 뿐이다.

노동시장의 거품 빼기, 유연성 제고를 통한 노동시장 선진화는 정부의 힘만으로는 한계가 있다. 노동조합이 있기 때문이다. 정부가 이기적 대기업 노조나 근로자들도 같이 갈 수밖에 없는 비전을 제시하고 동참을 유도하는 적극적 노력을 할 때, 현장의 사용자들이 근로자들의 신뢰 형성을 위한 가시적이고 실질적인 조치를 할 때 노동시장의 거품이 빠지고 우리나라 노동시장이 선진화 될 수 있다.

참고문헌

국제노동연구원, "근로기준법제 개정효과 분석 및 향후 개선방안 연구", 2008 (노동부 연구용역 과제 중간보고서)

노동부 고용노동전략 T/F, "한국의 고용, 무엇이 문제인가? -진단, 원인, 그리고 정책방향"-, 2007. 12 (내부자료)

노동부, 『매월노동통계조사보고서』, 각호

노동부, '- 일사리 창출, 양극화 해소 -고용노동정책 비전과 전략', 고용노동전략 T/F 작성 내부 보고서, 2007

노동부 홈페이지, www.molab.go.kr

법무부, 『출입국관리통계연보』, 각년도

법무부 출입국 · 외국인정책본부, 『출입국 · 외국인정책 통계월보』, 2008. 12

사람입국 · 일자리위원회, '한국의 고용전략 수립에 관한 연구', 연구기관: 한국노동연구원, 2006

통계청, '국가통계포탈', www.nso.go.kr

한국노동연구원, 『2008 KLI 노동통계』, 2008

한국노동연구원, "노사관계 정책의 비젼과 과제", 2008. 7 (미발표원고)

한국정책과학학회, 『노동행정조직의 발전방향에 관한 연구』, 2007 (노동부 용역과제)

Bamber, Greg J, Russell D. Lansbury, and Nick Wailes, ***International and Comparative Employment Relations: Globalisation and the developed market economie***s, Allen & Unwin, 2004

부록A. 기타분야

부록B. 신문사별 색인

▌A. 1 ▌

내수경기 활성화에 정책역량 집중해야[1)]

정부가 내수 경기를 부양시킬 종합적인 대책을 강구하고 있는 것으로 알려진다. 정부의 내수 경기 부양책은 재정 지출을 확대하는 방안이 핵심을 이룰 전망이다. 국회에 제출한 내년도 정부의 총지출 규모는 당초 283조8000억원이었지만 5조원 내지 10조원이 늘어 280조원을 웃돌 것이란 예상이 지배적이다.

리먼브러더스의 파산으로 촉발된 미국발 금융위기에 대한 정부의 대응이 여러 번 실기(失機)하면서 국제 금융시장에서 한국에서의 제2의 금융위기 가능성이 지속적으로 제기되고 있는 현실을 고려하면 전세계적 금융위기의 여파로 침체가 확실시되는 내수 경기를 선제적으로 부양하기로 한 정부의 정책 방향은 매우 시의 적절한 것으로 평가된다.

한국은행이 기준금리를 0.75%포인트 전격적으로 하향 조정했으나 여전히 금융시장이 요동치고 있다. 현재의 우리나라 금융위기가 내

---

1) 문화일보 〈포럼〉 (2008. 10. 29)

재적인 요인보다 대외적인 요인에 의해 촉발됐기 때문이다. 외부 여건 악화로 국내 경제가 불안한 상황에서 정부가 선제적으로 내수 부양 대책을 더욱 강력하고 구체적으로 밀어붙이는 것이 우리나라 경제에 대한 국내외적인 신뢰감 회복에도 도움이 될 것이다.

전세계적 금융위기 이전부터 우리나라 경제는 침체 국면에 있었다. 한국은행에 따르면 올해 3분기 실질국내총생산의 전기 대비 성장률은 0.6%로 2004년 3분기 0.5% 이후 가장 낮았다. 내수는 이미 바닥을 친 지 오래다. 민간 소비는 전분기 대비 0.1% 늘어났을 뿐이다. 설비투자와 건설투자도 각각 2.3%, 0.3% 증가하는 데 그쳤다. 내수 소비시장은 더욱 급속히 냉각될 것으로 보인다. 10월의 소비자심리지수는 전월보다 8포인트 떨어진 88로 나타났다. 소비자들은 향후 자산가치의 하락에 대해 극도로 불안해하고 있는 것으로 나타났다.

글로벌 금융위기로 우리나라 기업, 특히 중소기업들은 절박한 상황에 몰려있다. 300여개 국내 기업을 대상으로 한 대한상공회의소의 설문조사 결과를 보면 80% 가까운 기업이 '현 경영 여건이 외환위기 당시보다 어렵거나 비슷하다'고 응답했다. 특히 외환위기 당시보다 어렵거나 비슷하다고 응답한 중소기업의 비율이 86%인 반면 대기업의 비율은 59%로 나타나 중소기업이 느끼는 고통의 정도가 더 큰 것으로 확인됐다.

대외의존도가 큰 우리나라 경제는 내년에는 더욱 어려울 것으로 전망되고 있다. 두 번째로 큰 수출시장인 미국 시장은 금융위기의 진원지로 직격탄을 맞았고 가장 큰 시장인 중국이 글로벌 금융위기의 여파로 더 이상 두 자릿수의 성장을 기대하기 어렵다. 내년의 우리나라 경제성장률이 3% 초반에 머무를 것이라는 전망이 지배적이다.

적극적인 경기 부양을 위해 일시적인 재정적자를 감내할 준비가 돼 있어야 한다. 재정 확대에도 불구하고 당초 예정된 감세 규모를 줄이지 않아야 할 뿐 아니라 법인세와 소득세 인하시기도 앞당기는 것을 적극적으로 검토해야 한다.

지난 9월 발표한 국가 재정운용계획에 따르면 정부는 재정수지가 2012년에 균형을 이룰 것으로 전망하고 있으나 현재와 같은 위기 상황에서는 재정 건전성 문제는 일단 덮어두는 것이 바람직하다. 우리나라의 국내총생산(GDP) 대비 국가채무비율은 32.7%로 아직 경제협력개발기구(OECD) 평균치인 77.1%의 절반에도 못 미치고 있다.

내수 부양을 위해서는 재정투자 확대 및 감세와 함께 민간부문의 투자 유도를 위해 획기적인 규제 완화 조치도 필요하다. 현 정부 들어 반복되고 있는 전시적(展示的) 규제 완화 정책들보다는 민간부문이 현장에서 피부로 느낄 수 있는 규제 완화가 이뤄져야 한다.

▌A. 2▐

리먼 파산, 제2 금융위기?[2)]

지난주 '9월 위기설'을 벗어나는 것 같았던 우리 경제가 미국발 금융위기로 휘청거리고 있다.

---

2) 서울경제 〈시론〉 (2008. 9. 17)

미국의 4대 투자은행인 리먼브러더스의 파산 소식으로 추석 연휴를 끝내고 문을 연 증권시장에서 16일 코스피지수는 전일 대비 90.17포인트(6.10%) 내린 1387.75로 거래를 마감했다. 코스닥지수는 연중 최대 폭인 37포인트(8.06%) 폭락해 429.29포인트로 장을 마쳤다. 환율시장도 극심한 혼란을 보이면서 원·달러 환율이 IMF 위기 이후 최대 수준인 50원9전 오른 1,160원에 거래가 종료됐다.

리먼브러더스의 파산신청으로 단기적으로 투자심리가 위축될 수 있으나 중장기적으로 시장 불확실성이 축소될 것이라는 정부의 긍정적인 전망에도 불구하고 시장이 요동치고 있는 것이다.

정부는 국내 금융회사들이 보유한 총 해외 자산 규모가 전체 보유자산의 3%에 불구하고 국내 은행 등에 투자한 리먼브러더스의 투자 규모도 총 7억2,000만 달러에 불과해 국내 회사들이 감내할 수 있는 수준이라고 희망 섞인 전망을 내놓고 있으나 현실은 그렇지 않다.

우리가 우려하는 것은 리먼브러더스 파산이 미국발 금융위기의 끝이 아니고 미국발 금융위기의 지속이라면 이는 국내의 금융시장뿐 아니라 실물시장에도 상당한 악영향을 미칠 것이라는 점이다.

미국 CNBC는 리먼브러더스의 파산과 메릴린츠의 BOA 합병이 발표된 지난 14일을 '피의 일요일(Bloody Sunday)'이라는 헤드라인으로 보도했다. 베어 스턴에 이어 미국 5대 대형 투자은행 중 3개가 사라지게 된 이 사태를 가리켜 앨런 그린스펀 전 연방 준비제도 이사회 의장은 '1세기에 한번 발생할 만한 사건'이라며 '더 많은 금융사들이 붕괴될 것으로 보인다'고 말했다.

당장 미 최대보험사인 AIG(아메리칸인터내셔널그룹)와 최대 저축대부

(Saving&Loan)조합인 워싱턴뮤추얼이 '제2의 리먼브러더스'로 주목받고 있다. AIG는 리먼브러더스의 파산 신청 소식이 전해진 12일 주가가 하루 만에 31% 폭락했다. 전문가들은 신용위기가 끝나기 전에 적게는 300개, 많게는 1,000개의 미국의 금융기관들이 파산할 것으로 전망하고 있다.

미국의 신용위기는 국내 증권시장에서 외국인 자본들이 돈을 거둬들이는 사태로 발전할 가능성이 크다. 실질적으로 16일 외국인들은 코스피시장에서 6,086억 원을 매도하며 장 하락을 주도했다.

금융시장 불안 차원을 넘어 경제의 펀더멘털(기초여건)이 흔들릴 가능성도 크다.

미국 · 일본 · 유럽 등 이미 침체 단계로 접어든 선진국 경제가 미국의 신용위기로 더욱 악화된다면 수출의존도가 높은 우리나라에는 큰 타격이다. 미국의 신용위기는 우리의 가장 큰 수출국인 중국 경제에도 악영향을 미칠 것으로 예상된다. 리먼브러더스 파산이 현실화된 15일 중국 정부는 금리를 전격적으로 인하해 긴축우선정책을 폐기했음을 공식으로 선언하였다.

우리 경제 자체가 가지고 있는 문제점도 심각하다. 가계와 중소기업이 한계상황으로 몰리고 있는 것이다. 6월 말 현재 1가구당 4,000만 원인 가계부채는 최근의 고금리와 결합되면서 소비를 위축시키고 있다. 건설경기 침체가 지속된다면 중소건설 회사들의 부도로 금융기관의 부실이 확대되는 악순환이 우려된다.

새 정부가 들어선 지 6개월이 지났지만 여전히 우왕좌왕하고 있다. 지난번 추경예산 처리과정에서 보여주듯이 다수 여당은 리더십을 발휘하지 못하고 대책 없이 밀어붙이기를 하고 있고, 야당도 대안 제시는 없이 무조건 반대하고 있다. 김정일 북한 국방위원장의 건강 이상설로 경제외적 한반도 리스크가 더욱 커졌다.

리먼브러더스 파산이 우리 경제의 펀더멘털을 붕괴시키는 제2의 IMF 위기로 발전하는 것을 막기 위해서는 여야, 좌우 구별 없이 전 국민이 합심해 현 상황에 대해서 냉철하게 대처해야 한다.

▌A. 3 ▌

물가 안정 시급하다[3)]

물가동향이 심각하다. 통계청이 발표한 지난 4월 소비자물가는 지난해 같은 달에 비해 4.1%, 3월에 비해서는 0.6% 상승했다. 국제유가·금 등 원자재 가격이 지속적으로 급등하고 있고 이를 반영한 공산품 등 생산자물가의 상승으로 3년8개월 만에 4%대로 치솟았다. 장마와 폭염의 영향으로 농축수산물 가격이 크게 오른 2004년 8월 4.8% 이후 최고치다.

대통령(MB)물가라고 해서 대통령이 특별 관리를 당부한 생필품 52개 품목은 전년 동월 대비 6.7% 급등했다. 특히 밀가루 64.1%, 배추 41.7%, 경유 30.4% 오르는 등 4월부터 물가가 안정 기조를 회복할

---

3) 서울경제 〈시론〉 (2008. 5. 7)
서울경제 〈시론〉 (2008. 5. 7)

것이라는 정부의 바람을 무색하게 하고 있다.

정부가 물가급등에 대해 속수무책인 것은 최근의 물가상승이 대부분 외부요인에서 비롯됐기 때문이다. 우리가 주로 수입하는 중동산 원유가격의 기준이 되는 두바이유 현물가격이 100달러를 넘어선 지 이미 오래됐고 중국 및 중동 지역 건설 붐의 여파로 액화천연가스(LNG)·고철·비철금속의 가격이 급등하고 있다. 또 전 세계적으로 곡물작황이 부진한데다 바이오 연료용 수요가 늘어 농수산품 가격도 크게 오르고 있다.

정부는 최근의 물가상승과 관련해 기존 물가대책에 생활필수품 100여개에 대한 수입단가를 추가 공개하기로 결정했다. 기획재정부는 소비자에게 이들 품목의 수입단가를 공개하면 가격안정에 어느 정도 기여할 것으로 기대하고 있으나 기대만큼 실효성이 있을지는 의문이다. 단가 공개가 처음일 뿐만 아니라 품목별 단가 공개가 아닌 원산지·브랜드별 평균가격을 내놓기 때문이다.

개인서비스 요금과 관련된 기존의 물가대책에 큰 효과를 기대할 수 없는 것은 정부도 인정했듯이 학원비 등 개인서비스 요금을 정부가 강제로 낮추거나 규제할 방법이 없어 정부로서는 정보를 정확히 알려주고 편법적인 요금 인상 등이 없도록 지켜볼 수밖에 없기 때문이다.

최근의 물가급등이 외부요인에 의한 것임을 인정한다 해도 정부의 물가대책에서 가장 우려되는 부분은 정부가 아직 6% 경제성장에 대한 집착을 버리지 못하고 있는 것이다.

올해 추가경정예산 편성을 둘러싼 정부와 한나라당 간 갈등에서 나타나듯 정부는 오히려 물가상승을 부추길 수 있는 가장 강력한 내부요인을 만들려 하고 있다.

성장률이 떨어지고 있는 최근의 추세를 감안하면 정부의 입장도 이해할 수 있다. 한국은행에 의하면 지난 1·4분기 실질국내총생산(GDP)은 전 분기보다 0.7% 성장했다. 지난 2004년 4·4분기 0.7% 이후 최저치이며 지난해 4·4분기 1.6%의 절반에도 못 미치는 수치다. 연율로 따지면 3%에도 못 미치는 성장 실적이다. 더욱이 국내총소득(GDP)은 전 분기에 비해 2.2% 감소한 것으로 나타나 국민들이 느끼는 체감경기는 더욱 한파다.

뿐만 아니라 기획재정부는 지난달 28일 대통령 주재로 열린 '투자활성화와 일자리창출을 위한 민관합동회의'에서 현 경기상황에 대해 1·4분기에 정점을 통과해 하강 국면으로 진입하고 있다고 평가했다.

그러나 외부여건이 극도로 불안한 상황에서 성장률 제고를 위해 고환율을 유지하며 추가경정예산으로 재정까지 투입하고 가능하다면 금리까지 내리면서 물가를 안정시키겠다는 정부의 의지는 상당한 과욕이다.

우리 경제의 유일한 버팀목인 수출을 위해 고환율 정책을 고수하는 것은 이해한다 할지라고 재정을 투입하고 금리를 내린다면 비용뿐 아니라 수요 측면에서도 물가급등은 명확하다.

국제유가가 배럴당 100달러를 훌쩍 넘어 200달러까지 오를 것이라는 전망이 나오고 있는 상황에서 국민이 신뢰할 수 있는 보다 원칙에 입각한 정책이 필요한 시점이다.

▌A. 4▐

전면 재검토 불가피한 혁신도시 미망[4)]

최근에 발표된 감사원의 보고서에 따르면 노무현 정부에서 혁신도시 건설의 정당성을 입증하기 위해 의도적으로 공공기관 지방 이전의 경제성 효과를 과장한 것으로 드러났다.

국책 연구기관인 국토연구원이 중립적 전문가에게 의뢰한 연구 결과 수도권의 공공기관 지방 이전 효과가 1조3000억 원, 그리고 수도권의 감소분을 제외한 순증가 효과가 3000억 원에 불과한 것으로 나타났다고 한다. 그러자 연구 결과를 공개하지 않고 지난 정부에서 지방분권화를 책임지고 추진했던 국가균형발전위원회가 국토연구원에서 파견 나온 직원에게 지시, 4조원대의 이전 효과를 만들도록 하여 국토연구원의 연구 결과로 공표했다는 것이다.

특히 이전 대상 190여개 공공기관의 임직원 가족이 대부분 이주하고, 관련 업종들이 모두 동반 이주한다는 가정은 매우 비현실적이라는 지적도 있었다. 실제로 이전 대상인 모 공기업의 설문조사 결과를 보면 가족을 동반하여 이주할 의향을 가진 직원은 50%에도 미치지 못하는 것으로 나타났다. 도덕성과 청렴성을 내세웠던 노 정부에서 이뤄졌던 일이라는 것이 충격적이지만 결과적으로 국가경쟁력을 크게 훼손시키는 사업이 무리하게 추진됐고 현재도 진행 중이라는 것이 문제의 본질이다.

---

4) 문화일보 〈포럼〉 (2008. 4. 16)

지난 정부 지방분권화의 핵심 사업이라 할 수 있는 혁신도시가 건설된다 할지라도 공동화할 것을 우려한 정부가 170여개 공공기관을 무리하게 이전하려고 하는 과정에서 이 같은 무리수를 둔 것으로 추정된다. 국토해양부에 따르면 혁신도시는 공공기관들이 계획대로 이전하더라도 문제가 많은 것으로 나타났다. 현재 건설되고 있는 혁신도시의 조성 원가가 인근 산업단지의 분양가보다 2~6배 높아 민간기업 유치의 커다란 장애 요인이고, 높은 토지보상비로 인한 고분양가로 주택 미분양이 우려된다는 것이다. 또한 이전 대상 공공기관 중 43개 기관이 청사 신축에 2조9000억 원의 국고 지원을 요청하고 있다고 한다.

이명박 정부는 올해 하반기부터 대대적인 공공기관 민영화 작업을 추진할 계획으로 있는데, 이전 대상 상당수의 공공기관이 민영화 대상 기관이 될 가능성이 있는 것도 혁신도시 건설의 타당성을 떨어뜨리는 이유 가운데 하나다. 경제적 효율성이 없이 지방으로 이전하기로 예정돼 있는 공기업들이 민영화된다면 시장논리에 따라 지방 이전을 백지화할 가능성이 크기 때문이다. 지방 이전을 조건으로 민영화할 수도 있겠지만 민영화의 당초 취지와는 크게 어긋나고 제값도 받지 못할 것이다.

이제 혁신도시 건설은 전면적으로 재검토해야 한다. 혁신도시의 토지보상 협의 율이 금액 기준으로 78.1%, 2조4266억원의 돈이 풀린 상황에서 상당 부분의 수정을 의미하는 전면적인 재검토는 해당 지역 주민 및 지방자치단체들의 격렬한 저항에 부닥칠 것으로 예상된다. 하지만 혁신도시 구상은 원점에서 다시 한 번 검토하는 것이 바람직하다.

혁신도시 건설로 당초 의도했던 지방경제 활성화 및 재정 자립도 제고의 목적을 달성하지 못할 것이 명확할 뿐 아니라 국가 전체의 경쟁력도 떨어뜨리는 혁신도시 건설을 현행대로 지속할 이유는 없는 것이다. 계륵(鷄肋)이 된 혁신도시지만 이명박 정부는 혁신도시 대상 지역을 포함한 시방의 경쟁 역량을 제고시켜 지방경제를 활성화시킬 수 있는 미래의 비전과 청사진을 제시하여 경제성이 없는 혁신도시 사업을 지속하기를 원하는 해당 지역 주민들과 지자체를 설득해 나가야 한다.

세계화와 더불어 선진국들은 이미 국토정책의 기조를 '국내의 지역 간 비교'에서 '지역의 국제간 비교'로 전환했다. 우리나라의 5대 광역권은 이미 인구나 역량 측면에서 주요 선진국이나 도시권과 경쟁하기에 충분하다. 우리나라도 혁신도시 정책의 재검토를 계기로 국내 지역 간의 제로섬 경쟁보다는 우리나라의 각 지역이 세계시장 선점을 위해 외국의 지역과 경쟁하는 체제로 바뀌어야 한다.

▌A. 5▐

교수들, 이제 제자리로 돌아가야[5)]

2008년 새해가 시작됐다. 올해도 우리 사회에 많은 변화가 있으리

---

5) 한국경제신문 〈시론〉 (2008. 1. 2)

라 예상된다. 특히 지난 10년간의 좌파 정권을 종식시키고 출범하는 이명박 정부 아래서의 정책들은 참여정부와 상당히 다를 것이다.

정치(politics)와 교수(professor)의 합성어인 폴리페서(poli-fessor)란 신조어를 유행시킨 이번 대선(大選)에서는 대학 교수들의 대선주자 캠프 참여를 놓고 논란이 많았었다. 교수들이 자신의 전문 지식을 현실에 접목시키기 위해 참여하는 것이냐, 아니면 본업인 연구나 교육을 등한시하고 출세를 위해 줄서기를 하는 것이냐는 등 시각에 따라 평가가 엇갈렸다. 모 대학의 현직 총장은 유력 주자 캠프의 주요 위원장직을 맡았다가 소속 대학 교수들의 반발로 사퇴하기도 했다.

언론에 따르면 유력한 대선 주자가 유난히 많았던 이번 대선에서는 적어도 1000명 이상의 대학 교수들이 각 주자의 캠프에 참여한 듯하다. 이 중 일부는 새 정부의 인수위원회에 참여하는 기회를 얻었고, 또 일부는 차기 정부 장관 물망에 오르내리니 개인적으로는 캠프 참여의 성과가 있었다고 볼 수 있다.

그러나 이명박 캠프에 참여했으나 인수위에는 참여하지 않은 사람, 다른 후보들의 진영에 참여했던 모든 교수들이 이번 대선을 통해 우리 사회의 향후 발전에 상당한 기여를 했다는 측면에서 모두가 소기의 성과를 거뒀다고 할 수 있다.

새 정부 인수위원회는 각 정부 부처에 이명박 당선인의 공약(公約) 실현 방안을 제출할 것을 요구했다고 한다. 이명박 정부의 대선 공약은 캠프 교수들의 참여 아래 만들어진 것이다.

참여 교수들이 인식하는 우리 사회가 지향해야 할 방향성과 교수들의 전문성이 녹아 있는 각 공약의 기조 하에 향후 5년간 한국 사회가 움직일 것이다. 한 예로 삼불(三不) 정책으로 대변되는 참여정부의 교육 정책은 새 정부에서 많이 바뀌게 될 것이다.

물론 이명박 정부 하에서도 다른 주자 진영에 참여했던 교수들의 주장이나 전문성이 소멸되지는 않을 것이다. 이미 새 정부의 주요 공약들이 실현 가능성이나 방향성 측면에서 검증 대상이 되고 있으며, 다른 대선 주자 캠프 교수들의 대안이나 비판이 검증의 주요한 논거가 될 것이다.

대선의 열기도 지나가고 곧 새로운 정부가 들어설 현 시점에서 각 캠프의 참여 교수들은 대학으로 돌아가 본업에 보다 충실해야 할 때다. 정책의 구체적인 집행과 실천은 정치인과 전문 관료들의 몫으로 남겨 두고 교육이나 연구 혹은 교수들이 할 수 있는 다른 참여 방식으로 현실에 기여해야 한다.

이명박 캠프에 참여해 대선 승리에 기여했다고 보상을 기대하며 여기저기 기웃거리거나, 다른 진영에 참여했다가 이번 대선에는 실패했으나 4월 총선에서 한자리 하겠다고 뛰어다니는 사람이 있다면 이는 여전히 한국 사회의 지성으로 대변되는 대학 교수들을 장삼이사(張三李四)의 차원으로 떨어뜨리는 것이다.

역대 정권을 보면 대학 교수나 학자들이 현실 정치나 행정에 참여해 우리 사회에 기여한 바가 극히 드물다. 참여정부만 해도 교수 출신 행정 관료들의 설익은 이론과 386 정치인의 무모함이 결합돼 부익부 빈익빈 현상이 심화되고 전국의 땅값이 천정부지로 치솟았다. 또 일부 교수들은 장관이 되어서는 평소의 소신과는 정반대의 정책 집행에 앞장서기도 했다.

다양한 계층 간의 교감이 매우 중요한 네트워킹 사회에서 교수들이 상아탑에만 머무를 수는 없다. 그러나 현실 참여에서 대부분의 교수들이 비교 우위가 있는 역할은 전문분야 연구를 통해 우리 사회의 방향성을 제시하거나 국가나 사회의 중요한 문제에 의견을 공적으로 표명함으로써 국가와 사회의 가치를 수호하는 것이다.

교수 신분을 지키면서 얼마든지 사회 참여가 가능하다는 얘기다. 교수 간판을 이용해 자리 동냥에 나선다면 시정잡배와 다를 바 없다.

▌A. 6▐

한·미 FTA, 이번 국회에서 비준해야[6)]

조지 W 부시 미국 대통령이 20일 이명박 대통령 당선자와 축하인사를 겸한 전화통화를 한 후 가진 기자회견에서 한국 국민은 미국 의회가 한·미 자유무역협정(FTA) 비준을 동의할지 여부를 주시하고 있다고 밝혔다. 이명박 한나라당 후보의 대통령 당선으로 북한 문제의 접근 방식과 관련한 한·미간의 입장 차이가 좁혀질 것으로 예상되는 가운데 한·미 FTA에 대한 우리 국회와 미국 의회의 비준 여부가 한·미간의 가장 큰 현안이 될 것으로 보인다.

우리 경제의 현주소를 보면 우리나라가 미국과 FTA를 체결해야 하는 이유는 자명하다. 국내총생산(GDP) 대비 수출입 비중이 70%인

---

6) 문화일보 〈포럼〉 (2007. 12.22)

대외 개방형 경제 구조를 가지고 있기 때문이다. 특히 미국은 우리에게 중국 다음으로 큰 수출시장이고, 일본·중국에 이어 세 번째로 큰 수입국이다. 특히 한국과 미국의 경제 규모를 합치면 14조1000억 달러가 되기 때문에 1993년 체결된 미국·캐나다·멕시코 간에 체결된 북미자유무역협정(NAFTA)의 시장 규모 15조1000억 달러에 버금가는 커다란 시장이 형성되는 것이다.

이에 따라 더 많은 국내 소비자들이 싼 값에 질 좋은 제품을 살 수 있게 될 것이고 미국에 수출하는 우리 제품의 가격도 낮아져 미국 시장에서의 우리 제품의 경쟁력이 크게 높아질 것이다. 또한 그 간의 경험을 보면 국내 시장 개방은 우리 기업들의 경쟁력 향상의 촉매제가 될 것이다.

가장 큰 시장이고 전 세계 기업들의 각축장이라고 할 수 있는 미국 시장에서의 우리 상품 점유율은 세계무역기구(WTO) 체제 출범 이후 3.3%에서 2.6%로 줄어들었는데, 한·미 FTA는 브릭스(BRICs) 등 개도국들의 추격과 일본 등 선진국들의 견제로 샌드위치가 된 우리 경제의 큰 활력소가 될 것이다. 지금은 농업분야 등 한·미 FTA로 피해를 보는 분야에 대한 대책을 점검, 시행해야 할 시점인데, 국회 비준안 동의 여부가 불투명하여 자칫하면 차기 정부로 공이 넘어갈 소지가 있다.

한·미 FTA 체결은 경제적 측면에서 보면 우리에게 선택이 아닌 필수지만 국회 비준 동의를 앞둔 현재까지의 진행 과정을 보면 한·미 FTA가 우리 사회의 이해집단 간 정치적 이념 대립의 장으로 변질돼 왔다. 지난 11월11일에도 민주노총과 한국진보연대 회원 3만여 명이 서울 도심에서 한·미 FTA 폐기를 요구하는 대규모 불법시위를 벌여 교통 체증이 극심했다. 그리고 시위에 참가한 국내 주요 사업장의 노조 집행부가 구속되는 사태로 비화해 개별 사업장 노사관계가 큰 어려움을 겪고 있다.

상대국인 미국의 자동차노조는 한·미 FTA 체결로 자신들의 일자리가 없어질까봐 반대하고 있다. 하지만 앞으로 15년간 약 3조원의 생산 이득이 있는 등 한·미 FTA 체결로 가장 이득을 많이 보는 분야 중 하나인 자동차산업의 노조원들이 앞장서서 반대를 하고 있는 것이 우리의 웃지 못 할 현실이다. 현재 진행되고 있는 유럽연합(EU)과의 FTA 협상에 대해서는 이른바 '진보세력'들로부터 별다른 반대 목소리가 없는 것은 한·미 FTA에 대해 반대하는 집단들이 경제논리보다는 정치논리에 의해 좌우되고 있다는 것을 잘 보여준다.

50%에 가까운 이명박 대통령 당선자에 대한 국민적 지지는 실천보다는 이념에 치중한 노무현 정부의 정책 실패에 대한 평가가 반영된 것이다. 노 대통령과 대통합민주신당은 새 정부 출범 전인 이번 임시국회에서 한·미 FTA 비준 안에 동의함으로써 새로 출범하는 이명박 정부가 소모적인 정치적 다툼에 휘말려 출범 초기부터 시간을 낭비하지 않도록 해야 한다.

특히 지난 번 중간선거에서 다수당이 된 민주당의 견제로 의회 비준이 쉽지 않은 미국 측 상황을 고려하면 우리 국회의 한·미 FTA 비준은 빠르면 빠를수록 좋다. 노 정부가 성취한 가장 중요한 경제적 업적으로 후세에 평가될 한·미 FTA를 이번 임시국회에서 비준 동의함으로써 노 대통령은 본인이 노력한 성과에 대한 과실도 같이 거두기를 기대한다.

▌A. 7▐
유류세 인하 더 늦출 이유 없다7)

정부가 지난 13일 발표한 '고유가시대의 경제적 대응 방안'을 보면 서민과 저소득층의 유가 부담을 줄이기 위해 겨울철에 한해 등유, 액화석유가스(LPG) 프로판, 가정용 LPG 부탄, 취사 · 난방용 액화천연가스(LNG)에 붙는 특소세가 30% 낮아지고 기초생활수급자의 수도 · 광열비 항목의 지원 금액이 현행 월 7만원에서 내년에는 월 8만5000원으로 상향 조정된다. 기름 값이 너무 올라 유류세 인하를 기대했던 일반 국민에게 매우 실망스러운 소식이다.

석유 한 방울도 나지 않는 게 우리 현실임을 고려해도 한국의 기름 값은 세계에서 가장 비싸다. 휘발유에는 유류관세 등 7가지의 세금이 붙고 기름 값에서 차지하는 세금이나 제세공과금의 비중이 60%에 가깝기 때문이다. 정부는 고유가시대야말로 우리 국민이 에너지 절약 정신을 키울 때라고 본다. 또한, 경제협력개발기구(OECD) 회원국 중에서도 한국의 유류 값에서 세금이 차지하는 비중이 독일(63.1%) 등 일부 국가에 비해 낮다는 점을 강조하고 있다. 그러나 1인당 국민총소득(GNI)에 대비한 한국의 휘발유 값을 100으로 했을 때, 우리나라

---

7) 문화일보 〈포럼〉 (2007. 11.15)

와 여건이 비슷한 일본의 휘발유 값은 30.8, 독일 48.6, 캐나다 25.7, 미국 15.0이다.

정부는 유류세를 즉각 내려야 한다. 유류세 부담이 늘어나는 것은 국제 유가 상승에 따른 구조적인 문제이며 에너지 효율성 제고나 경쟁 촉진을 통해 국내 유류값 인하를 유도해야 한다는 정부의 기본 방침은 현실을 도외시한 채 세수 확보를 쉽게 하려는 행정 편의 주의적 발상이다. 2006년 정부는 교통세 · 특소세 · 교육세 · 부가세 등 유류 관련 세금을 2003년과 비교하여 31.9% 늘어난 23조5000억 원을 거뒀다. 지난 5년간 유류 관련 세수는 모두 103조8000억 원이었다. 올해는 기름 값이 30% 이상 뛰었기 때문에 세수는 더욱 증가할 것으로 예상된다.

정부는 유류세를 내리면 기름 소비가 늘어 경상수지가 나빠지고 온실가스 배출이 늘어난다고 주장한다. 그러나 기름 값이 지속적으로 올라가고 있으나 국내 소비는 줄지 않고 오히려 늘어나고 있다. 통계청에 따르면 올해 3분기 주유소 차량용 연료의 판매량은 지난해 같은 기간보다 7.5% 늘어났는데, 이는 2003년 2분기(7.6%) 이후 가장 높은 증가율이다. 이미 자동차는 사치품이 아닌 필수품이 된 지 오래다. 1986년 130만대였던 국내 자동차 등록 대수는 10배 이상 늘어서 2006년 현재 1600만대를 넘어 국민 2.5명당 1명꼴로 자동차를 소유하고 있다. '기름 값이 비싸면 소비가 줄어든다'는 정부의 논리는 현실을 무시한 발상이다.

유류세를 내리려면 정부 지출을 줄여야 한다는 재경부의 주장도 설득력이 없다. 임기를 몇 달 남겨 놓지 않은 노무현 정부가 세운 복지정책의 로드맵 격인 '비전2030'이 시작되는 내년도의 중앙정부 예산증가율은 전년 대비 7~8%로 지난해 증가율 5.8%보다 높다. 전체 예산에서의 비중이 30%대로 높아지는 복지예산이 대폭 늘어나기 때문이다.

고통은 분담돼야 한다. 올해 정부의 총 세수는 당초보다 11조원 더 걷히는 상황에서 '중대형 차량 구입이 소형 차량에 비해 크게 증가했다'는 식의 인식은 정부가 고유가 고통을 끝까지 국민에게 전가하는 무책임한 처사다. 특히 정부가 2005년 이후 추진한 경유 가격의 지속적인 인상은 영세 자영업자, 버스·택시 운전자들의 생계에 큰 타격을 주고 있다.

16일 철도노조와 공동으로 파업을 예고하고 있는 화물연대의 파업도 급격한 경유값 인상과 무관치 않다. 경유가 환경오염의 주원인임은 틀림없으나 국제 유가 상승으로 유류세 부담이 커지는 상황에서 반드시 경유 가격을 휘발유 가격에 연동하여 설정한 목표치에 맞춰 인상해야 하는 것인지 참으로 의문이다.

▌A. 8▐

동의명령제 도입 취지와 문제점[8)]

공정거래위원회가 내년 4월부터 동의명령제를 도입하기로 최근

8) 문화일보 〈포럼〉 (2007. 8. 16)

입법예고했다. 동의명령제란 공정거래위가 공정거래법을 집행하면서 심의 대상인 기업 행위의 위법성에 대한 최종판단을 하기 전에 기업과 합의를 통해 분쟁을 해결하고 사건을 종결시키는 제도다. 형태는 차이가 있지만 미국 등 여러 나라에서 채택하고 있는 동의명령제는 지난 3월 한·미 자유무역협정(FTA) 타결 과정에서 미국과 도입키로 합의한 바 있다.

공정거래위원회의 안을 보면 공정위의 조사나 심의를 받던 기업이 문제가 된 행위의 사실 관계 소명과 함께 시정 방안도 같이 제출하면 공정위는 동의명령 절차 개시 여부를 결정한다. 이후 공정위 실무당국과 기업이나 사업주가 합의한 동의명령안이 공정위 전원회의 또는 소회의에서 심의 의결되면 사건은 종결된다. 공정위는 정부 당국으로서 위법성 여부가 불분명한 사건의 조사와 처리에 투입되는 시간과 비용을 줄일 수 있기 때문에 사건 처리의 실효성을 확보할 수 있고 기업도 이미지 손상이나 법적 분쟁으로 인한 비용을 회피할 수 있으므로 양 당사자 모두에 이익이 되는 제도라고 도입 취지를 밝히고 있다.

그러나 기업의 입장에서 공정거래위의 입법예고안을 보면 동의명령제는 기존의 제도와 큰 차이가 없고 오히려 악용의 소지가 있다. 우선, 기업이나 사업자 단체의 담합 등 부당공동행위는 적용 대상에서 제외하고 있다. 담합 등은 그 위법성이 행정조치로 마무리해서 안 될 정도로 크다는 것이 그 이유다. 또한 동의명령의 내용에 명칭을 바꿔서 기존 과징금 성격의 벌과금이 부과된다.

기업이 가장 기피하는 조사 대상인 담합을 제외하면서 과징금과 유사한 제재 조치도 함께 부과하도록 돼 있는 동의명령제는 기업 활동에 제약을 가져 올 수 있다. 특히 지나친 과징금을 매기고 사회적으로 민감한 사안에 대해 별다른 준비도 없이 개입해 기업 활동에 부담을 주어 온 공정위의 지금까지 행태를 보면 우려가 앞선다.

공정위는 대규모 기업집단에 대한 우리 사회의 부정적 인식에 편승, 무소불위의 권력을 휘두르고 있다는 비난을 받아 왔다. 정유 석유화학 은행 보험 인터넷포털 통신 교복 학원 부동산중개업소 등 기업의 규모와 업종을 가리지 않고 사회적으로 현안이 되는 사건에 대해 무차별적인 조사를 해왔다.

공정위 조사는 길게는 1년이나 걸리는데, 조사 후 무혐의 처리되거나 장기간 표류하는 경우가 너무 많다. 최근에는 SC제일은행에 대한 8개월에 걸친 집중적인 부당내부거래 조사를 한 뒤 무혐의 처리했고, 인터넷포털이나 토플을 주관하는 한 · 미 교육위원회에 대한 조사도 별 성과를 거두지 못한 채 뚜렷한 결론을 내리지 못하고 있다.

조사 기간에 대상 기업이 받는 업무 손실과 스트레스를 고려하면 조사 대상 선정은 신중히 하고 일단 조사를 하면 철저하고 엄격하게 해야 한다. 하지만 공정위의 그간 활동을 보면 기업의 부담은 고려하지 않고 업무영역 확대에만 관심이 있는 듯하다. 국민의 정부 때는 인원이 줄었던 공정위가 현 정부 들어서는 25%나 늘었다. 확 달아올랐다가 금방 식어버리는 냄비 성향인 우리 사회의 현안 이슈에 대해 뚜렷한 기준 없이 위원장의 지시 한마디에 개입하는 일이 비일비재하여 대통령이 전원 임명하도록 돼 있는 공정위의 위원 선임 방식까지 논란이 되고 있는 실정이다.

학원비처럼 한참 논란이 되는 사회 이슈에 대한 조사 과정에서 동의명령 개시 후 공정위가 기업에 자발적 시정조치를 종용하여 받아들인다면 기업으로서는 사후에 냉철한 사법부의 심판을 받을 기회를 잃어버리게 된다. 동의명령제를 도입하려면 담합 등도 포함시키고 벌과금 부과에 대해서도 재검토할 필요가 있다.

▌A. 9 ▌

경제, 시장순응 정책으로 풀자9)

정부는 최근 올해의 국내총생산(GDP) 성장률 목표를 3.8%로 수정하기로 결정했다.

내수회복이 예상보다 지연되고 환율절상으로 수출 신장세가 둔화되는 가운데 고유가가 떨어질 기미를 보이지 않으면서 세계 경제의 발목을 잡을 가능성이 커지는 현실 여건을 감안한 것이다. 한국경제연구원 등 민간연구기관들은 올해의 우리 경제 성장률이 3% 밑으로 추락할 수도 있다고 경고하고 있다.

지난 2003년 말 배럴당 28달러하던 두바이 유가가 심리적 마지노선인 55달러를 넘어서고 대미환율이 1년여 사이에 15% 이상 절상되는 등 우리 경제의 대외적 여건이 어려운 것은 사실이나 경제부진의 원인에 대한 정부와 민간의 시각차는 매우 크다.

---

9) 서울경제 〈시론〉 (2005. 7. 18)

노무현 대통령은 8일 열린 편집보도국장 청와대간담회에서 참여정부 출범 이후 경제가 부진한 것에 대해 잠재성장률을 끌어올리는데 시간이 걸린다는 것과 가계신용 불량, 카드회사 부실 등을 간과한 과오가 있지만 현재 우리 경제가 대단히 잘못됐다고는 생각하지 않는 점을 역설했다. 또한 정부가 할 수 있는 일은 역동적인 시장이 되도록 합리적이고 공정한 경쟁이 이뤄질 수 있는 사회문화정치 제도를 만드는 것이라고 했다.

반면에 최근의 한 대학연구소가 오피니언 리더들을 대상으로 조사한 결과에 의하면 80%가 참여정부 전반기의 경제정책에 대해 불만을 표시했으며 68%가 정부정책의 혼선과 리더십 부재를 우리 경제의 가장 큰 대내불안 요인으로 지적했다.

당분간 지속될 고유가, 중국의 경제성장 둔화 가능성 등 우리 경제의 어려운 대외 여건보다도 우리 경제가 성장 동력을 다시 찾는 것에 대해 비관적인 전망을 하게 되는 이유는 정부여당과 민간의 경제현상에 대한 이와 같은 시각의 차이가 좀처럼 좁혀질 것 같지 않기 때문이다.

노 대통령은 정치든 사회든 안보문제든 인과관계를 한 단계만 넘어가면 전부 경제문제로 집약된다고 피력한 것에서 알 수 있듯이 대통령은 현재 우리 사회 전체의 시스템을 개혁함으로써 경제성장의 동력을 찾을 수 있으며 현재의 정책기조를 유지하면 조만간 가시적인 성과를 거둘 수 있다고 믿고 있다.

그러나 시장은 성과를 요구하고 있으며 특히 참여정부의 임기가 절반을 넘어서고 내년부터 차기 대권경쟁에 돌입하면서 정부의 레임

덕 현상이 가시화될 것이 확실시되는데 정부여당이 현재의 정책기조를 그대로 유지하면서 국민에게 기다려달라고 하는 것은 무리한 요망 사항이다.

소외계층에 대한 배려를 어느 정부보다 우선시하겠다던 참여정부하에서 가장 서민계층이라고 할 수 있는 서울시내 택시기사들이 택시요금 인상에 대해 항의시위를 벌인 것은 참여정부의 정책이 실패했다는 것을 나타내는 대표적인 사례다.

참여정부의 경제정책 운영에 있어서 가장 큰 실책은 정부와 집권세력이 자신들의 힘을 과신한 것에 있다. 최근 참여정부 핵심인사가 헌법을 고치지 않고는 바꿀 수 없는 부동산 관련 법제도를 만들겠다고 했는데 헌법이 아니라 국가의 운명까지 좌우하는 것이 시장이라는 것이 구사회주의 소련의 몰락이 잘 말해주고 있다.

세계화시대의 생존경쟁은 냉혹하며 의도와는 관계없이 결과에 의해서만 평가받는다. 특히 세계 경제 운영에 있어서 미국의 영향력이 절대적이지만 과거 냉전체제에서와 같은 나름대로의 세계 경제 시스템이 아직 확고히 구축되지 않는 상황에서는 무리한 정치실험은 도박이다. 노 대통령이 일전에 언급했듯이 권력은 시장이 가지고 있는 것이다. 지금이라도 시장의 원리에 순응하고 시장의 힘을 활용하는 정책을 시행하는 것이 경제부진을 타파하고 우리 경제의 성장동력을 회복하는 길이다.

부록 B. 신문사별 색인

B. 1
경향신문

〈**기사**〉 노사 힘겨루기… 대화가 가장 강력한 무기"/ 2007. 1. 19

〈**기사**〉 금속노조 '反FTA 파업' 안팎서 역풍… 산별 '첫 깃발' 흔들/ 2007. 6. 22

B. 2
국민일보

〈**기사**〉 노사관계 20년 현주소… 새 틀 짜야하나/ 2008. 5. 25

〈**시론**〉 외국인 100만 명 시대/ 2007. 9. 4

〈**시사풍향계**〉 노동의 기능 빨리 강화해야/ 2006. 4.9

〈**기사**〉 국내 노동시장 유연성 낮지 않다… 고용조정 속도 9위로 매우 높은 편/ 2006. 2. 23

〈**경제시평**〉 5060세대의 취업 활성화/ 2003. 1. 28

〈**경제시평**〉 일자리 250만개 창출?/ 2002. 12. 10

〈**경제시평**〉 중소기업 인력난과 대학/ 2002. 11.19
〈**경제시평**〉 주5일 근무제의 허와 실/ 2002. 9. 10
〈**토론광장-고용허가제 도입**〉 이래서 찬성/ 2002. 5. 30

▌B. 3▐
동아일보

〈**토론마당**〉 대졸초임 깎아 일자리 나누기/ 2009. 3. 11
〈**기고**〉 최저임금 인상, 低賃근로자 고용 피해 없게/ 2008. 6 .6
〈**기고**〉 '노사관계 선진화' 또 5년 묵히나/ 2006. 9. 8
〈**기사**〉 [잃어버린 에너지를 찾아서]〈上〉젊은이들이 희망/ 2006. 8. 28
〈**시론**〉 한국형 고용전략을 찾습니다/ 보 2006. 7. 20
〈**시론**〉 노동운동 初心으로 돌아가라/ 2005. 3. 18

▌B. 4▐
문화일보

〈**포름**〉 공공기관 단체협약 과감히 수술해야/ 2009. 5. 16
〈**포럼**〉 임박 '비정규직 대란', 정치권의 외면/ 2009. 3. 16
〈**포럼**〉 노 · 사 · 민 · 정 대합의 기대한다/ 2009. 2. 4
〈**포럼**〉 공기업의 거품 더 걷어내라/ 2008. 12. 26
〈**포럼**〉 지하철 파업철회, 경쟁력 전기돼야/ 2008. 11. 20

〈**포럼**〉 공무원 보수 · 정원 동결 주목한다/ 2008. 9. 17
〈**기사**〉 〈위기의 산별노조, 탈출구를 찾아라—上〉/ 2008. 7. 23 사회 이슈 몰입… 노사 모두에 毒
〈**시론**〉 고용위기 '일자리나누기' 로 뚫어라/ 2008. 12. 26
〈**포럼**〉 내수경기 활성화에 정책역량 집중해야/ 2008. 10. 29
〈**포럼**〉조합원도 반대한 민주노총 정치파업/ 2008. 6. 18
〈**포럼**〉 노사관계 선신화가 일자리 창출한다/ 2008. 5. 19
〈**포럼**〉 전면 재검토 불가피한 혁신도시 미망/ 2008. 4. 16
〈**포럼**〉 한 · 미 FTA, 이번 국회에서 비준해야/ 2007. 12. 22
〈**포럼**〉 유류세 인하 더 늦출 이유 없다/ 2007. 11. 15
〈**포럼**〉 공기업 개혁의 올바른 방향/ 2007. 10. 10
〈**포럼**〉 동의명령제 도입 취지와 문제점/ 2007. 8. 16
〈**포럼**〉현대車노조, 정치파업 거부하라/ 2007. 6. 15
〈**기사**〉 '비정규직 차별철폐' 논란가열/ 2003. 1. 20
〈**포럼**〉 반대-在中동포에만 서비스업 취업 허용/ 2002. 7. 25
〈**포럼**〉 주5일 근무제의 정착조건/ 2002. 5. 24

▌B. 5▐
매일 경제

〈**기사**〉 "일부 대기업 노조 파업 국가경제 어려움 가중 우려"/ 2008. 7. 17
〈**기사**〉 "정치파업, 외국인 한국투자 기피 부를 것"/ 2008. 7. 2

〈**기사**〉 현대차勞使 소비자 무서운 줄 알아야/ 2008. 4. 17
〈**기사**〉 한미 FTA, 약가책정 진통…의약협상 중단/ 2006. 7. 13
〈**기사**〉 [한미 FTA 공청회… 찬반 공방]/ 2006. 6. 28

▌B. 6 ▌
서울경제

〈**시론**〉 자동차노사, 상생의 길 찾아야/ 2009. 2. 11
〈**시론**〉 리먼 파산, 제2 금융위기?/ 2008. 9. 17
〈**시론**〉 고령화사회 대안은 외국인력/ 2008. 5. 29
〈**시론**〉 물가 안정 시급하다/ 2008. 5. 7
〈**기사**〉 노조, 전격 파업유보 '원칙과 여론'에 밀렸다/ 2007. 11. 17
〈**시론**〉 현대차 10년만의 무파업 타결/ 2007. 9. 16
〈**기사**〉 새로운 '갈등 터널'…노사관계 험로/ 2006. 12. 26
〈**시론**〉 노동계, 제자리로 돌아와야/ 2006. 8. 10
〈**기사**〉 [車 산별노조 노사대충돌 진앙 되나] 전문가 시각/ 2006. 7. 4
〈**기사**〉 [車 산별노조 노사 대충돌 진앙 되나]〈중〉사회적 비용 줄이는 현명함을/ 2006. 7. 3
〈**시론**〉 GM 쇠락의 교훈/ 2006. 3. 14
〈**시론**〉 경제, 시장순응 정책으로 풀자/ 2005. 7. 18
〈**시론**〉 올해의 노사관계를 걱정하며/ 2005. 3. 21

▌B. 7▐

세계일보

〈시론〉 '그들만의 민주노총' 벗어나려면/ 2009. 3. 13
〈시론〉 비정규직법 개정 지금은 때 아니다/ 2008. 11. 24
〈토론〉 남성쿼터제/ 야근, 출장 등 특성상 남성우대 비난할 수 없어/ 2007. 9. 4
〈시론〉 노동시장 유연화가 제2의 이랜드사태 막는다/ 2007. 7. 24
〈시론〉 현대차 노조는 세계를 보라/ 2007. 1. 14
〈시론〉 비정규직 3대 법안 통과 이후/ 2006. 12. 5
〈시론〉 산별노조, 멀리 크게 보라, 2006. 7. 2
〈시론〉 올해 春鬪에 대한 소망/ 2006. 3. 31
〈시론〉 불법 철도 파업 당장 풀어라/ 2006. 3. 3
〈기사〉 노동부문 국제경쟁력…한국, 세계 최하위권/ 2006. 2. 17
〈시론〉 힘 있는 노조, 자제하여야/ 2004. 7. 21
〈시론〉 冬鬪, 가슴보다는 머리로 풀어야/ 2003. 11. 5
〈논단〉 고용허가제 이후의 과제/ 2003. 8. 9
〈시론〉 '고용허가제' 성공조건/ 2003. 3. 31
〈시론〉 노사 상생의 길/ 2003. 3. 11
〈시론〉 '비정규직' 풀려면/ 2003. 1. 20
〈시론〉 외국인력 강제출국 제고를/ 2002. 11. 20
〈시론〉 공무원파업 노동 3권 때 이르다/ 2002. 11. 7
〈시론〉 주5일근무안 더 보완해야/ 2002. 5. 9

▌B. 8▐

조선일보

〈기사〉 [합법과 불법사이, 외국인 노동자] 한국말밖에 모르는 2세들 추방되면 그곳서도 '이방인'/ 2008. 7. 10

〈시론〉 비정규직, 시장 틀서 풀어야/ 2004. 6. 7

〈기사〉 [노개위] 제6차 토론회 개최/ 1997. 7. 31

〈기사〉 인간적 대우 불신 없앴다/연수기업 모범사례/ 1995. 1. 22

〈기사〉 동남아진출 한국기업/현지관습 무시 분규자초세계화 경쟁력 8/ 1995. 1. 13

〈기사〉 외국인근로자 직장이탈 세계를 친구로 만듭시다 5/ 1995. 1. 8

〈기사〉 ILO 총회/"노동-통상 연계" BR 쟁점/ 1994. 6. 7

▌B. 9▐

중앙일보

〈기사〉 노사 생산성 '만년 꼴찌'인데 노조는 또 대규모 파업 준비/ 2009. 5. 18

〈기사〉 한국은행 금리 0.5%P 또 인하 왜/ 2009. 2. 13

〈기고〉 전문가들이 말하는 일자리 해법/ 공기업부터 일자리 나눠야/ 2009. 1. 5

〈기사〉 양극화 해소 내세워 종부세 '대못'… 계층 갈등 불러/ 2008.

12. 16
〈기사〉 포퓰리즘에 밀려 공기업 개혁 뒷걸음/ 2008. 8. 12
〈기사〉 현대 · 기아 · 대우 · 쌍용차 동시파업 "산별노조가 지닌 폐해 총집결판"/ 2008. 7. 11
〈기사〉 '쇠고기 전쟁' 두 달… 국정 올 스톱/ 2008. 7. 10
〈기사〉 '촛불'에 기댄 공기업 노조 "좀 더 버티면 민영화 무산"/ 2008. 6. 13
〈기사〉 CEO 305명 전부 이달 사표 받는다/ 2008. 4. 25
〈기사〉 장관까지 나서 "나가라" 요구… 공기업 낙하산 인사 바늘방석/ 2008. 3. 13
〈기사〉 이명박 어젠다 7 ④ 공기업 개혁 1년 안에/ 2008. 2. 25
〈기사〉 내년 '주간 2교대' 도입… 기아차, 노사委 2기 출범/ 2008. 1. 30
〈기사〉 광진공 이사 2명 노조 투표로 뽑았다/ 2007. 10. 10
〈시론〉 노동계, 국제 망신 자초 말라/ 2005. 8. 24
〈토론 마당〉 비정규직 문제/ 근로자가 양보를/ 2004. 6. 10
〈기사〉 [민노총 사무실 압수수색 영장 파장] '우군서 적으로' 勞政 충돌 위기/ 2003. 8. 26
〈기사〉 兩노총 파업 열기 '미지근'/ 2003. 8. 19
〈기사〉 [일자리가 먼저다 1부] 3. 누가 일자리 줄이나/ 2003. 7. 22
〈시론〉 파업 단기적 대응은 자제를/ 2003. 7. 3
〈기사〉 [지금은 파업시대] 2. 정부원칙은 어디 갔나/ 2003. 6. 12
〈시론〉 노동시장 유연성을 위하여/ 2003. 1. 15
〈기사〉 정부 부처, 외국인 노동자 대책에 이견/ 2002. 2. 23

〈기사〉 [외국인 근로자 제도 내용]/ 2002. 1. 31
〈시론〉 노동계는 대화의 장으로/ 2002. 1. 29

▌B. 10 ▌
한겨레신문

〈기사〉 되풀이 되는 철도파업 원인 · 해법은/ 한겨레신문 2006. 3. 4

▌B. 11 ▌
한국경제

〈시론〉 노동시장의 외국인 끌어안기/ 한국경제 2009. 5. 11
〈기사〉 "현대차 노조 16개로 쪼개질 판"… 금속노조도 흔들/ 2009. 3. 12
〈기사〉 [밀리언 잡] 8 사회적 일자리는 복지 밑거름… 소외계층 위한 '착한 기업' 일자리 20만개 만든다/ 2009. 3. 12
〈기사〉 [밀리언 잡] 민노총 잇단 탈퇴… 고용창출 앞장… "노조가 변했다"/ 2009. 3. 4
〈기사〉 [밀리언 잡] '무노동' 전임자만 1만여 명… '철밥통 단협' 에 고용창출 막혀/ 2009. 3. 3
〈기사〉 [밀리언 잡] 下 눈높이를 낮춰라 … "내 월급이 얼마였는데"/

2009. 3. 3
〈시론〉 청년인턴제 3박자 맞아야 성공/ 2009. 2. 17
〈기사〉 고통분담 의지 없는 금속노조… 전문가들 "정말 정신 못 차렸다"; 2009. 1. 9
〈기사〉 민주, 쟁점마다 '재벌' 꼬리표… 당 혼란 잠재우기 꼼수?/ 2008. 12. 31
〈시론〉 고용위기 '일자리나누기'로 뚫어라/ 2008. 12. 26
〈기사〉 [일자리를 지켜라] ③ 노조의 고통분담… 노조가 공장간 인력이동 막아서야/ 2008. 12. 3
〈시론〉 GM의 추락과 도요타의 등극/ 2008. 9. 23
〈시론〉 노루페인트 노조가 즐거운 까닭/ 2008. 7. 27
〈기사〉 "산별교섭 한국현실과 안 맞아"… 상의, 산별교섭 토론회/ 2008. 6. 18
〈기사〉 현대차 집행부 파업강행 방침에 노조원들 반발/ 2008. 6. 17
〈기사〉 고유가로 경영난 심각한데… 현대車노조 웬 '쇠고기 투쟁'/ 2008. 5. 29
〈시론〉 제 밥그릇 깨는 촛불시위 노동자/ 2008. 5.29
〈기사〉 [기초질서가 국가경쟁력] 1 정치파업은 이제 그만/ 2008. 4. 14
〈시론〉 교수들, 이제 제자리로 돌아가야/ 2008. 1. 2
〈기사〉 "망할지 모른다는 위기의식이 협력적 노사관계 만들었다"/ 2007. 10 .16
〈기사〉 경제대통령 슬로건 누가 만드나… 류우익・백용호・강만수 '삼각편대'/ 2007. 8. 22

〈**기사**〉 [노동현장이 달라지고 있다] 2 금속노조, 산별교섭 결렬 선언/ 2007. 6. 14

〈**기사**〉 민노총, 찬반투표 안하고 파업 결정… 일선조합원 비난 쇄도/ 2007. 6. 11

〈**시론**〉 교수가 빨간 머리띠 맨다고?/ 2007. 5. 29

〈**기사**〉 美 FTA 재협상 이번 주 공식요구 전망… 복수노조 허용, 최대쟁점 될 듯/ 2007. 5. 28

〈**기사**〉 [노사불안, 내년이 더 문제다] 上 '투쟁의 덫' 걸린 현대차노조/ 2006. 12. 13

〈**기사**〉 '뉴라이트 신노동연합' 23일 출범/ 2006. 9. 21

〈**기사**〉 재계. 노동전문가 "자진해산 관계없이 법적책임 물어야"/ 2006. 7. 21

〈**기사**〉 권익 스스로 포기… 로자만 피해/ 2005. 7. 12

〈**기사**〉 [현대차 등 13개 노조 산별 전환] 합리적 노사관계 정립되려면…/ 2006. 7. 2

〈**기사**〉 [대기업노조 산별 전환 비상] 下 유럽은 되레 기업별 교섭 전환/ 2006. 6. 27

〈**기사**〉 [한미 FTA 공청회] '車수입 늘려야 관세 인하' 美요구 말도 안돼/ 2006. 6. 27

〈**기사**〉 [대기업노조 산별 전환 비상] 中 '산별 교섭' 우리 현실에 맞나/ 2006. 6. 26

〈**한경 플라자**〉 태업에도 武勞無賃원칙 적용해야/ 2006. 3. 20

〈**기사**〉 [노조 지금이 변할 때다] 12 · 끝 노사관계 혁신을 위한 제언 / 2005. 5. 3

〈기사〉 [노조 지금이 변할 때다] 8 "대기업 노조 임금인상 자제해야"/ 2005. 4. 27
〈기사〉 '비정규직 문제, 한국-선진국 시각차 크다'/ 2005. 4. 20
〈기사〉 [인권위, 비정규직 정부안 제동 파문] 법안 또 표류 가능성/ 2005. 4. 4
〈기사〉 [쟁점 - 비정규직 보호법안] '또 정치논리에 밀리나'/ 2004. 11. 11
〈시론〉 비정규직 법, 일단 시행되어야/ 2004. 10. 31
〈시론〉 노사갈등 법에 의한 해결을/ 2002. 3. 29
〈시론〉 대졸 취업난 건설적 해법/ 2002. 2. 6
〈시론〉 재외동포법과 노동시장/ 2001. 12. 4
〈시론〉 '주5일 근무제'가 이른 이유/ 2001. 8. 2
〈시론〉 고용통계와 실업정책/ 2001. 4. 23
〈시론〉 공기업 타율개혁의 한계/ 2000. 11. 7
〈기사〉 [한국 노동시장 개혁 국제회의] 공공근로사업 강화로 자활능력 배가/ 2000. 5. 20
〈기사〉 ['4.13 총선' 공약 평가] 3 '복지/노동부문'… '낙제 수준'/ 2000. 3. 24
〈기사〉 [세미나] '국제화와 고용관계'/ 1997. 10. 9.
〈기사〉 "정리해고제 실효성 의문"… 노동연 세미나/ 1997. 10. 8
〈기사〉 [노사 새지평을 열자] 15 성과배분제 활용/ 1995. 3. 16
〈기사〉 [노사 새지평을 열자] 1 노사협력으로 무한경쟁 이기자/ 1995. 2. 8
〈기사〉 3D업종 30인 미만 기업, 4명중 1명꼴 외국인 고용/ 1994.

9. 14
〈오피니언〉 BR논의 불리하지만은 않다/ 1994. 4.9
〈기사〉 노동법 합리적 개정 시급하다… 노동연구원 학술회의/ 1993. 8. 26
〈기사〉 기업체 정년연장 꺼린다… 노동연구원 713곳 조사/ 1992. 9. 19
〈기사〉 "노동시장 전면 개방 아직은 시기상조"… 한국노동연구원/ 1991. 11. 6
〈기사〉 근로자 표준생계비 산정방식 문제 있다/ 1991. 9. 7
〈기사〉 기업 규모별 임금격차 계속 벌어져/ 1991. 6. 16
〈기사〉 제조업근로자 노동비용 급증 경쟁력 약화/ 1990. 10. 30
〈기사〉 근로자 1인당 표준생계비 17만 3백 60원/ 1990. 9. 7
〈기사〉 노 · 사정 불신 노사안정의 최대 장애/ 1989. 9. 28

❙ B. 12 ❙
한국일보

〈기사〉 [인턴은 없고 '알바'만 있다] "지금은 유일한 수단… 의무고용 등 보완책 필요"/ 2009. 2. 23
〈기사〉 지방 반발 불길 진화… 보완과정 불씨 여전/ 2008. 4. 18
〈시론〉 불법파업 제재방식 바꿔라/ 2007. 1. 22
〈시론〉 노사관계 로드맵 정치논리 배제하라/ 2006. 7.5

박영범

1956년 서울에서 출생한 저자는 서울 고등학교를 졸업한 후 한국외국어대학에서 영어학과 경제학을 복수전공하고 미국 코넬대학에서 경제학 석사와 박사를 취득하였다.

1986년 박사학위 취득 후 국책연구기관인 산업연구원, 한국노동연구원에서 연구 활동 후 1997년 한성대학교 경제학과로 옮겨 현재까지 재직 중이다.

'Globalization and Employment Relations in the Korean Automotive Industry', Globalization and Employment Relations in the Auto Assmebly Industry: A Study of Seven Countries, Bulletin of Comparative Labour Relations, 2008 (공저) 등 100여 편의 논문 및 저서가 있으며 주로 노동시장, 노사관계, 공공부분 등과 관련된 연구 활동을 하였다.

한국노동경제학회 부회장, 한국노사관계학회 부회장, 고문 및 학회지 편집위원장, 한국규제학회 이사, 한국자동차산업학회 이사, 공기업학회 이사 등을 역임하였다.

노사정위원회 공익위원(2008년까지), 서울노동위원회 심판담당 공익위원, 노동부 자체평가위원회 위원장 등 노동 분야의 정부정책에 대해 활발한 자문활동을 하고 있다. 노동부외에도 행정자치부, 교육인적자원부, 서울특별시의 정책자문위원을 역임하였다.

산업연구원 재직 시 감사원 공기업경영분석팀에 파견 근무한 것을 계기로 공공분야에 대한 연구 및 자문활동을 하고 있으며 기획재정부가 주관하는 공기업 및 공공기관 경영평가에 10여 차례 참여하였고 현재(2009년)에도 공공기관 기관장 경영이행실적 평가에 참여하고 있다.

국제노동기구(ILO), 경제협력개발기구(OECD), 세계은행(World Bank) 등 국제기구와 많은 공동연구를 수행하였다.

1998년 공기업 감사활동에 기여한 공로로 감사원장 표창, 2008년에 노사정대화 체제 구축에 기여한 공로로 대통령 표창을 받았다.

교양총서 **2-1**

전환기, 한국 노동시장의 길을 묻다

초판1쇄 인쇄 2009년 7월 20일
초판2쇄 발행 2009년 8월 25일
초판3쇄 발행 2009년 9월 01일
초판4쇄 발행 2010년 6월 21일

저　　자 박영범
발 행 인 정주택
발행한곳 한성대학교 출판부

우편주소 서울특별시 성북구 삼선동 2가 389번지
대표전화 (02) 760 / 4174
팩시밀리 (02) 760 / 5969

편집제작 대자커뮤니케이션 | 대표(02) 2269-6724

ISBN 978-89-89101-63-5 92330 **정가** 23,000원

* 이 책은 2008년 한성대학교 교내연구비 지원을 받아 집필하였습니다.